괴테와 함께한
이탈리아 여행

괴테와 함께한
이탈리아 여행

손관승 글·사진

새녘

차례

서문
남들이 정해놓은 코스를 벗어나 내 마음속 지도를 따라 길을 떠나보세요 • 8

너는 옛날에 미쳤거나 아니면 지금 미쳐있다 • 25
_ 고도 9,000m 상공에서

Less is More, • 36
_ 프랑크푸르트 공항

아버지의 가장 큰 선물 • 47
_ 프랑크푸르트 슈테델 미술관 & 괴테하우스

새벽 3시, 아무도 모르게 칼스바트를 빠져나왔다 • 63
_ 체코 카르로비 바리

혼자 먹는 밥, 홀로 떠나는 여행 • 82
_ 레겐스부르크

보헤미안의 눈물 젖은 빵 • 97
_ 뮌헨

유목민처럼 살고 싶은 그대에게 • 110
_ 오스트리아 알프스

올라가면서 강해지고 내려가면서 현명해진다 • 123
_ 알프스 산맥 넘기

에스프레소와 이탈리아노 • 138
_ 이탈리아 쥐드 티롤

쇼 윈도우 행복, 쇼 윈도우 인생 • 150
_ 가르다 호수 지방

너만의 색깔, 너만의 매력을 내게 보여다오 • 160
_ 베로나 & 비첸차

고독이 또 다른 고독에게 보내는 노래 • 171
_ 베네치아

올리브 같은 인생 • 183
_ 아펜니노 산맥 넘기

다 끝났다고 생각한 순간 행운은 찾아오는 법이다 • 192
_ 토스카나 '키안티 가도'

마키아벨리 책상 위의 뜨거운 눈물 자국 • 208
_ 산탄드레아 인 페르쿠시나, '마키아벨리의 집'

남들이 정한 코스를 쫓지 말고 당신의 꿈을 쫓아 가세요! • 217
_ 피렌체

길은 결코 하나가 아닙니다 • 226
_ 피렌체-로마 고속도로

그들은 북위 40도에서 함께 글을 쓰고 있었다 • 237
_ 연암 박지원과 괴테

서른 살의 로마, 서른 살의 베를린 • 249
_ 로마 포폴로 광장

진짜 친구 가짜 친구 • 262
_ 카사 디 괴테

관능의 도시 로마, 관능의 여인 파우스티나 • 273
_ 코르소 거리

집시를 만나다 • 286
_ 로마 지하철

완전히 나를 다시 태어나게 하는 도시 로마 • 297
_ 로마

카페 그레코와 난다랑(蘭茶廊) • 310
_ 카페 그레코

라파엘로와 미켈란젤로 • 319
_ 바티칸 & 시스티나 성당

우리는 모두 검투사 • 331
_ 콜로세움과 팔라티노 언덕

아우렐리우스에게서 배우는 인생 2막 • 341
_ 카피톨리니 박물관

오벨리스크, 혹은 두 얼굴의 로마 · 354
_ 로마

살아가기 위해서 우리는 너무 많은 준비를 한다 · 364
_ 로마

나폴리를 보고 죽자 · 372
_ 나폴리 구시가지

베수비오 화산은 말없이 웃고 있었다 · 383
_ 나폴리 '카스텔 산텔모'

나는 나폴리에서 인생의 타이어를 갈아 끼웠다 · 394
_ 나폴리 & 고속도로

볼로냐가 아니라 본론이야 · 403
_ 볼로냐

알프스의 오디세우스 · 415
_ 오스트리아 인스부르크

라인 강에서 만난 또 다른 기적 · 426
_ 독일 뤼데스하임

굿 리더십, 굿 팔로워십 · 439
_ 바이마르

부활의 도시에서 듣는 '인생은 G 장조' · 459
_ 베를린

서문

남들이 정해놓은 코스를 벗어나
내 마음속 지도를 따라 길을 떠나보세요

어느 날 회사를 그만두었다. 영원할 것 같았던 직장생활, 하지만 영원한 것은 없었다. 익숙했던 주변의 모든 것들이 어느 날 갑자기 낯선 타자(他者)가 되어 있었다. 예상하지 않았던 것은 아니지만 당혹감은 더 컸다. 눈앞이 캄캄했다.

이럴 때는 떠나야 한다. 정직하게 나와 만날 필요가 있다. 그렇게 렌터카에 훌쩍 몸을 실었다. 그리고 한 달 뒤, 프랑크푸르트 공항에 반납한 렌터카의 영수증에는 7천 킬로미터의 주행거리가 선명하게 찍혀 있었다.

"새벽 3시, 아무도 모르게 칼스바트를 빠져나왔다. 그렇게 하

지 않았더라면 사람들이 나를 떠나게 내버려 두지는 않았을 테니까…."

 내가 낯설고도 고독한 여행길을 떠난 것은 바로 이 첫 문장 덕분이다. 작가는 첫 문장으로 독자를 홀릴 줄 알아야 한다고 했는데, 이 책이 그러하였다. 저 유명한 괴테의 「이탈리아 기행(Italienische Reise)」, 역사상 가장 멋진 기행문 가운데 하나라는 명작이다.
 나는 괴테의 책을 품 안에 소중히 간직한 채 안개에 젖은 칼스바트 강가와 보헤미아 숲을 걷고 또 걸었다. 조금씩 '사회독

(社會毒)'이 빠져나가는 것 같았다. 복잡한 관계에서 오는 독소가 알게 모르게 내 영혼을 좀먹고 있었는데, 그 사회독을 빼내기에 숲을 산책하는 것처럼 좋은 것은 없었다. 역마차에 몸을 실은 괴테처럼 나 역시 이른 새벽 렌터카에 몸을 싣고 체코의 낯선 도시를 빠져나와 국경을 넘어 아우토반을 미친 듯 달렸다. 나 자신의 한계를 넘듯 거대한 알프스 산맥을 넘어 태양이 빛나는 이탈리아로 향했다.

괴테? 어쩌면 고개를 갸우뚱할지 모른다. 그럴 만하다. 한국에서 괴테는 「파우스트」라는 중후하면서도 어려운, 그러면서도 잘 읽지 않는 고전을 쓴 작가로 알려져 있을 뿐이니까. 괴테에 대해 조금 아는 사람이라 할지라도, 평생 여인이 끊이지 않았던 연애박사, 혹은 다재다능했던 천재 정도로만 인식되고, 부유하고 편하게 살다간 사람으로 알고 있기 쉽다.

내가 주목하는 괴테는 그런 괴테가 아니다. 제 2의 인생을 찾아 과감히 길을 떠났던 여행자로서의 괴테, 누구보다 상처투성이 인간이었으며 혼신을 다해 그 아픔을 극복하고자 발버둥쳤던 노력하는 인간으로서의 괴테이다.

괴테는 왜 로마로 갔을까. 서른여섯, 요즘 한국의 직장인들이라면 무한경쟁사회 속에서 정신없이 바쁠 나이에 그는 야반도주하듯 떠났다. 이미 「젊은 베르테르의 슬픔」으로 유럽 최초의 베스트셀러 작가라는 명성을 얻었고, 덕분에 독일 연방의 작은 나라인 바이마르 공국에 초빙되어 궁정의 주요정치와 행정업무를 총괄하는 막강한 위치에 있었지만, 그는 언젠가부터 행복하지 않았다. 뭔가 특별한 전환점이 필요했다. 오랜 궁중생활로 창조적 에너지가 고갈되어 가는 것을 느끼고 있었다. 굳이 모험을 감행하지 않아도 충분히 안정된 삶이 보장되어 있었지만 그는 만족하지 못했다.

현대인들이 말하는 '번 아웃(Burn Out) 증후군'. 마치 휴대전화기의 배터리에 붉은 색 경고등이 들어와 있듯이 정신적 에너지가 소진되어 작동 불능의 상태에 이르는 상황이다. CEO와 고위 정책 결정자들이면 누구나 한번쯤 앓는다는 그 증상 말이다. 창조적 인간에게 가장 치명적인 것은 정신적 피곤이 심해져 매너리즘에 빠지는 것인데, 괴테는 스스로 그 증상을 자각하고 있었고, 그 해법이 무엇인지 알고 있었다.

괴테는 길을 떠났다. 이 길은 놀고 즐기기 위한 것이 아니었다. 독일어로 '젤프스트 빌둥(Selbst Bildung)'이라고 표현되는, 치열한 자기 학습과 자기 연마의 시간이었다. 괴테는 로마를 가리켜 '전 세계 최고의 학교'라고 했으며, 이곳에서 과거의 자기를 완전히 버리고 다시 태어나고자 했다. 여행기간 내내 그가 익명을 유지한 까닭이기도 하다. 로마에서의 벅찬 심정을 전하는 괴테의 말을 들으면 그가 얼마나 간절했는지 알 수 있으리라.

"내가 로마 땅을 밟게 된 그날이야말로 나의 제2의 탄생일이자 나의 진정한 삶이 다시 시작된 날이라 생각한다."

Before와 After, 괴테의 인생은 로마로 떠나기 이전과 이후로 확연히 구분된다. 그의 위대한 작품들은 대부분 이탈리아 기행 이후에 탄생하게 된다. 상처투성이였던 질풍노도의 시기를 완전히 졸업하고, 번 아웃 증상도 완전히 치유하게 된다.

그가 몸담았던 바이마르 공국 역시 괴테의 여행 이후 확 바뀐다. 유럽의 이름난 인재들이 이 도시국가를 향해 몰려들기 시작했고, 바이마르 공국은 작지만 강한 나라 즉 강소국(强小國)으로 급성장했다. 독일어 문화권에 비로소 문화 융성이 일어난다. 정치적, 군사적인 부분에 비해 상대적으로 보잘 것 없었던 독일어 문화권은 이제 본격적인 부흥기를 맞게 된다.

요즘 독일적인 것이 대세다. '히든 챔피언'이라는 이름처럼 작지만 강한 중소기업의 경쟁력, 성장과 분배, 통일 이후 국민 통합과정, 그리고 축구에 이르기까지 독일 알기 열풍이 한창이다. 독일적인 것이 무엇인지 그 정수를 알고 싶다면 괴테를 모르면 안 된다. 괴테는 독일적 'Geist(가이스트)'의 소유자니까. Geist의 뜻에 대해 한국의 사전에서는 '정신'이라 번역되어 있지만, 일본 사람들은 '혼(魂)'이라 풀어쓰고 있다. 괴테야말로 독일혼, 독일정신의 심장이라 말할 수 있겠다.

나는 청년시절, 괴테의 「이탈리아 기행」과 처음 만난 뒤 오랜 세월동안 흡사 마법에 걸린 듯 이 여행을 꿈꾸어왔다. 사람마다 죽기 전에 꼭 한 번 하고 싶은 소망 목록을 가리켜 '버킷리스트'라 한다. 나에게 버킷리스트는 언제나 괴테의 「이탈리아 기행」의 족적을 따라가 보는 것이었다.

마침내 기회가 왔다. 그 동안 기자생활을 하며 누구보다 격무에 시달려왔던 데다 최근 몇 년 동안은 CEO라는 뜻밖의 직책을 수행하여야 했기에 나는 긴장과 격무, 피곤에 지쳐 있었다. 어쩌면 나 역시 번 아웃 증상에 노출되어 있었는지도 모르겠다. 이제 여의도를 떠나 제 2의 인생을 살아야 하는 나에게 확실히 차별화된 자기만의 프로그램이 필요했다. 직장을 나오면 아무도 길을 가르쳐주지 않는다. 로드맵도 없다. 그래서 많은 이들이 방황한다. 적당히 며칠 어디로 떠나서 휴식을 취하다 오는 것만으로는 불충분했고 괴테처럼 몸과 마음이 확실히 업그레이드되어 돌아와야 했다. 남들이 설정해놓은 지도가 아니라 내 심장이 원하는, 내 마음 속 지도를 따라가 보기로 했다.

진지함과 절박함으로 시작한 여행이긴 하지만 그렇다고 순례자의 고통만 계속된 것은 아니었다. 괴테가 걷던 길은 그 하나하나가 그림 같은 절경이어서 여행자로서 그의 안목에 감탄

하지 않을 수 없었고, 독일, 체코, 오스트리아, 이탈리아, 스위스로 이어지는 코스는 그 자체로 살아있는 교실이었다. 그 가운데 핵심이 이탈리아이다. 알프스 자락에 있는 쥐드 티롤 지방에서부터 베네치아, 피렌체와 토스카나 지방을 거쳐 로마, 나폴리까지 이어지는 경로는 그 자체로 서양문화의 뿌리를 더듬어 가는 인문여행이었다.

여행이란 길 위에서, 길에게, 길을 묻는 과정이다. 괴테는 내가 묻고 싶었던 것을 묻고, 내가 찾고자 하는 것들을 찾고 있었다. 내가 갈망하는 것을 그도 갈망하였다. 괴테는 나의 궁금증에 대해 언제나 안내할 준비가 되어 있었다. 괴테는 나의 멘토이자 친구였다. 답을 찾지 못해 쩔쩔매는 나에게 그는 친절하게 다가왔고, 친구처럼 귀를 기울여주었다.

이 시대는 그 어느 때보다 공감능력이 요구되는데, 괴테는 200년이 훨씬 넘는 시간차에도 불구하고 이 시대 독자들과의 소통에 아무런 문제가 없다. 그 비결은 무엇보다 솔직함이다. 그의 이탈리아 기행을 가리켜 '천재의 여행'이라고 일컫지만, 그는 누구보다 솔직하고 정직하게 독자들과 만나고 있다. 시공을 초월한 탁월한 공감능력을 보여주는 그에게 이 시대 리더들이 배워야 할 것이 너무 많다.

이 여행을 통해 나는 잃은 것이 물론 많다. 적지 않은 여행비용과 시간, 육체적 고단함, 그리고 잃어버린 기회들, 이 모든 것을 기회비용으로 환산하면 계산하기 어려울 만큼 크다. 그러나 수치로 환산할 수 없는 값진 것들을 얻었다. 무엇보다 비워야 채울 수 있다는 것을 이 여행에서 나는 배우고 또 배웠다.

이 여행을 위해 사전에 준비해야 할 것과 공부해야 할 것들도 적지 않았다. 여행 중에는 뜻밖의 일도 겪었고 사고까지 일어나 당황스럽고 고통스런 경험도 해야 했다. 그러나 그것도 여행의 일부임을 배웠다. 인생도 그러하듯, 여행도, 기업경영도 절대로 나의 계획표대로 움직여주지 않는다. 그래서 여행을 인생의 길에 비유하는 것이리라.

지금은 히스토리가 아닌 마이 스토리(My Story) 시대다. 남의 인생을 따라가기만 하는 히(He)스토리가 아니라, 나의 이야기를 들려줄 능력이 있어야 한다는 말이다. 자기만의 차별화된 스토리가 없는 사람의 인생은 어쩐지 공허하다. 여행은 낯선 곳에서 낯선 사람과 풍물을 만나는 것으로 시작되지만 결국은 나 자신을 만나는 시간이다. 그래서 나는 이 책에서 괴테와 함께 괴테의 스토리를 따라가지만 결국은 나와 나의 스토리를 이야기하는 일종의 듀얼(Dual) 스토리 방식을 취하고 있다.

이 시대는 공유(Share)의 정신이 요구되는 때이기도 하다. 괴테가 나에게 고유한 경험과 지혜를 들려주었듯이 나 역시 동시대를 살아가는 친구들과 젊은이들과 공유하고 싶은 것들이 있

다. 오랫동안 저널리스트로서, 특히 유럽 지역의 특파원으로서 겪었던 다양한 경험과 쉽게 접하기 힘든 정보들을 독자들과 함께 하고 싶다.

나는 이 여행의 첫날부터 귀국하는 날까지 하루도 거르지 않고 페이스북에 간략히 소식을 올렸다. 그러자 뜻밖에도 많은 사람들이 댓글로 응원을 보내주었다. 여행이 끝났을 때 커피와 와인 자리로 나를 초대해 후속 이야기를 듣기를 자청한 직원들도 적지 않았다. 끝 모르게 이어지던 그들의 질문 공세도 그렇거니와 그 자리에서 나는 그들의 간절한 눈빛을 보고야 말았다. 정신적 허기와 인문적 갈증에 목말라있는 그들. 내가 이 책을 쓰기로 결심한 이유이기도 하다.

지금 사무실에 앉아 또 하루를 어떻게 견디어야 하나 한숨부터 나오는 직장인들, 막연히 먼 곳으로 떠날 꿈을 꾸고 있는 이들이 있다면 나는 그들과 공유할 것이다. 번 아웃 신드롬에 노출되어 있으면서도 고독한 자리를 지키고 있어야 하는 CEO들과 관리자들 역시 이 책이 친구가 될 것이다. 마치 옆자리에 함께 앉아 로드 트립(Road Trip) 하는 기분으로 읽어주었으면 좋겠다.

아무리 인문여행이라 하더라도 머리만 즐거우면 금방 지치고 만다. 눈이 즐거워야 하고 입도 즐거워야 한다. 괴테는 평생 와인을 즐긴 애호가이기도 하여서 이 여행은 이름 높은 와인

과 커피, 음식의 루트이기도 하다. 여행길 내내 세계적으로 유명한 브루넬로 디 몬탈치노, 키안티 와인과 에스프레소 커피를 입에 달고 다닌 것은 이 여행길이 아니면 감히 누릴 수 없는 호사일 것이다.

이 여행을 통해 나는 꿈꾸는 여행자로서 괴테의 참모습을 보았다. 그는 엄숙한 성인의 모습이 아닌 우리와 똑같이 실수하고 웃고 떠들며 상처받는 보통 인간의 모습으로 다가왔다. 그리고 그는 절대로 어설픈 힐링을 주지 않았다. 오히려 난관의 한 가운데를 지나가라고 권한다.

"노력하는 한 인간은 방황하기 마련이다."(Es irrt der Mensch, solange er strebt.)

누구보다 꿈의 폐활량이 컸으며, 누구보다 상처를 많이 받았던 괴테가 던지는 따뜻한 응원가이다. 아픔 많은 청춘들에게 이보다 더 진한 위로의 말이 있을까. 고독하게 결단을 내려야 하는 리더들에게 이보다 더 큰 용기를 주는 말이 또 있을까. 괴테가 그러하였듯 나도 이 여행을 통해 다시 태어났다. 힘들었지만 진정으로 행복했다.

누군가 남모를 상처로 아파하고 있다면, 그래서 인생을 다시 시작하고 싶다면, 더 나아가 찬란하게 돌아오기를 원한다면 이 여행을 권한다. 나의 새로운 전성기, 나의 르네상스를 원한다면 더욱 그렇다. 괴테와 함께, 그리고 나와 함께 떠나보자!

2014년 가을

"어느 길로 가야 할 지
더 이상 알 수 없을 때,
그때가 비로소
진정한 여행의 시작이다."

This work is licensed under the Creative Commons 저작자표시-동일조건변경허락 3.0 Unported License. To view a copy of this license, visit http://creativecommons.org/licenses/by-sa/3.0/ or send a letter to Creative Commons, PO Box 1866, Mountain View, CA 94042, USA.

너는 옛날에 미쳤거나
아니면 지금 미쳐있다

_ 고도 9,000m 상공에서

• 비행기 안에서 지도를 폈다. 오래 전 독일의 아데아체(ADAC)에서 받은 것들이다. 용케도 세월의 잔인한 파괴력을 이겨내고 이번 여행의 동행자가 되었다. 미국에 트리플에이(AAA)가 있다면 독일에는 ADAC가 있다. 자동차 운전자들을 위한 회원 클럽으로 1년에 약간의 회비를 내면 거의 무제한의 지도와 여행정보를 제공해주는 멋진 공공 서비스 단체이다. 호텔 숙박료 할인과 여행지에서 발생하는 고장 차량의 견인 서비스까지 해결해주니 일석삼조다.

프랑크푸르트는 내가 탄 비행기의 착륙 공항이자 괴테가 태어난 고향이기도 하다. 공항에서 렌터카를 픽업하는 것으로 나의 대장정은 시작된다. 독일인들의 롱다리처럼 길게 쭉쭉 뻗은 아우토반이 바이마르를 거쳐 체코의 칼스바트까지 나를 데려다 줄 것이다. 바이마르는 괴테가 50년 동안 살고, 글 쓰고, 국정을 이끌었던 독일 영혼의 심장 같은 곳이다.

칼스바트는 괴테의 저 유명한 「이탈리아 기행」의 출발 지역이다. 안개에 젖은 보헤미아의 숲을 떠나 다시 독일 국경을 넘으면 다뉴브 강변의 아름다운 레겐스부르크와 낭만적인 뮌헨이 기다리고 있겠지. 고소한 소시지와 독일식 김치인 자우어크라우트(Sauerkraut)를 곁들인 걸쭉한 맥주 생각에 벌써부터 입안에 군침이 돌기 시작한다.

괴테는 여기서 오스트리아 한 가운데를 가르는 거대한 알프스의 만년설을 넘었다. '티롤 산맥을 마치 날아서 건너온 것 같다'고 흥분했던 괴테였다. 티롤은 오스트리아와 이탈리아를 가르는 알프스의 한 지역을 가리킨다. 티롤 산맥을 넘으면 이제부터는 벨라 이탈리아(Bella Italia), 아름다운 이탈리아 반도다. '본조르노!' 벌써부터 이탈리아 사람들 특유의 몸짓 큰 인사가 들리는 듯하다. 알프스 자락의 만년설 녹은 물로 이뤄진 환상적인 가르다 호수를 지나면 베로나, 비첸차, 베네치아, 모두 V로 시작되는 북부 이탈리아의 멋진 도시들이 나타난다. 지도는 계속 남쪽으로 향하여 르네상스를 꽃피웠던 피렌체와 음식과 와인이 환상적인 토스카나 지방까지 닿는다. 남쪽의 태양을 가득 담은 올리브 나무 풍경과 라벤더 향기가 눈앞에 펼쳐진 기분이다. 여기서 다시 남쪽으로 가면 마침내 모든 길이 통한다는 로마다.

"나의 유일한 소망은 어떤 대가를 치르더라도 이 나라를 한

번 둘러보는 것이며, 따라서 익시온처럼 바퀴에 매달려 로마로 끌려간다 하더라도 한 마디의 불평도 하지 않으련다."

 이토록 괴테가 간절하게 염원하던 로마였다. 영원히 변치 않는 로마 문명을 탐닉하던 괴테는 내친 김에 더 남쪽인 나폴리와 시칠리아 섬까지 방문한다. 이어서 로마에 조금 더 체류했다가 마침내 북쪽으로 귀로에 오르는데, 그의 집이자 일터가 있던 바이마르에 도착한 것은 여행 시작 1년 8개월하고도 보름이 지난 뒤였다. 18세기 괴테는 오로지 마차에 의지해 이 길을 달렸다. 나는 이 멀고도 험한 길을 스스로 렌터카를 운전해 가며 가야 한다. 비틀즈의 노래 〈Long and Winding Road〉처럼 멀고도 굽이굽이 도는 대장정일 것이다.

물론 스마트 폰이 있고, 구글 지도도 있으며 렌터카 자동차에 GPS 내비게이션 같은 디지털 장비들도 있다. 하지만 나에게 종이로 인쇄된 지도는 여전히 요긴하고 소중하다. 어떤 지도는 내 손에 들어온 지 20년이 지나 너덜너덜해졌지만, 손때가 묻어 있어 오히려 정겹다. 때론 출장길 호텔방에서 동료들과 함께 끓여먹다가 흘린 라면 국물 자국도 선명하게 남아있다. 함께 그 길을 떠났던 특파원 시절의 동료들과 친구들, 심장이 터질 정도로 환호했던 기억과 아직도 얼굴 뜨거워지게 만드는 한심한 실수들까지 지도는 알고 있다. 내가 걸어온 인생이 민낯으로 고스란히 묻어있기에 지도는 곧 내 인생이라 말할 수 있는 것이다.

　간편하게 떠나기 위해 짐을 간추리고 또 간추렸지만 배낭 안에 이 지도들만큼은 꼭 챙겨왔다. 지도는 과거의 기억과 함께 앞으로 가야할 미지의 길들을 안내하고 있으니까. 상상력을 자극하기에 이보다 더 훌륭한 도구가 있을까 싶다. 일찍이 미국 대륙횡단을 앞두고 일본 작가 무라카미 하루키도 이렇게 말하지 않았던가.

"지도를 펴놓고 자기가 아직 가본 적 없는 곳을 물끄러미 들여다보고 있노라면, 마녀의 노래를 듣고 있을 때처럼 마음이 자꾸만 끌려 들어간다. 가슴이 두근두근 뛰는 것이 느껴진다.

아드레날린이 굶주린 들개처럼 혈관 속을 뛰어다니는 것을 느낄 수 있다. 피부가 새로운 바람의 산들거림을 간절히 원하고 있음을 느낄 수 있다.

 문득 떠나고 싶다는 강한 유혹을 느낀다. 일단 그곳에 가면, 인생을 마구 뒤흔들어 놓을 것 같은 중대한 일과 마주할 것 같은 느낌이 든다…."

 지도 앞에서 자문해보았다. 우리는 도대체 왜 길을 떠나는 것일까? 쳇 베이커의 재즈 트럼펫과 다크 초콜릿 같은 그의 쓸쓸한 목소리가 섞인 앨범 〈Let's get lost〉를 들으며 제목 그대로 어느 낯선 곳에서 길을 잃어보고 싶다는 유혹에 빠지는 이유는 뭘까? 집에 있으면 편안할 텐데 일부러 고생과 방황을 자청하는 까닭은 알 수 없는 일이다. 직장에서는 상사의 눈치를 보아가며 힘없는 목소리로 휴가를 청하고, 잡다한 비행기와 호텔 예약 과정 그리고 출입국 공항에서 한없이 기다려야 하는 번거로움을 이겨내야 한다. 그런 뒤에도 항공기 기내의 비좁은 공간에 장시간 노예처럼 갇혀 있어야 한다. 그런데도 우리는 어디론가 떠나려 한다.

 왜 그럴까? 우리의 몸속에 잠재된 유목민적인 DNA 때문일까? 이미 9천 년 전부터 계절에 따라 풀과 먹이가 있는 곳을 따라 움직여야 했던 인류 조상이 남긴 생존 유전자가 아직도 핏

속에 강하게 흐르기 때문일까? 프랑스의 철학자 파스칼은 인간이 집안에 가만히 머물러 있지 못하기 때문에 불행하다는 느낌을 갖는다고 말했었다. 인간은 호모 비아토르(Homo Viator), 태어날 때부터 늘 어디론가 길을 떠나는 숙명을 가진 존재인 까닭이라는 주장도 있다. 성서에서 카인과 아벨의 불행이 천국에서의 추방으로 이어진 결과라는 말이다. 아픔을 치유하기 위해 길을 떠나야 했다. 아니면 매너리즘에서 탈출하려는 원심력이 강해서일까? 에그조틱, 이국적 풍경에 대한 향수 때문인가? 하루키가 묘사했듯이 낯선 도시에서 운명적 만남이 있을 것 같은 예감에 몸이 달아오르기 때문일까?

서른여섯 한창 때의 괴테가 떠났던 길을 50대인 내가 이제 따라가려 한다. 내가 괴테의 「이탈리아 기행」과 처음 만난 것은 청년시절이었다. 그 책의 마지막 페이지를 덮고 난 뒤 한동안 먼 하늘만 바라보아야 했다. 마치 마법사에 홀린 듯 오래도록 남모를 열병을 앓았다. 그때부터 괴테의 「이탈리아 기행」 족적을 따라 알프스 산맥을 넘는 유럽 젊은이들의 대오에 합류해 있는 나의 모습이 눈앞에 환형처럼 어른거리곤 했다. 한 손에는 유럽 지도, 또 다른 손에는 괴테의 책 「이탈리아 기행」을 들고 로마로 향하는 장면을 상상하는 것만으로도 가슴이 쿵쾅거렸다. 그것은 나만의 버킷리스트, 죽기 전에 반드시 실행에 옮기고 싶은 소망 목록의 첫 번째 자리를 비밀스럽게 지키고 있었다. 하지만 좀처럼 기회를 잡기 어려웠다. 한국의 직장인이 대개 그러하겠지만, 나는 누구보다도 바쁜 '기자'라는 직업을 갖고 있어서 언감생심이었다. 지역적으로 가까운 베를린 특파원으로 근무할 때 눈여겨보지 않았던 것은 아니지만 여행 기간이 문제였다. 18세기 괴테가 1년 8개월 남짓 마차로 지나갔던 길을 달랑 1주일간의 휴가로 해결하기에는 원천적으로 불가능했으니까.

더구나 평생 기자생활만 하다 정년퇴직할 줄 알았던 나는 갑자기 미디어와 콘텐츠, 인터넷을 다루는 회사의 대표이사로 임명되어 몇 년 동안 더 격심한 업무에 시달려야 했다. 상장 회사와 직원들의 일자리를 책임진다는 것은 법적으로나 정서적으로도 내 두 어깨에 너무 벅찼다. 늘 긴장해야 했다. 경영이란 극단적으로 표현하자면 숫자와의 싸움이다. 수치(數値)가 나쁘면 수치(羞恥) 당할 수밖에 없는 것이 CEO란 자리다. 매출, 영업이익, 비용, 임금인상 이 모든 것이 명확한 수치로 정리되어야 했다.

그리고 3년 반 뒤, 나의 임기가 무사히 끝났다. 정기 주주총회를 끝으로 귀가하는 차 안에서 되돌아보았다. 마치 영문도 모른 채 영문학과를 갔다가 이유 불문하고 불문학과 가는 기분

이었다. 어느 날 불쑥 왔다가 어느 날 훌쩍 떠나야 했다. 불꽃처럼 타오르다가 어느 날 갑자기 자유인이 되었다. 무사히 의무를 마쳤다는 안도의 한숨과 알 수 없는 허전함과 불안감이 동시에 엄습해왔다. 아직은 한참 더 일해야 하는 나이니까.

자, 이제 어디로 갈까? 차 안에서 스스로에게 물었다. 인생의 하프타임, 잠시 쉼표를 찍을까 아니면 과감히 어디 멀리 떠나볼까. 인생에는 두 가지 종류의 삶이 있을 뿐이다. 안정적인 미래를 위해 잠시 호흡을 고르고 다시 새로운 일터로 직행하는 삶이 그 하나다. 며칠 패키지 여행이나 휴양지에서 피곤을 씻은 뒤 새로운 명함을 갖고 나타나는 경우다. 반면에 또 다른 한 부류는 모든 것을 잊고 과감히 어디론가 장시간 떠나는 삶이다. 그래서 가능하다면 지금까지와는 완전히 다른 삶의 방식을 살고자 한다.

전자는 현실을 의식한 경우다. 아직 아이들의 교육도 책임져야 하고 장래에 대한 불안감이 가시지 않기에 어디론가 멀리 떠나려는 원심력보다는 현실의 구심력이 더 강하게 작용한다. 충분히 일리 있는 선택이다. 책임감도 강하다. 하지만 나는 후자에 속하기로 했다. 나는 이 순간을 너무나 간절하게 기다려왔다. 몇 군데 함께 일하자는 고마운 제안도 있었고, 자칫 일자리를 잃고 영원히 표류할지 모른다는 진심 어린 걱정도 없었던 것은 아니지만 나는 떠나야 했다.

사람들은 흔히 말한다. '때가 오면 나는 떠날 거야!'라고. 하지만 막상 때가 오면 멀리 떠나지 못한다. 마치 오래된 영화 〈빠삐용〉에서 자유를 찾아 함께 멀리 떠나자는 스티브 맥퀸의 강력한 요구를 뿌리치고 절해고도의 감옥에 갇히기를 자원하는 더스틴 호프만처럼 말이다. 자유를 원한다고 말하면서도 자유가 주어지면 두려워하고 좀비 같은 삶이라고 자학하면서, 결국 머물던 그곳에 머물러 있는 것이 우리들의 삶이다.

떠날 줄 아는 것은 용기다. 용기 있는 자만이 떠날 수 있다. 떠날 수 없는 이유를 들라고 하면 10가지, 100가지 다 적을 수 있다. 그러나 떠나야 하는 이유는 단 하나. 간절함 때문이다. 그것은 회사를 경영하면서도 늘 실감했던 일이기도 하다.

그 동안 나는 그 누구보다 내일을 위해 오늘을 유보하며 살아왔다. 30년 동안 숨막히는 기자생활과 대표이사로 지냈으면, 이제는 이성이 아닌 심장이 명령하는 대로 따라가야 하지 않겠나. 이제 나에게 그럴 자격은 있지 않을까. 심장은 내게 이렇게 명령하고 있었다. Now or Never! 지금이 아니면 영원히 실행 못할 것이라고! 이탈리아 여행길에서 괴테가 한 말이 지금 내 심정이다.

"너는 옛날에 미쳤거나 아니면 지금 미쳐있다."

(Entweder du warst sonst toll, oder du bist es jetzt.)

Less is More,

_ 프랑크푸르트 공항

• 북위 50도. 착륙 직전 기내 항공지도에 나타난 프랑크푸르트의 위도는 생각보다 높다. 몽골의 수도 울란바토르의 위도가 48도이니 얼마나 북쪽에 와 있는 건가. 괴테는 여행 첫날부터 위도를 언급하고 있었다.

"이곳이 내 고향과 똑같은 위도 상에 위치해 있다는 것을 상기하고 또 다시 북위 50도 이남의 맑은 하늘 아래에서 점심식사를 한다는 생각에 기분이 좋았다."

프랑크푸르트 공항은 유럽의 허브 공항답게 언제나 사람들로 북적거린다. 예약해둔 자동차를 픽업하기 위해 렌터카 회사 허츠로 갔더니 공항 입구에서 원스톱서비스로 2~3분 만에 모든 수속이 끝났다. 내가 원했던 차량이 아니라 미국 포드 자동차가 배정되었다고 한다. 독일까지 와서 웬 미국 자동차? 실망하는 나의 표정에 카운터의 직원은 차량을 한 단계 업그레이드

해주었으니 이해해달라고 윙크를 보낸다. 지난 몇 년 사이 독일이 많이 바뀌어 있음을 한눈에 확인할 수 있다. 이제 독일은 더 이상 서비스의 황무지가 아니다.

많은 사람들이 유럽여행을 할 때 유레일패스를 이용한 기차를 선호한다. 몇몇 도시를 중심으로 여행할 때는 이것이 가장 경제적이고 또 스트레스가 적다. 이동하는 동안 객실에서 책을 읽거나 휴식을 취할 수도 있어 권유할 만하다. 그럼에도 불구하고 나는 렌터카를 선택했다. 괴테가 방문한 지역은 워낙 방대해서 기차 노선이 닿지 않거나 연결이 불편한 지역이 많았다. 게다가 나는 제한된 시간 압박과 싸워야 한다. 이럴 때는 렌터카가 제격이다. 무엇보다 Door to Door로 연결할 수 있어 순발력에서 우위다. 18세기 괴테가 마차를 이용해 길을 떠났듯이, 나는 현대판 마차라 할 수 있는 렌터카로 떠나보자는 상상력도 조금은 작용했다.

바람처럼 왔다가 바람처럼 가듯이 시간에 얽매이지 않고 자유롭게 떠나고 싶었다. 렌터카를 기본으로 하지만 목적지에 도착해서는 절대적으로 BMW작전을 세웠다. 버스, 메트로(지하철), 워킹. 가급적 많이 걷고 대중교통을 이용하자는 뜻이다. 산책을 즐겨했던 괴테처럼 걷고 또 걸으면 멋진 영감도 떠오르겠지.

주차장에 세워진 렌터카 트렁크를 열고 짐을 넣었다. 오랜

세월 나와 출장길을 함께한 수트케이스 캐리어와 회사 직원들이 멋진 여행되라며 선물로 준 배낭, 이렇게 두 개였다. 1786년 9월 3일 이탈리아 기행에 오르던 날, 괴테의 여행 가방이 떠올랐다. 그의 짐도 나와 비슷했다.

"나는 여행 가방과 오소리 가죽 배낭만을 꾸린 채 홀로 역마차에 몸을 싣고 7시 30분 츠보타에 당도했다. 안개가 자욱하게 낀 아름답고 고요한 아침이었다."

오소리 가죽으로 만든 배낭과 여행 가방, 아무도 모르게 길을 떠난 까닭에 그럴 수밖에 없었겠지만 간단해도 너무나 간단한 행장이었다. 괴테 역시 출발할 때는 스스로도 이 여행이 1년 8개월 동안이나 지속될 줄은 몰랐으니까.

민족 이동을 한 게르만 민족의 후예답게 독일인들은 여행 챔피언이다. '멀리 가고, 오래 머물며, 깊이 보라'는 여행의 3원칙에 충실한 사람들이다. 괴테는 그 3원칙에 그 누구보다 충실했으며 그가 떠날 때 챙긴 짐을 통해서도 여행자로서의 그가 어떤 사람인지 알 수 있다.

해마다 3월이면 베를린에서는 ITB라는 이름의 세계에서 가장 규모가 큰 국제 관광 박람회가 열리는데, 한번은 이런 표어가 걸린 것을 보았다.

"당신의 가방을 내게 보여 다오, 그러면 나는 당신이 어떤 사람인지 말해 주겠소!"

(Zeig mir deinen Koffer, und ich sage dir, wer du bist.)

그렇다. 가방을 보면 곧 그 사람을 알 수 있다. 배낭을 어깨에 두른 자유분방한 관광객, 서류가방을 손에 들고 출장 가는 직장인, 계약서를 든 변호사, 학회에 참석하는 교수, 화첩 하나 달랑 들고 떠나는 화가, 직업별로 차림새와 분위기가 모두 다르다. 가방을 보면 성격까지 모두 드러난다. 할아버지, 아버지로 대를 이어받아 낡은 가방을 들고 다니는 사람을 보면 그 집안의 연륜과 자부심이 함께 묻어 나온다. 그 가방 안에서 묵직한 책과 사랑하는 가족의 사진이 들어있다면 그에게서는 지적인 깊이와 함께 따스한 정도 전달되어 올 것이다. 샤넬이나 구찌, 루이비똥 같은 가방을 좋아한다면 분명 명품을 선호한다는 뜻이다.

자기 가방은 늘 자기가 들고 다닌다는 프란체스코 교황에게서는 소박함과 겸손함이 느껴진다. 가방은 그 가방을 든 사람의 철학과 정치와 사회적 지위를 의미한다. 하지만 어떤 가방을 들었는지보다는 그 가방 안에 무엇이 들었느냐가 더 중요하다. 보통사람의 시대를 외쳤던 한국의 전직 대통령은 텔레비전 카메라 앞에서만 가방을 손에 쥐고 다녔다. 아무도 그 가방 안에 무엇이 들어있는지 묻지 않았다. 그 가방은 그저 정치적 쇼를 의미했으니까.

마를렌느 디트리히라는 독일의 전설적인 배우 겸 여자 가수가 있었다. 케네디 전 미국 대통령의 애인이었다고도 하는 그녀가 부른 노래 중 〈나는 베를린에 가방을 두고 왔다(Ich habe noch einen Koffer in Berlin)〉라는 노래가 있다. 여기서 말하는 가방이란 단순한 물건이 아니다. 추억과 사랑, 시간과 스토리가 두루 담긴 메타포다. 가방을 다시 찾으러 가야 한다는 핑계로 베를린에 대한 열망을 나타내곤 하였다. 요즘도 독일 사람들은 베를린에 대한 그리움을 이런 식으로 표현하곤 한다. 이 노래에 나타나 있듯이 어쩌면 세상에서 가장 멋진 이야기는 아직 공개되지 않았고 가방 안에 숨겨져 있는지 모른다. 누군가에게도 털어놓지 않은 꿈같은 비밀을 가방만은 알고 있으리라. 이 여행이 끝나고 나면 나의 가방 속에는 어떤 스토리들이 채워져 있을까, 벌써부터 가슴이 설렌다.

오래 전 학창 시절에 배웠던 〈노래는 즐겁다〉라는 독일 민요를 기억하는가?

"노래는 즐겁다 산 너머길
나무들이 울창한 이 산에…."

한국어로 번안된 곡에는 제목 그대로 손뼉을 치며 발 구르는 즐거운 노래지만 독일어 원곡은 분위기가 전혀 반대다. 〈무씨 덴(Muss I denn)〉이란 제목의 원곡은 비인 소년 합창단이 불러 유명해졌는데, '나는 떠나야 하네'라는 뜻 그대로 일 배우러 와서 뼈빠지게 일만 하다가 별다른 이유 없이 장인에게 내쫓김을 당한 도제의 노래다. 도제는 장인의 딸에게 반드시 다시 돌아오겠다면서 서럽게 작별을 고하고 있다.

"나는 떠나야 하네, 떠나야 하네, 이 도시를, 이 도시를!
그리고 내 보물, 그대는 여기 남아 내가 오면, 내가 오면
내가 다시 오면, 내가 다시 오면, 그대의 문 앞에서 기다릴 것입니다."

여기서 장인은 도제에게 필시 이런 말로써 집을 나가라고 명령했을 것이다.

"네가 가진 일곱 가지를 꾸려라!"(Packe deine sieben Sachen.)

이 말은 독일에서 중세시대부터 구전되어 오던 표현이다. 직업을 찾아 여기저기 방랑을 해야 했던 도제(Lehring)에게 장인(Meister)들은 이렇게 외쳤다고 한다. 여기서 말하는 일곱 가지란 직업에 필요한 도구 일체를 말한다. 그 일곱 개의 물건이란 대장장이와 목수, 방앗간, 어디서 일하느냐에 따라 조금씩 달랐다. 일곱 가지라는 표현은 세월이 변해 여행의 필수품을 챙기라는 뜻이 되어 버렸다. 지금도 독일에서는 여행을 떠날 때 부모들이 아이들에게 쓰는 관용적 표현이다.

이 표현은 오늘날 독일인들의 출장길에도 여전히 유효하다. 꼭 필요한 7가지만 챙기고 나머지는 과감히 두고 떠나도 되니까. 물론 그 일곱 가지란 사람마다 다르고, 직업마다 다르다. 그 일곱 가지를 챙겨 떠나는 것은 곧 독일 특유의 반더룽(Wanderung) 정신으로 이어졌다. 반더룽 정신이란 어디론가 떠나는 마음을 의미한다. 낯선 곳을 열망하는 마음은 반더루스트(Wanderlust)라는 단어로 연결되는데 낯선 곳을 향한 열망, 기꺼이 이방인이 되어 자유를 누리고 싶은 기쁨을 말한다. 이런 배경에서 생긴 것이 철새처럼 여기저기 이동하면서 체험을 많이 쌓자는 반더포겔(Wandervogel) 운동이다. 여기서 더 나아가 생긴 것이 바로 유스호스텔 운동인데, 세계 최초로 독일에서 유겐트헤어베르게(Jugendherberge)라는 이름으로 탄생하였다. 젊은이들에게 집안에만 콕 박혀있지 말고, 낯선 곳과 자연 속에서 실컷 헤매며 호연지기를 기르라는 운동이었다.

여행의 핵심은 두 가지, 비움과 채움이 그것이다. 무엇을 비우고 무엇을 채울 것인가? 사람마다 다르고, 곧 그 사람의 인생이기도 하다. 여행이나 출장 경험이 많은 사람일수록 짐 싸는 요령이 낫겠지만 꼭 그런 것만도 아니다. 공연히 욕심만 많아서 떠날 때 벌써 가방이 터질 지경인 사람들도 적지 않으니까. 나 역시 그런 사람 중의 하나이다. 여행지에서는 후회하면서도

떠날 때는 늘 두고 갈 두려워한다.

어떤 면에서 짐을 꾸리는 것보다 더 중요한 것은 여행 가방에서 필요 없는 짐을 덜어내는 일일 것이다. 사실 상당수 짐들은 막상 여행지에서 단 한 번도 거들떠보지 않는다. 여행 가방의 무게는 여행지에서 감내해야 할 인생의 무게와도 같은 것이다.

"Less is More!"

여행자에게는 언제나 금과옥조 같은 말이다. 적게 가지고 떠나는 것이 곧 많이 얻는 비결이다. 그것은 곧 인생에도 해당되는 말이다. 늘 가벼워야 움직일 수 있다. 챙길 것이 많고 거느린 것이 많으면 기동력이 떨어진다. 떠나지 못하면 곧 얻는 것도 많지 않을 테니까.

괴테는 옷을 넣은 여행 가방 하나와 오소리 가죽으로 만든 배낭, 이렇게 단촐하게 떠났지만 돌아올 때는 달랐다. 이탈리아 여행을 끝내고 바이마르에 돌아갈 때 그가 수집해간 그림은 무려 850점이나 된다. 이 그림들은 오늘날 대부분 바이마르 괴테 박물관에 전시되어 있다. 괴테는 누구보다 호기심 많기로 유명한 사람이었다. 호기심이 없는 괴테는 죽은 괴테나 다름없다. 그는 이탈리아 여행길에서 값진 책과 그림은 물론이고 진귀한 광석과 식물에 이르기까지 다채로운 것들을 수집하였다.

작은 것 하나하나가 결국 작게는 바이마르, 크게는 독일의 문화혁신에 소중한 밑거름 역할을 하였다.

여행지에서 괴테가 챙겨간 것들 가운데 더 중요한 것들이 있다. 그것은 이탈리아의 예술과 자연, 무엇보다 사람들의 사는 방식을 보고 느끼고 연구함으로써 세상에 대한 완전히 새로운 통찰력을 얻은 것이다. 이것보다 더 귀중한 자산이 있겠는가. 보이지 않지만 보이는 것보다 더 귀한 자산이다. 결국 괴테는 이를 바탕으로 훗날 「파우스트」, 「빌헬름 마이스터」 같은 대작을 완성할 수 있었다. 위대한 괴테, 위대한 바이마르 시대를 만든 것이다.

떠날 때는 비워야 한다. 가방 가득 채운 상태로는 아무것도 그 안에 넣을 수 없다.

아버지의 가장 큰 선물
_프랑크푸르트 슈테델 미술관 & 괴테하우스

• 새벽 6시가 조금 넘어 호텔 식당으로 내려갔다가 깜짝 놀랐다. 이미 적지 않은 사람들이 아침식사를 시작하고 있는 것이 아닌가. 나는 장거리 비행을 하고 와서 시차 때문에 새벽에 눈이 떠져 식당 문이 열리는 시각에 맞춰 갔을 뿐이지만 이 사람들은 대체 어떤 사람들이란 말인가. 마치 개미들의 식사처럼 작은 소리조차 내지 않고 숨 막힐 정도로 조용한, 얼리버드(Early Bird)들이 사는 땅, 새벽형 인간들이 모인 나라에 내가 다시 왔다는 사실이 비로소 실감나기 시작했다. 날씨가 좋지 않은 곳에서 살아야 하는 독일인들의 유전자에는 선사시대부터 밝음의 소중함이 각인되어 있어 모두들 새벽이면 움직이기 시작하는지도 모른다.

여행의 첫날밤을 보낸 곳은 공교롭게도 '괴테 호텔'이었다. 인터넷으로 프랑크푸르트의 숙소를 검색해보다 괴테라는 이름에 혹해서 예약한 호텔이었다. 프론트에 괴테의 흉상이 있고, 로마를 배경으로 한 괴테의 그림도 있었다. 괴테와 함께 이탈리아 기행을 떠나는 나의 출발에 어울리는 분위기다. 하지만 어딘가 짝퉁 냄새가 났다. 객실도 너무 비좁았으며 전반적으로 독일적이라고 하기에는 수준이 떨어지는 그런 호텔이었다. 단정하기 힘들지만, 프론트에서 일하는 사람들의 말투를 볼 때 중동계 자본의 호텔이 아닌가 싶었다. 하지만 그럼 어떤가. 괴테라는 이름과 함께하는 시작이라 생각하고 기분좋게 마인강가로 차를 몰았다.

프랑크푸르트 시내 한복판을 관통하는 강이 마인이다. 강변에 자동차를 세워놓고 홀바인 다리(Holbeinsteg) 위에 섰다. 이 도시를 찾을 때면 늘 한번쯤은 달려와 걷곤 하던 나만의 장소 같은 곳이다. 차량 통행은 안되고 사람들만 다닐 수 있는 인도전용 다리여서 호젓함이 무엇보다 매력이다. 만약 누군가 자유의 냄새가 그립다면 이 다리에 서보면 좋을 것 같다. 어디선가 불어오는 자유의 바람이 피부를 스쳐갈 테니까.

사진 찍기에 최적의 장소라는 안내책자의 설명처럼 이 다리에 서면 프랑크푸르트의 모든 풍경이 파노라마처럼 한눈에 들어온다. 이 도시의 랜드마크가 되어버린 연필처럼 뾰족한 70층짜리 메세(Messe) 타워, 유로 화폐를 발행하는 유럽중앙은행, 독일연방은행 건물들이 경쟁적으로 쭉쭉 뻗어있다.

지도를 보면 프랑크푸르트가 유럽 대륙의 동과 서, 남과 북을 잇는 십자로 상에 있음을 알 수 있다. 그런 지형적 특성 덕

분에 이 도시는 상업과 교역의 요충지였고 메세라는 이름의 박람회 산업이 활성화되었다. 컨벤션 산업이 가장 발달한 나라가 독일이고, 프랑크푸르트는 컨벤션 산업의 주축 도시다. 유럽의 경제수도라는 별명처럼 교통, 유통, 소통의 3통(通)이 매끄럽게 흐르는 완벽한 인프라다. 중세시대부터 상인정신이 넘쳐 흐르고 신분보다는 실리, 규제보다는 자유정신이 지배하는 도시에서 괴테는 태어났다.

대장정을 떠나기 전 심호흡을 크게 한 번 했다. 그리고 무심히 흐르는 강물과 하늘을 나는 새들을 번갈아 보고 있을 때 어디선가 아코디언 연주 소리가 들린다. 나이든 집시 악사였다. 한곳에 머무르지 않고 늘 어디든 이동하는 삶을 사는 집시와 음악 소리, 자유영혼을 만나러 가는 길에 마치 전주곡처럼 들린다.

홀바인 다리의 한쪽 끝, 마인강 남쪽 강가를 가리켜 '무제움 스우퍼(Museumsufer)'라 부른다. 한국어로 번역하면 '박물관 강변'이란 뜻인데, 운치 있게 '강변 미술관'이라 표현해도 되겠다. 인구 100만 명도 채 되지 않은 도시에 이곳 강변 미술관들을 포함해 모두 30개가 넘는 박물관과 미술관이 있다니 부러울 따름이다. 그 가운데 보석 같은 8개의 박물관과 미술관이 바로 이곳 강변 박물관 지역에 모여 있다.

여기서 내가 들르려고 하는 곳은 슈테델 미술관으로 홀바인 다리 바로 옆에 있다. 이 도시에서 가장 성공한 금융가이자 사업가였던 요한 프리드리히 슈테델이 1816년 생전에 수집했던 모든 컬렉션을 프랑크푸르트 시에 기증하면서 생긴 미술관이 슈테델이다. 흔히 '미술관이란 미술의 무덤일 뿐'이란 비판이 있다. 너무도 많은 작품들이 한 곳에 모여 있다 보니 개별 작품들은 자칫 죽은 존재가 되기 쉽다는 것이다. 루브르나 내셔널 갤러리, 메트로폴리탄 뮤지엄처럼 세계적인 갤러리나 박물관들은 전시품목이 많고 공간도 위압적일 정도여서 가끔은 질리는 것이 사실이다.

그러나 슈테델 미술관은 적당한 규모다. 너무 위압적이지도 그렇다고 너무 작지도 않은, 한나절 투자해 미술작품을 집중적으로 관람하기에 아주 적절한 곳이다. 예술 분위기가 물씬 풍기는 구내서점에서 기념품을 만지작거려도 좋고 멋진 카페테리아에서 그냥 커피 한 잔 마셔도 그것만으로도 멋진 하루가 될 듯싶다. 프랑크푸르트를 비행기를 갈아타거나 메세와 비즈니스를 위한 도시 정도로만 생각하고 이곳을 그냥 지나친다면 정말로 후회할 일이다.

슈테델은 알찬 미술관이다. 베르메르의 〈지리학자〉, 보티첼리의 〈여인초상〉, 렘브란트의 〈눈먼 삼손〉, 크라나흐의 〈비너스〉, 키르히너의 〈모자 쓴 누드〉, 뒤러의 판화 컬렉션, 피카소,

라파엘, 모네, 마네, 르누아르, 베크만 등 일일이 열거하기 힘든 거장들의 그림이 3000점, 그리고 조각품 600점, 10만 장에 이르는 소묘와 프린트, 500장의 사진 작품이 소장되어 있다. 2012년 재개관에 가까운 보수공사 덕분에 전시공간을 이전보다 더 많이 확보해 이 많은 작품들을 전시할 수 있다는 설명이다.

슈테델 미술관 앞에 이른 아침부터 긴 줄이 늘어서 있어 의아했다. 알고 보니 독일이 낳은 위대한 화가이자 판화가인 알브레히트 뒤러 특별전이 열린 까닭이다. 16세기를 통째로 자신의 세기로 만들었을 정도로 위대한 화가가 뒤러였다. 괴테는 이탈리아 기행문에서 뒤러와 관련된 에피소드를 이렇게 들려주고 있다.

"나는 뮌헨에서 놀라울 정도로 위대한 그의 작품 몇 점을 본 적이 있다. 그런 그가 베네치아에서 판단 착오로 악당 같은 목사들과 거래를 하여 몇 달 동안 허송세월을 한 것을 생각해보라! 불쌍한 뒤러! 그가 네덜란드 여행을 할 때 그에게 행운을 가져다줄 것으로 기대했던 자신의 훌륭한 작품을 앵무새 몇 마리와 맞바꿔버리거나, 과일 한 접시를 가져다준 하인들에게 줘야 될 몇 푼의 팁을 절약하기 위해 그들의 초상화를 그린 사실을 생각해보라! 나는 그렇게 불쌍한 바보 같은 예술가를 생각하면 가슴이 뭉클해진다."

자화상에서는 바늘로 찔러도 피 한 방울 나지 않을 것 같이 차갑고 빈틈없어 보이는 외모지만, 실제로의 뒤러는 셈이 서투르고 허점이 많은 어수룩한 예술가였던 모양이다. 판화의 역사를 말할 때 뒤러를 빼고 얘기할 수 없다. 판화를 단순한 인쇄기능에서 예술기능으로 한 차원 격상시킨 최초의 판화가도 뒤러다. 너무도 많은 이들이 그의 판화를 모방하거나 표절하는 데 지쳐 작품에 AD라는 모노그램을 새겨 넣었다고 한다. AD는 알브레히트 뒤러의 약자이며 모노그램은 이름을 도안화하여 짜 맞춘 요즘의 서명이나 낙인 같은 것이다. 괴테와 마찬가지로 그의 예술세계에 대변혁이 일어난 것도 이탈리아 여행 이후였다.

뒤러를 보러 온 수많은 인파를 뚫고 나는 미술관의 1층으로 향했다. 한국식으로 하면 2층인데, 유럽인들은 지상층은 0으로 표기하고 그 다음부터 숫자를 매겨 건물의 층수를 말하기 때문에 종종 혼동에 빠지기 쉽다. 수많은 걸작들이 있음에도 불구하고 내가 이 미술관에 온 목적은 단 하나, 이 도시가 낳은 위대한 아들을 보기 위해서이다.

1층 가장 큰 전시실에 들어서니 익숙한 그림이 나를 기다리고 있었다. 고대 로마 유적지를 배경으로 앉아 있는 괴테의 모습이다. 독일화가 티슈바인이 1786년과 1787년 사이에 그렸던 〈로마 캄파뉴에 앉아 있는 괴테〉라는 이름의 그림이다. 유럽의 저명한 유대인 재력가 집안인 로트실드 가문의 살로몬 폰 로트실드 남작 부인이 이 그림을 소유하고 있다가 슈테델 미술관에 기증한 것이라 한다. 너무도 유명해서 많은 이들이 모작을 시도했고, 특히 앤디 워홀은 1982년에 이 그림을 팝아트 방식으로 표현해 화제가 되기도 했다. 화가 티슈바인은 로마의 코르소 거리에 있던 자기 아파트를 괴테에게 빌려줬을 뿐 아니라 초기 정착과정을 도와주고 이탈리아의 미술과 예술 전반에 걸쳐 눈을 뜨게 해준 고마운 친구였다. 로마에 도착한 직후인 1786년 11월 1일 괴테는 이렇게 적고 있었다.

"나는 이 길고 고독한 여행을 하기로 결심하고, 어찌할 수 없는 욕구에 이끌려 이 세계의 중심지를 방문하게 된 것이다. 정말이지, 지난 몇 년 동안은 마치 병이 든 것 같았고, 그것을 고칠 수 있는 길은 오로지 이곳을 내 눈으로 직접 바라보며 이곳에서 지내는 것뿐이었다."

나는 한동안 움직이지 않고 그림 앞에 서있었다. 괴테는 도대체 왜 저 먼 곳까지 떠나지 않으면 안 되었던 것일까? 그리고 왜 나는 지금 괴테를 따라가려는 것인가? 시대도 다르고 국가도 다르고 얼굴색도 다른데 괴테와 나를 연결시켜주는 무형의 힘은 과연 무엇일까?

그림 옆에 걸려 있는 작은 안내문에 독일어로 '젠주흐트 오르테(Sehnsuchtorte)'라 쓰여 있는 것이 눈에 뜨였다. 젠주흐트(Sehnsucht)란 말처럼 정확하게 옮기기 힘든 독일어 단어도 드물 것이다. 영어로는 desire, 혹은 longing이라 번역이 되곤 하는데, 한국말로는 '열망', '갈망', 혹은 '동경'이란 뜻이다. 브람스의 유명한 가곡 가운데 〈Gestillte Sehnsucht〉란 노래에도 이 단어가 쓰이는데 '조용한 갈망', 혹은 '가슴깊이 간직한 동경'이란 뜻이다. 오래 전 민족의 이동을 해왔던 까닭일까. 독일적 정서가 물씬 담겨있는 단어다. 그러니까 괴테의 그림이 말하려 했던 것은 '갈망하던 곳', '동경하던 장소' 쯤으로 해석될 수 있겠다.

가슴 속 깊이 숨겨둔 갈망이 괴테를 로마로 떠나게 만들었다. '지난 몇 년 동안 마치 병이 든 것 같았다'고 표현할 정도로 들뜨게 만든 갈망이었다. 그는 몇 번의 연애를 시도했지만 모두 실패로 끝났고, 그 아픔을 담은 작품이 「젊은 베르테르의 슬픔」이었다. 그 책으로 유명해졌고 그 유명세로 바이마르까지 초청받아 고위직에 올랐지만, 그의 아픔은 근원적으로 치유되지 않았다.

그때까지 축적한 인생의 모든 것을 걸 정도로 괴테의 열망은 강렬했고 아픔은 깊었다. 그것을 얻기 위해서라면 지금 가진 모든 것을 포기할 각오가 되어 있었다. 알프스를 넘는다는 것은 곧 지금까지 살아온 방식을 뛰어넘어 또 다른 자기로 거듭나겠다는 의지의 표현이었다. 아픈 청춘 시절에 대한 정면승부였다.

괴테뿐 아니라 당시 독일의 지식인들에게 로마는 하나의 로망이었던 것 같다. 괴테와 친한 예나대학의 교수였던 칼 빌헬름 괴틀링도 비슷한 감정을 토로하고 있었다.

"로마로 가야지요! 무엇인가 되기 위해서는 로마로 가야해요! 로마는 도시이자 삶이자 하나의 세계랍니다! 우리 본성에 담긴 세세한 모든 것을 독일에서는 알아낼 수가 없습니다. 하지만 로마에 들어서는 순간 우리는 변화를 겪게 되어 우리가 주위만큼이나 위대하다는 것을 느끼게 됩니다. 아름다운 이탈리아 땅을 등지고 다시 알프스 산 너머로 발길을 옮길 때에는 참으로 묘한 느낌이 들더군요."

아직 독일은 문화 변방국으로, 위대한 로마 문명을 알고자 하는 열망을 알 수 있다. 그처럼 염원하던 영원한 로마. 나는 괴테의 발자취를 뒤쫓아가고 있다. 괴테와 나를 연결시켜 주고 있는 것은 '열망', '동경'이라는 뜻의 젠주흐트였다.

30대 한창 때의 괴테가 떠났던 길을 중년의 나이에 추구한다는 것은 지나친 사치일 수도 있고, 로망이 지나치면 노망으로 비춰질 수도 있다는 시각도 모르는 바 아니다. 하지만 이제 더 이상 미룰 수 없을 만큼 충분히 나이를 먹었다. 언제까지 내일을 위해 오늘을 담보로 잡아둘 것인가. 괴테가 그러했듯 꿈이 없다면 그것은 정지된 삶이고, 열정이 식어버린 삶은 이미 박제화 되어버린 존재일 뿐이다.

괴테가 태어난 생가는 구시가지에 있다. 슈테델 미술관을 비롯한 강변 미술관들이 있는 곳에서는 강 건너 편이다. 그의 생가는 큼직한 저택으로 괴테하우스라는 이름의 박물관이 되어 있었다. 그의 생가에 가서야 나는 괴테의 로마에 대한 동경의 뿌리, 그 숨겨진 비밀을 알 수 있었다.

1749년 이 집에서 태어난 괴테는 바이마르로 떠나는 1775년까지 살았다. 2차 세계대전 때 연합군의 폭격으로 프랑크푸르트는 완전히 잿더미로 변해버렸다. 괴테의 집이라고 예외는 아니다. 그런데 어떻게 이렇게 거의 완벽한 모습으로 복원되어 있을까. 이곳 사람들은 전쟁이 한창인 와중에도 중요한 자료와 집기들을 모두 안전한 곳으로 대피시키고 건물의 구석구석을 정밀 측정하여 두었다고 한다. 그 결과 전쟁이 끝난 직후인 1949년 폭격 이전과 거의 같은 모습으로 다시 복원할 수 있었다. 새삼 독일인들의 치밀함, 준비성, 역사인식, 괴테에 대한 남다른 존경심을 모두 확인하게 된다.

괴테하우스에 들어서는데 웬 독일 남자가 "안녕하세요?"라는 한국말로 인사말을 건넨다. 알고 보니 이 박물관 소속 전문 가이드인 라이네르트라는 사나이였다. '왼쪽, 오른쪽' 같은 방향을 가리키는 단어와 '손목시계' 같은 명사까지 제법 많은 한국어를 말하고 있었다. 내가 독일어로 질문을 건네면 그는 한국어로 답하는 다소 우스꽝스런 풍경도 연출되었다. 한국어를 따로 배운 적은 없고 다만 한국 방문객들로부터 주워들은 덕분이란다. 더 반가운 것은 이 박물관에서 서비스하는 5개 언어 오디오가이드 PDA 가운데 하나가 한국어라는 사실이다. 최소한 괴테하우스에서만큼은 한국어는 대접받고 있었다.

확실히 괴테는 이 도시의 스타, 아니 더 나아가 독일의 우상과 같은 존재다. 프랑크푸르트가 낳은 위대한 아들답게 가는 곳마다 그의 이름이 새겨져 있다. 호텔, 거리, 상점, 와인, 식당, 심지어 프랑크푸르트학파로 유명한 대학 이름도 정식으로는 괴테 대학이다. 외국인을 대상으로 독일어를 가르치고 독일 문화를 전파하는 독일문화원의 이름이 '괴테 인스티튜트'인데서 알 수 있듯이 괴테는 독일 최고의 브랜드다. 중국이 해외에서 중국어를 보급하는 기관에 '공자학당'이라 명명한 것은 여기에서 착안한 듯싶다.

괴테를 기념하는 공식 박물관은 모두 세 곳이다. 지금 이곳 프랑크푸르트의 생가, 26살 때부터 죽을 때까지 활동을 한 바이마르, 그리고 로마 시내 한복판에 있는 '카사 디 괴테(Casa di Goethe)', 모두 이번 여행길에 들러야 할 곳들이다.

프랑크푸르트 생가 건물을 오르다 복도 마루에서 눈에 익은 동판화와 마주하였다. 로마의 풍경과 지도를 담은 동판화들이었다. 그것은 먼 곳, 이탈리아에 대한 동경과 열망하는 마음을 심어놓은 뿌리였다. 1786년 11월 1일 로마에서 괴테는 이렇게 추억하고 있지 않던가.

"내 젊은 시절의 모든 꿈들이 지금 이 순간 내 눈앞에 생생이 되살아나고 있다. 내 기억 속에 아로새겨진 최초의 동판화- 아버지는 일찍이 로마의 조감도를 마루에다 내걸어놓으셨다-를 바로 지금 내 눈앞에서 실물로 바라보고 있는 것이다."

어린 자식에게 최고의 선물은 꿈을 심어주는 것이다. 만약 대학에서 전공으로 조선학과를 권유하고 싶다면 배에 관한 디테일한 지식을 전해주는 것보다 우선 드넓은 바다로 데리고 가야 한다. 먼 곳에 대한 동경, 바다로 나가고 싶다는 마음을 키워주는 것이 먼저다. 그리고 배에 대한 이야기를 들려주는 것이 순서다.

SEHNSU

„... an diesem Ort knüpft sich die ganze Geschichte der Welt an, und ich zähle einen zweiten Geburtstag, eine wahre Wiedergeburt, von dem Tage, da ich Rom betrat."

„Der Maler soll nicht bloß malen was er vor sich sieht, sondern auch, was er in sich sieht. Sieht er aber nichts in sich, so unterlasse er auch zu malen, was er vor sich sieht."

괴테의 아버지는 젊은 시절에 이탈리아 여행을 하고 돌아왔는데, 그때 로마를 배경으로 한 동판화와 조감도를 여러 장 가져와 집안 곳곳에 걸어두었다. 로마의 포폴로 광장, 콜로세움, 베드로 성당이 매일 보였다. 어린 아들의 상상력을 자극하는 데 이보다 더 멋진 도구가 또 어디에 있을까. 게다가 아버지는 틈나는 대로 아들에게 로마와 이탈리아의 풍물이며 사람들에 대한 이야기를 들려주곤 하였다.

원래 아버지는 괴테가 대학을 졸업한 뒤 이탈리아 기행을 떠나라고 권유했다. 하지만 「젊은 베르테르의 슬픔」으로 일약 스타가 된 뒤 바이마르 공국에 스카우트되는 바람에 이룰 수 없었다. 결국 바이마르로 옮기고 일한 지 11년 만에, 그리고 아버지가 다녀온 지 46년이 지나 아들은 아버지가 다녀온 길을 다시 밟게 된다.

동경, 열망의 뿌리는 결국 아버지와 아버지의 선물이었다. 아버지는 잠시 갖고 놀다가 쓰레기통에 처박아 넣는 장난감이 아니라, 꿈이라는 이름의 위대한 선물을 아들에게 안긴 것이다.

새벽 3시, 아무도 모르게
칼스바트를 빠져나왔다

_ 체코 카르로비 바리

•   도대체 칼스바트는 어디에 있는 거야? 괴테의 「이탈리아 기행」을 처음 읽을 때 그 여행이 시작되는 칼스바트라는 지명에 고개를 갸웃거렸다. 칼스버그 맥주와 비슷해서 한때는 이 도시가 덴마크에 있는 줄 착각할 정도였다.

칼스바트는 프라하에서 서쪽으로 127킬로미터 떨어진 체코의 작은 도시로, 독일어권에서는 칼스바트라 부르지만 체코에서는 '카르로비 바리(Karlovy Vary)'라는 체코어로 된 지명으로 부른다. 서쪽으로는 독일의 바이에른 지방과 어깨를 맞대고 있었고 북쪽으로는 독일의 작센 지방과 산맥을 사이에 두고 있었다.

구글 지도로 검색해보니 프랑크푸르트에서 칼스바트까지는 385km, 아우토반을 이용해 달리면 3시간 반이면 도달하는 거리다. 중간에 바이마르가 있기 때문에 프랑크푸르트에서 바이마르까지는 두 시간, 바이마르에서 칼스바트까지는 다시 두 시간, 거의 일직선상에 위치해 있다. 시동을 걸었다. 라디오에서는 레이 찰스의 흘러간 명곡 〈Hit the Road, Jack〉이 흘러나오고 있었다.

"도로를 박차고 떠나, 잭! 그리고 다시는 돌아오지 말아/ 제발, 제발, 제발…."

가사 그대로 나도 도로를 박차고 떠났다. 독일 프랑크푸르트를 출발한 나의 렌터카는 아우토반을 달려 한숨에 국경을 넘었다. 독일에서 체코로 넘어가는 국경의 풍경은 10년 전의 것이 아니었다. 내가 베를린 특파원으로 일하던 2000년대 초반만 하여도 체코 국경을 넘으려면 여권과 세관 검사로 긴 줄이 늘어서 있었다. 물론 프라하의 풍경과 체코의 여인들은 아름다웠다. 만약 요요마와 바비 맥퍼린이 연주하는 비발디의 〈안단테〉에 가장 어울리는 배경 도시를 한 곳 선택하라고 하면 단연 프라하를 꼽을 것이다. 그처럼 사람의 영혼을 잡아끄는 매력적인 도시가 프라하지만, 그곳으로 가는 길에서 만나는 체코 경찰의 행태는 아름답지 않았었다.

나는 취재를 위해, 여행을 위해, 친구 동료들의 안내를 위해 수없이 이 국경을 넘나들었다. 그럴 때마다 차를 세운 뒤 내가 외국인인 것을 확인하고는 갖은 트집을 잡아 검은 돈을 요구하곤 했던 사람들이 바로 체코 경찰이었다. 한번은 IMF 총회를 취재하기 위해 프라하에 갔다가 우리가 탄 차량이 뒤에 오던 차에 들이받히는 사고를 당했다. 다행히 큰 사고는 아니었지만 장비가 조금 망가지고 목이 뻐근한 정도여서 보험 청구를 위해 경찰의 피해조사가 필요한 상황이었다. 때마침 사고지점 인근에 경찰이 있었지만 관할이 아니라는 이유로 외면해 버렸다. 그나마 한참 뒤에 나타난 또 다른 경찰차는 건성으로 조사를 끝내더니 나중에 베를린 사무실로 서류를 보내준다고 했다. 하지만 그 조사보고서는 아직까지도 내 손에 도착하지 않고 있다. 그처럼 비능률적이고 부패한 것이 체코의 경찰이었다.

그런데 지금은 아무런 검사나 제지 없이 무사통과다. 마치 옆집 드나들듯 순식간에 국경을 넘어버린 것이다. 국경을 넘으면 야하고 요란한 복장으로 길게 늘어서서 독일 남정네들을 유혹하던 인터걸들의 모습도 이제는 찾아볼 수 없다. 10년이면 강산이 변한다더니 정말 확 바뀌어 버렸다. 이 모든 변화는 체코가 유럽연합에 가입한 덕분이다. 동구권 블록이 무너진 뒤 가장 뜨는 도시가 프라하이고, 유럽연합이 확대되면서 가장 혜택을 많이 받는 나라는 체코일 것이다. 독일과 체코의 국경 지역에서는 자그마한 면세점들이 있어서 술과 담배를 사거나 주유소에서 면세로 연료를 넣으려는 자동차들이 길게 늘어서 있어 이곳이 국경이라는 사실을 실감나게 해줄 뿐이다.

국경을 넘어 칼스바트 방향으로 얼마 달리지 않아 울창한 숲이 둘러져 있었다. 때마침 보슬비가 내리면서 안개까지 자욱해

신비스런 느낌이 가득하다. 이곳이 보헤미아 숲이다. 어딘가에 속박되지 않고 자유영혼을 추구하는 사람을 가리키는 단어 '보헤미안'이 유래한 곳이다.

오래전 유럽인들은 이 보헤미아 숲에서 집시들이 나왔다고 생각했다. 그럴 법한 상상이다. 안개 자욱한 숲 속에서 나와 특이한 삶을 사는 사람들, 그들을 가리켜 보헤미안이라 불렀다. 그 말은 한때 집시의 동의어로 쓰였다. 시간이 지남에 따라 집시의 뿌리가 다른 것이라는 사실이 알려져 집시와 보헤미안은 각각 다른 뜻이 되었지만, 아직도 집시처럼 방랑을 즐기고 규범에 얽히는 것을 싫어하는 예술가적 기질을 가진 사람들을 가리켜 그렇게 부르는 것이다.

칼스바트는 보헤미아 숲이 병풍처럼 두르는 자락 가운데 위치한 아담한 중세마을 같은 도시다. 독일어권 지명 가운데 '바트(Bad)'란 말이 들어있는 곳을 종종 발견하게 될 텐데 이는 영어의 '나쁘다'는 의미와는 전혀 관련 없다. 십중팔구 온천 지역이라 보면 된다. 프랑크푸르트 인근의 한국 주재원들이 많이 사는 바트 홈부르크, 분단 시절 서독의 수도였던 본의 바트 고테스베르크, 서울 올림픽 유치가 결정된 바덴바덴이 바로 그런 경우이다.

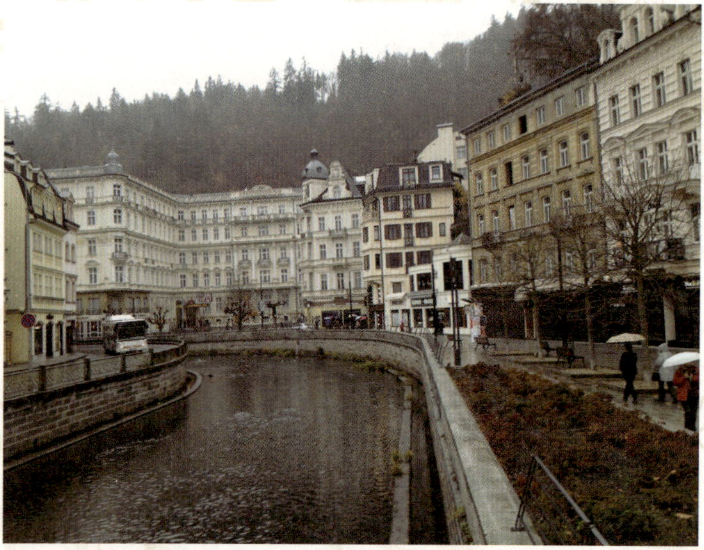

칼스바트는 이름 끝에 바트라는 낱말이 들어가 있듯이 보헤미아 산맥 계곡 사이에서 나오는 뜨거운 온천으로 유명한 휴양지다. 독일어권에서는 마리안바트라고 알려진 마리안스케 라즈네(Marianske Lazne), 프란티슈코비 라즈네(Frantiskovy Lazne)와 함께 보헤미아 지방의 3대 온천 휴양지로 잘 알려져 있다. 과거엔 합스부르크 가문이나 신성로마제국 같은 독일어권의 지배를 종종 받은 탓에 독일 쪽 왕족이나 귀족들의 사랑을 받아왔다.

칼스바트는 작은 도시다. 도시라고 하기에는 너무도 아담하고 오히려 산골마을 같은 냄새가 물씬 풍기는 휴양지다. 조용히 흐르는 개천 같은 템플라 강을 사이에 두고 양편으로 호텔과 기념품 판매점, 그리고 온천욕장이 줄이어 서있는데 여기에 이 도시의 중요한 것이 다 몰려있다.

강가를 걷다 보니 '1786년 이곳에 괴테가 묵었다'는 안내문을 자랑스레 걸어놓은 곳이 있었다. 반가운 마음에 자세히 살펴보니 '호텔 모차르트'라는 이름의 작은 호텔이었다. 괴테는 칼스바트와 마리엔바트의 단골 이용자여서 그의 마지막 사랑이었던 울리케 가족을 따라 왔던 74세 때까지 이 지방을 자주 찾아 왔으니, 이 호텔은 괴테가 묵었던 숙소 중의 하나였으리라. 말년의 괴테가 젊은 시인 에커만에게 들려주는 칼스바트의 연애 이야기가 재미있다.

"시시콜콜한 연애 사건 같은 것이라도 있어야 그런대로 온천장에 체류하는 재미가 있지. 그렇지 않다면 따분해서 죽을 맛일거야. 나 역시도 온천장에 갈 때마다 운 좋게도 그곳에서 일종의 작은 친화력이라 할 수 있는 감정이 오갔다네. 그래서 몇 주일 간 체류하는 동안 그런대로 즐거운 시간을 보낼 수 있었다네. 특히 한 사건이 기억나는데, 그 생각을 하면 아직도 즐겁다네."

괴테가 여기서 말한 한 사건이란 이렇다. 어느 날 괴테는 독일의 여성작가인 레크 부인의 거처를 찾아갔다 나오는 길에 아주 예쁘고 젊은 두 처녀를 대동하고 들어오는 어떤 귀부인과 마주쳤다는 것이다. 그 귀부인은 레크 부인으로부터 조금 전 마주친 노신사가 괴테였다는 사실을 듣고 몹시 아쉬워하지만 레크 부인의 대꾸는 이러했다고 한다.

"아, 그런 이유 때문이라면 전혀 아쉬워할 필요가 없어요. 괴테는 어느 정도 관심을 불러 일으킬 만큼 예쁜 여자가 아니라면, 여자들과 함께 있는 것을 무척 따분해하거든요. 우리처럼 나이든 여자들은, 괴테와 얘기를 나누면서 다정한 시간을 보낼 생각은 하지도 말아야 할 거에요."

그런데 그 다음날 아침 산책길에 나선 괴테에게 아름답고 젊은 두 여인이 우아하고 사랑스런 태도로 연신 인사를 하는 것이 아니겠는가. 이런 일이라면 마다할 괴테가 아니었다. 즉각 '작업 모드'에 돌입했다. 그녀들은 반색하더니 자기들의 집으로 데려갔다고 했다. 괴테는 날마다 그 집을 방문해 두 명의 처녀와 그들의 어머니와 즐거운 시간을 보냈는데, 나중에 알고 보니 이 일은 모두 딸들이 기획한 작품으로, 나이든 어머니가 괴테와 가까이서 대화를 나누고 싶어하는 것을 알고 마련한 것이었다. 괴테의 말이 더 걸작이다.

"자기들은 젊고 예쁘니까, 저 유명한 야수 같은 남자를 사로잡아 길들일 수 있을지도 모른다며 한번 알아보자고 한 거야!"

에커만은 괴테가 또 다른 유명 온천지인 마리엔바트에 갔을 때 그곳에서 창작한 「마리엔바트의 비가」 작품에 얽힌 일화도 들려주고 있다.

"괴테가 앞서 말한 마리엔바트에서 돌아오자마자 시내에 소문이 퍼졌다. 괴테가 그곳에서 용모와 마음씨가 아주 고운 젊은 여자와 알게 되어 열정적인 연정에 사로잡혔다는 것이다. 온천지의 가로수길인 부룬넨 알레에서 그녀의 목소리가 들려오면 항상 잽싸게 모자를 집어 들고 그녀에게 달려 내려갔다는 것이다. 그리고 한시도 그녀 곁을 떠나지 않으며 행복한 나날을 보냈다. 그런 뒤에 헤어진다는 것은 무척이나 고통스러운 일이었다는 것이다. 그리고 그러한 열정적인 상태에서 괴테는 그지없이 아름다운 시를 썼지만, 그것을 일종의 성물처럼 여겨 남몰래 간직하고 있다는 것이다."

에커만은 그 소문이 사실이었음을 확인한다. 그리고 바로 그때 또 다른 젊은 여인인 폴란드 출신 시마노프스카에게 괴테는 마음을 빼앗기고 있는데, 그녀 역시 마리엔바트에서 괴테를 알게 되어 그를 찾아왔다고 전하고 있다. 그러니까 온천장은 몸을 치료하는 곳이자 동시에 괴테에게는 이성에 대한 작업을 진행하는 작업장이기도 했던 셈이다. 젊은 여자들에 대한 작업은 인생의 후반기에 일어나는 일들이고 이탈리아 기행 당시의 괴테는 상황이 달랐다. 그는 정신적 간절함에 시달리고 있었으니까.

나는 템플라 강가의 아담한 호텔에 여장을 풀고 다시 주변을 돌아보았다. 이곳은 온천과 함께 크리스텔이 유명하다. 가장 큰 호텔 가운데 하나인 그랜드 호텔 푭(Pupp) 정문 앞에는 때마침 관광버스에서 중국관광객들이 단체로 내리고 있었다. 제각각의 크리스털 제품이 손에 쥐어져 있는 것을 보니 중국 자본의 위력이 이 산골마을까지 휩쓸고 있음을 알 수 있다. 상점마다 중국어로 된 설명서와 중국어 가능한 직원이 있다는 안내문이 붙여져 있었다.

이곳의 온천 휴양지가 한국과 달리 특이한 것은 욕탕에 몸을 담그는 것 뿐 아니라 온천물의 음용(飮用)을 병행시킨다는 것이다. 온천에 함유된 천연 광물질 성분이 지병 치료에 좋다며 적극적인 온천수 마시기를 권유하고 있다. 하지만 쉬운 일이 아니다. 효험을 보기 위해서는 새벽 6시에 일어나 식전에 공복으로 온천수를 마신 뒤 하루 50컵이나 들이켜야 한다니 그게 어디 보통일인가. 게다가 물맛이 약간 찝찌름한 탓에 나는 몇 번 시도하다 그만두었다.

나는 온천수 마시는 것 대신에 다른 음료를 마시기로 하고 강가의 카페를 찾았다. 그 음료란 체코가 자랑하는 맥주다. 흔히 독일을 가리켜 맥주의 나라라고 하지만, 전 세계에서 개인당 맥주 소비량이 가장 많은 나라는 체코다. 라거 계열 맥주를 대표하는 것이 '필스너'인데, 이 맥주가 1842년 세상에 처음 만들어진 곳이 바로 체코의 플젠(Plzen)이었다. '필스너'라는 맥주 이름은 플젠이라는 지명에서 나온 것이다. 필스너 맥주는 밝고 투명한 황금색으로 깔끔한 맛, 뒷맛에서 느껴지는 고급스러운 홉의 쓴맛이 특징으로 독일 맥주의 주종이 이 스타일이다.

'필스너 우르켈(Pilsner Urquell)'을 한 잔 주문했다. 독일에서는 '필스너 우어크벨'이라 부르지만 영어식으로는 '필스너 우르켈'이라 부른다. '원조 필스너'란 뜻이다. 보헤미아 숲의 진한 향기 덕분인지, 아니면 이제 편한 자유인이 되어 길을 떠나왔다는 기분 때문인지 맥주 맛이 달랐다. 달콤하면서도 쌉쌀하다. 그것은 어쩌면 이곳에서 나를 아는 이 단 한 명도 없기 때문인지도 모른다. 나는 이곳에서 완벽하게 이방인인 것이다. 그 맛을 찾아 여기까지 왔는지도 모르겠다. 내친 김에 체코가 자랑하는 또 하나의 맥주인 '부데요비츠키 부드바'를 한 잔 더 주문하고 싶었지만 일정을 위해서 다음을 기약했다. 참고로 미국 맥주 버드와이저는 바로 이 맥주의 이름인 '부드바'에서 유래했다.

괴테는 대부분의 독일인들이 그러하듯 산책을 즐겨했다. 괴테의 산책로 자료가 없을까 호텔로 돌아와 카운터에 있는 여직원에게 물었더니 고개를 갸우뚱한다. 독일어는 전혀 소통이 안 되고 영어는 할 줄 안다고 했는데, 말끝마다 "It is possibillity…."라는 이상한 문장으로 말을 시작하던 여자였다. 어찌하였든 뜻은 통했다. 알고 보니 괴테를 이곳에서는 '고에트헤'라 발음하고 있었다.

괴테가 산책했던 코스는 '고에트호바 스테츠카(Goethova Stezka)'라는 체코식 이름이 되어있었다. '괴테의 길'이란 뜻이란다. 그녀가 건네준 지도를 따라 걷기로 했다. 호텔 문을 나서니 가랑비가 내린다. 살짝 비를 맞으며 걷는 칼스바트의 괴테 산책로, 더할 나위 없이 낭만적이다. 산책로는 강변을 따라 보헤미아 숲으로 이어지고 있었는데, 아름답기도 하고 고즈넉해서 이곳을 찾는 독일인들이나 괴테 애호가들이면 으레 한번쯤 따라가는 일종의 순례 코스라고 했다. 혹시 길을 잃는 사람들을 위해 산책길 곳곳에 붉은 색 표시로 '괴테의 길'을 안내하고 있었다. 온천수도 물론 좋겠지만 매일 아침 아름다운 강을 보고 맑은 공기를 마시며 숲길을 따라가는 괴테의 산책로를 걷다 보면 누구라도 건강해지지 않을 수 없을 것 같다. 산책로를 따라 걷다보니 괴테의 동상이 보였다. 대장정에 오르기 전 이토록 낭만적이고 아름다운 길을 괴테와 함께 산책한다고 생각하니 감개가 무량하다.

  괴테에게 있어 산책은 책과 와인, 그리고 여자만큼이나 가까운 존재였다. 젊은 시인 에커만과 나눈 대화를 보면 괴테는 바이마르와 가까운 예나를 가보라고 추천하고 있는데, 그가 어느 정도 산책의 전문가인지 짐작케 한다.

"그 지방은 무척 다양한 모습이어서 서로 다른 산책길을 아마 50개 정도는 발견할 거네. 모든 길이 쾌적하고 거의 모두가 방해를 받지 않고 사색에 잠기기에도 적합한 곳이라네. 그 기

P
GOETHOVA
STEZKA

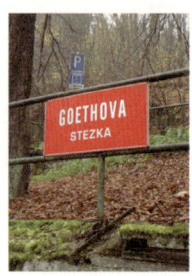

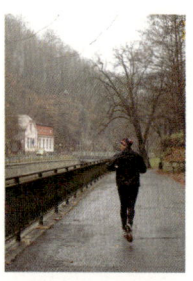

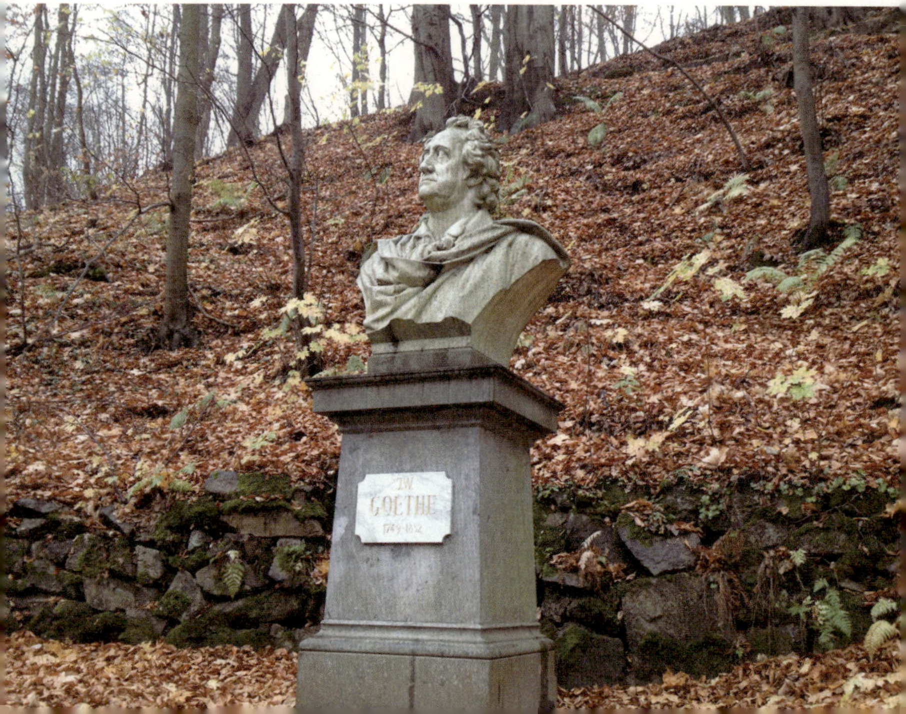
J.W.
GOETHE
1749-1832

간에 자네는 스스로 새로운 글도 여러 편 쓰고 아울러 내 구상도 함께 추진해줄 여유나 기회를 얻게 될 거네."

 괴테가 이탈리아 기행을 떠날 때, 이곳 칼스바트에는 바이마르 궁정의 여러 인사들과 함께 있었다. 당시 바이마르 공국의 고위 공직자였던 괴테는 동료, 친구들과 온천장에 와서 쉬고 치료하고 연회도 열었다. 8월 28일이 괴테의 서른일곱 번째 생일이었던 데다 때마침 며칠 간격으로 그가 모시던 군주인 칼 아우구스트 공작의 생일도 겹쳤기에 많은 이들이 이곳에 모였다. 괴테는 이처럼 많은 이들이 모여 있는 상황 속에서 갑자기 야반도주하듯 이탈리아로 도망쳐 버린 것이다.

 "새벽 3시, 아무도 몰래 칼스바트를 빠져나왔다. 그렇게 하지 않았더라면 사람들이 나를 떠나게 내버려두지는 않았을 테니까. 8월 28일 내 생일을 진심으로 축하해주려고 했던 사람들은 그것만으로도 아마 나를 붙잡아둘 만한 충분한 이유가 있었을 것이다. 하지만 더 이상 이곳에서만 지체할 수는 없는 일이었다."

 저 유명한 「이탈리아 기행」은 이렇게 시작한다. 여행이 시작되는 1786년 9월 3일의 일기다. 작가는 첫 문장으로 독자를 홀려야 한다고 했는데, 괴테는 심장이 터질 것 같은 가슴 벅찬 첫 문장으로 홀리고 있었다. 나는 괴테가 걸었던 길을 따라 산책하면서 한 명의 보헤미안이 되고자 했다. 그리고 괴테가 남긴 문장들을 곱씹어 보았다. 한번은 독일어 원본으로 또 다른 한번은 한국어 번역으로 암송하고 또 암송했다. 인류 역사상 가장 멋진 기행문 가운데 하나라는 평가 그대로 읽으면 읽을수록 독자를 매료시키는 그 무엇이 있었다.

괴테는 성공한 작가이자 성공한 행정가였다. 불과 스무 다섯 살의 나이에 「젊은 베르테르의 슬픔」을 써서 유럽 대륙에 돌풍을 일으켰다. 서양 최초의 베스트셀러로, 작품의 주인공 베르테르를 흉내낸 옷차림이 유행이었으며, 모방 자살이 2천 건이나 될 정도였다. 그런 명성 덕분에 바이마르 공국에 초빙된 것이었다. 행정가로서도 유능해서 국가재정, 전쟁, 도로건설, 광업, 궁정 오페라, 축제까지 다 관장하고 있었다. 한마디로 그가 없이는 작은 나라의 행정이 돌아가지 않을 판이었다.

그런데 왜 갑자기 길을 떠난 것일까. 그가 바이마르 궁정에 온 지 이미 10년이 넘어가던 시점이었다. 물론 자기가 모시던 군주에게는 다른 사람들 몰래 얼마동안의 휴가를 청원했고 허락도 받았다. 그렇지만 행선지와 기간을 전혀 밝히지 않았다. 이곳에 동행했던 친구인 헤르더, 플라토닉 연애 파트너였던 샤를로테 부인에게조차 아무런 말없이 훌쩍 떠났다.

이 여행은 괴테 자신의 모든 것을 건 운명적 여행이었다. 지금까지 어렵게 쌓아왔던 명성과 지위를 한꺼번에 잃을 수도 있었고, 실제로 그가 여행을 떠난 뒤 바이마르 궁정에서는 그를 비난하는 목소리가 여기저기 들렸다. 프로이센의 귀족이었던 폰 아세부르크 부인 같은 사람은 아우구스트 공작에게 보낸 편지에서 "추밀 고문관 괴테씨는 탈영병입니다. 전시법에 따라 엄중한 처벌을 내려야 해요."라고 주장할 정도였다.

괴테에게 들려오는 말은 온통 상처투성이 뿐이다. 분노의 화살이 날아왔으며 가까운 사람일수록 더 심했다. 무엇인가 도모하려는 사람이라면 주변으로부터 이해받기를 포기해야 하는 걸까. 아니면 자유영혼을 가진 보헤미안이라면 으레 감당해야 할 몫일까. 세월이 훌쩍 지나 40년 뒤, 괴테는 젊은 시인 에커만에게 이렇게 털어놓고 있다.

"바이마르에서 보낸 몇 년, 문학적 재능과 궁정의 직위 및 여러 국무로 인해 감수할 밖에 없는 현실의 갈등 때문에 십년 동안 비문학적인 것의 의미가 두드러졌다."

"궁정 생활은 음악과 같다. 각자가 박자와 쉼표를 지켜야만 하니까 말이다."

"궁정 사람들은 이런저런 의식(儀式)으로 시간을 때우지 않으면 지루한 나머지 죽어버릴지도 모른다."

"아무리 사소한 일이라도 군주에게 그것을 그만두라고 조언하는 것은 바람직하지 않다."

이미 10년 넘게 궁정생활의 압박에 스트레스를 받을 대로 받아왔다. 그는 지쳐있었다. 괴테는 어쩔 수 없는 창조적 유형의 인간 아닌가. 바이마르 궁정에서 성공한 행정가가 되었고 좋은 사람들과 친구들이 있었지만 작가로서 차분히 창작 활동을 할 여유가 없었다. 문학적 상상력이 무뎌질 대로 무뎌졌다.

창조적 인간에게 가장 나쁜 독약은 매너리즘이다. 그는 매너리즘이라는 이름의 독약이 서서히 몸 안에 스며드는 것을 자각하고 있었다. 그래서 익숙한 둥지를 박차고 나온 것이다. 그것은 일종의 자기 쿠데타였던 셈이다.

이런 증상은 괴테에게만 오는 것이 아니다. 창조하는 인간에게만 나타나는 것도 아니다. 직장생활에 시달린 사람들이거나 미들 에이지 크라이시스(middle-age crisis), 즉 중년이 되면 어김없이 찾아오는 신드롬이기도 하다. 이것을 이겨내려면 때로는 자기를 향한 쿠데타도 저질러야 한다. 무언가 원한다면 스스로를 향한 반역도 저질러야 한다.

새벽 3시는 어둠의 공포와 밝음의 설렘이 팽팽히 맞서는 시

간이다. 두렵기도 하고 기대감으로 심장이 터질 것처럼 희망이 부풀어 오른다. 괴테가 대장정에 오른 새벽 3시의 의미는 이토록 예사롭지 않다.

 렌터카의 시동을 걸었다. 괴테가 떠날 때처럼 새벽이었다. 차가운 비가 내리는 보헤미아의 어두운 숲을 뒤로 하고 칼스바트의 불빛들이 서서히 시야에서 멀어졌다.

혼자 먹는 밥,
홀로 떠나는 여행

_ 레겐스부르크

● 여행 기간 동안 괴테는 거의 날마다 일기를 썼다. 내가 따라가는 이탈리아 기행은 그 일기에 기반을 둔 것이고 그 일기가 없었다면 나의 이 여행도 불가능했으리라. 칼스바트를 출발한 괴테는 레겐스부르크에 도착해 또 일기를 적고 있다. "마차가 엄청나게 빨리 달린다. 보헤미아 지방에서 달팽이 걸음을 했던 것과는 아주 대조적이다."라고 괴테가 기록한 것을 보면, 그때도 체코에 비해 독일 쪽의 도로가 더 잘 닦였던 모양이다.

레겐스부르크는 체코에서 독일 국경 쪽으로 건너와 만나는 첫 번째 큰 도시다. 칼스바트에서 자동차를 40분 정도 달리면 벌써 독일 국경에 이르고 괴테는 츠보타에 이어서 에거, 그리고 지금의 바이에른 지방으로 들어온다. 괴테는 여기서 날씨와 과일에 대해 기록하고 있다.

"오늘은 북위 49도 선상에서 이 글을 쓰고 있다. 하루가 기분

좋게 시작된다. 아침은 서늘했다. 여기서도 사람들은 비가 잦고 썰렁한 여름 날씨에 대해 불평을 해댄다. 하지만 오늘은 온화하고 좋은 날씨로 변했다. 큰 강에서 불어오는 부드러운 바람은 뭔가 아주 독특한 느낌이다. 과일은 특별한 맛이 없다. 맛있는 배를 먹었지만 포도와 무화과 맛이 그립다."

어떤 면에서 우리는 지금 일기를 잃어버린 시대를 살고 있다. 컴퓨터, 인터넷, 스마트폰에 익숙해지면서 종이 위에 손으로 뭔가를 기록한다는 촉감도 함께 사라져가고 있다. 일기는 인류에게 오랫동안 유지되어 온 문화적 원형질 같은 것인데, 혹시 일기와 함께 정신적 삶도 잃어버리고 있는 것은 아닐까.

세상에는 일기 때문에 더 유명해진 사람들이 있다. 한국에서는 이순신 장군의 「난중일기」와 연암 박지원의 「열하일기」가 유명하고, 서양에서는 괴테와 함께 「안네의 일기」가 대표적이다. 일기와 관련해 또 주목할 만한 사람이 요제프 괴벨스이다. 나치의 선전장관으로서 악랄한 이미지만 우리에게 각인되어 있지만, 그는 사실 대단한 문장가이자 평생 일기를 꼼꼼히 기록했던 사람이기도 했다. 나치가 패망한 뒤 소련의 붉은 군대가 베를린을 점령했을 때 그들은 괴벨스가 남긴 일기의 엄청난 양에 놀랐다. 그가 세상에 남긴 일기장은 모스크바 KGB 문서보관소에 숨겨져 오다가 구소련이 붕괴되면서 세상에 공개되었다. 1924년부터 숨질 때까지의 일기가 500페이지 분량의 단행본 5권짜리 전집으로 나와 있을 정도다. 세상으로부터 인정받기 전 그의 문장은 뚝뚝 부러졌다.

"나는 제로다. 그러나 위대한 제로다."

이처럼 강한 자의식이 또 있을까. 괴벨스는 문사철(文史哲)에 능한 지식인이었다. 나치 시대 다른 인물들이 하급 군인 출신이거나 건달에 가까웠던 사람들이 주류인데 반해서 그는 하이델베르크 대학에서 박사학위를 받은 어엿한 인텔리였다. 여러 편의 소설을 썼고 기자를 지망해 여러 신문사의 문을 두드렸지만 그때마다 외면당했다. 불행한 지식인 괴벨스, 만약 그의 꼼꼼한 기록이 아니었다면 2차 세계대전의 실상은 절반만 알려졌을 것이고, 나치 수뇌부의 생생한 얼굴도 우리는 제대로 알지 못했을 것이다. 나는 괴벨스의 일기를 읽으며 소름이 끼쳤다. 광기의 시대 비뚤어진 지식인의 심정이 어떻게 변해 가는지 생생하게 나타나 있으니까.

"그는 37세다. 아돌프 히틀러… 나는 그대를 사랑한다. 그대는 위대함과 동시에 단순하기 때문이다. 그것은 천재의 특성이다."

독일의 저력은 어쩌면 기록의 정신, 일기의 힘인지도 모른다. 아무리 디지털 사회라고 하지만 독일은 여전히 손으로 서명이 들어있는 문서를 선호하고 또 요구한다. 그리고 반드시 우편으로 보낸다. 그렇기에 문서함과 우체통이 여전히 바쁘게 돌아가는 나라가 독일이고 몽블랑, 파버 카스텔 같은 세계적인 문구류를 보유한 나라 또한 독일이다.

괴테는 몰래 떠나왔기에 자신의 행선지를 밝히고 싶지 않았다. 여행 직후부터 가명을 쓰고 다른 사람으로 행세하였다. 그런데 레겐스부르크의 서점에 들렀을 때 우연히도 1년 전 바이마르의 서적 판매상에서 일한 적이 있었다는 종업원을 마주하게 된다. 반갑게 인사하는 책방 종업원에게 괴테는 천연덕스럽게 자신은 괴테가 아니라고 고개를 저었다.

당시 독일의 신문들은 호텔이나 여관에 투숙한 자들의 명단을 게재하는 관습이 있었던 모양이다. 1786년 9월 12일자 『레겐스부르거 디아리움』이라는 지역 신문이 아직도 보존되어 있는데, 그 신문 기사에서는 "9월 4일 흰양 여관에 라이프치히에서 온 뮐러 씨가 투숙했다."라고 적혀 있다. 뮐러는 괴테의 가명이었다.

솔직히 고백하자면 내가 레겐스부르크를 들르기로 한 것은 이 도시가 도나우 강변에 위치한 독일에서 가장 오래된 도시들 가운데 하나여서도 아니고, 이 강 주변이 고대 로마제국과 게르만족 사이의 경계를 이룬 역사적 사실 때문도 아니다. 그저 운전을 잠시 쉬면서 눈요기도 하고 점심도 간단히 때울 겸 해서였다. 물론 이 도시에 대한 예의는 아니겠지만 갈 길이 먼 여행자에게는 할 수 없는 일이다.

금강산도 식후경이라는 말이 있는 것처럼 여행은 눈과 귀 못지않게 입이 즐거워야 한다. 배가 고프면 아무리 좋은 풍경도 눈에 들어오지 않는 법이다. 요즘은 음식만을 찾아다니는 미각여행 족까지 등장했을 정도로 해외여행은 다른 음식과의 만남이기도 하다. 하지만 한정된 시간에 낯선 땅을 돌아다녀야 하는, 그것도 자동차로 이동하며 제 입맛에 맞는 식당을 찾기란 여간 힘든 일이 아니다. 여행은 시간과의 싸움이기 때문에 기동력을 확보하기 위해 점심식사는 웬만하면 간편식으로 해결한다.

도나우는 영어로 다뉴브라 불리는데, 구시가지와 가까운 주차장에 차를 세우고 마땅한 식당을 찾아 도나우 강가를 걸었더니 석조다리 하나가 나온다. 사람만 건너게 되어 있고, 독일 최초의 석조다리라는 설명이 쓰여 있었다. 그런데 그 석조다리 인근의 작은 건물에 사람들이 길게 줄지어 있는 모습이 눈에 들어왔고 뭔가 구수한 냄새가 코를 자극했다. 호기심에 가보니 소시지를 파는 곳이었다. '역사적인 소시지 부엌'이라는 이름의 간이식당이었다. 여전히 옛날 방식으로 불에 소시지를 굽고 있었고, 연기가 나는 부엌의 모습을 개방해서 보여주는 것이 특이했다. 유럽은 가는 곳마다 오래된 곳이 워낙 많다보

니 웬만해서는 놀라지 않게 되는데, 이 간이식당의 연원은 12세기까지 올라가고 있었다. 그런 까닭에 식당 이름 앞에 '역사적인'이라는 수식어가 붙어 있었나보다.

딱딱하고 둥근 빵 사이에 뜨거운 소시지를 끼워서 케첩 혹은 마요네즈 소스를 발라 주고 있었고, 테이크아웃 할 경우 2.40유로라 했다. 시장이 반찬이라고 했던가. 내가 지금껏 먹어본 소시지 중 단연 최고였다. 사실 음식에 관한한 영국과 더불어 그리 높은 점수를 받지 못하는 나라가 독일이다. 하지만 세 가지만큼은 세상이 알아주는데, 맥주와 감자 그리고 소시지가 그것이다.

물론 패스트푸드는 현대 미국에서 생긴 것이지만, 그 간편한 개념은 원래 독일계 이민자들에 의해 도입된 것이다. 햄버거와 핫도그가 대표적인 예이다. 독일어에서 도시 뒤에 'er'이라는 문자가 붙으면 'OO 도시 사람' 혹은 'OO 방식', 'OO적인 것'이라는 의미를 갖게 된다. 함부르크 뒤에 'er'이 붙어 함부르거(Hamburger), 즉 '함부르크 방식'으로 만들었다는 뜻이 된다. 미국인들은 둥근 빵 사이에 고기를 끼워서 먹는 메뉴를 가리켜 통칭 '함부르크 식', 즉 영어식 발음으로 햄버거로 부른 것이다. 독일에서 항공기가 발달하기 이전에 미국에 이민 오려면 가장 큰 항구인 함부르크에서 배를 타야 했기에 미국인들은 함부르크적인 것이 곧 독일적인 것이었다.

연유야 어찌되었든 소시지와 햄버거는 현대판 보헤미안들에게는 너무도 반가운 음식이다. 나 역시 오랫동안 출장이 많았고 기동력을 중시하는 모바일 인생을 살아야 했기에 마다할 이유가 없다. 값싸고 간편하고 빨리 서비스되니 일석삼조다.

독일인들은 확실히 검소하다. 대부분 청바지 차림에 격식을 따지지 않는다. 다뉴브 강변의 소시지 간이식당에서는 야외 탁자에 앉아 정식으로 음식을 먹는 사람들도 있었지만, 대부분은 선 채로 겨자 바른 소시지를 끼운 빵 하나로 간단히 점심식사를 하고 있었다. 먹는 것과 입는 것에 관한 독일인들의 검소함은 그 뿌리가 오래되었다. 독일 민족에 대해 가장 오래되고 가장 유명한 역사적 기록이 고대 로마시대 타키투스가 쓴 「게르마니아」인데, 여기서도 검소한 삶의 태도가 잘 그려져 있다.

"그들(게르만 민족)은 음식이 간단하다. 야생 과일, 바로잡은 신선한 야생 고기나 응고된 치즈. 그들은 음식을 특별하게 요리하거나 조미료를 치지 않으면서 배고픔을 해결한다."

내가 처음 독일과 인연을 맺은 해는 1994년이었다. 보도국 특파원 준비 해외연수자로 선발되어 가족을 두고 홀로 독일로 떠났다. 독일 음식에 적응하는 것도 물론 쉽지 않았지만, 가장 힘들었던 것은 나홀로 식사였다. 거의 매일 저녁 때 혼자 음식을 만들어 혼자서 먹고, 혼자서 설거지를 하다보면 저절로 자문이 들었다. '도대체 왜 내가 여기 와서 이런 궁상을 떨고 있는 거지?'

나에게 홀로 식사를 하는 것은 익숙한 모습이 아니었다. 서울에서 나는 늘 누군가와 함께 식사를 하며 떠들고 있었다. 펄펄 끓는 매운탕 냄비 주변에 모여앉아 서로 국물을 떠주며 전날 밤에 마신 술과 숙취를 이겨내곤 하였다. 그것은 우리의 살아가는 방식, 정겨운 우리의 문화였다. 살인적인 야근, 취재 경쟁에서 오는 극도의 스트레스를 이겨낼 수 있었던 것도 어쩌면 함께 먹고 마시는 자리 덕분이었던 것 같다.

밥은 단순한 음식이 아니었다. 밥은 삶이자 문화였고 사회관계의 함의가 담긴 메타포였다. '선배, 언제 밥 한번 사주세요!'라는 후배의 말은 곧 나에 대한 관심과 애정을 뜻했고, '그 친구랑은 절대로 밥 먹나 봐라!'라는 말은 관계의 의절을 의미했다.

요즘 젊은 세대에 와서 조금 달라지기는 했지만 여전히 따뜻한 밥에 대한 그리움이 있다. 김이 모락모락 피어오르는 밥과 뜨거운 국물이 있는 식사자리, 그곳은 마치 엄마의 품처럼 따뜻하고 편안하다. 나이든 사람일수록 밥에 천착하고 혼자 먹는 밥을 죽음보다 끔찍하게 생각한다.

하지만 독일에 가서 나는 서울과 다른 낯선 풍경과 자주 대면하게 되었다. 식당에서 혼자 식사하는 사람들의 모습이었다. 점심이건 저녁이건 홀로 식사하는 사람들이 참으로 많이 목격되었다. 만약 한국에서 어딘가 식당에 혼자 가서 주문을 한다면 별로 환영받지도 못하거니와 사무실에서 왕따 된 사람으로 비쳐지기 십상이다. 그런데 이곳에서는 아무렇지도 않은 듯 혼자 와서 주문하고 신문을 보고 먹다가 나간다. 또 하나 눈에 띈 것은 이들의 식사가 '차가운 음식'이 많았다는 점이다. 샐러드나 샌드위치처럼 따뜻한 국물이 없는 식사가 많이 보였다. 음식도 차갑고, 마음도 차갑고, 날씨도 차갑고, 사회관계도 무척이나 차가워 보였다.

그렇게 1년을 홀로 차가운 독일 땅에서 시간을 보내다가 귀국했다. 우연히 서울에서 어느 일본 특파원과 식사할 일이 생겼는데 그가 털어놓은 서울에 대한, 좀 더 정확히 말하면 서울의 식사문화에 대한 이질감의 토로가 귀에 쏙 들어왔다.

그 일본인 특파원에게 서울이 특별하게 여겨진 것은 혼자 점심식사하는 모습을 거의 볼 수 없다는 것이었다. 왜 한국 사람들은 혼자서 점심식사를 하지 않나요? 그는 물었다. 점심 때 우르르 몰려 나가 사무실이 텅 비어 있는 것도 이상하다고 했다. 식당이나 회사나 개인을 위해서도 그것은 비효율적일 테고 사무실이 갑자기 텅 빈 것도 이해가 되지 않는다고 그는 지적했다. 직원들이 시차를 두고 점심시간을 갖는다면 일석삼조일 것 같다는 얘기였다.

그는 덧붙였다. 자기도 동료들과 식사하는 것을 즐겨하지만 때로는 혼자서 밥 먹는 시간도 그리 나쁘지 않은 것 같다는 내용이었다. 일부러 몰려다니며 한두 시간 허비하는 것보다는 그 시간에 혼자서 사색을 즐기거나 독서를 하는 편이 낫지 않느냐고 반문했다. 나중에 도쿄 출장을 갈 때마다 유심히 살펴보니 홀로 식사하는 직장인이 참으로 많았다.

여전히 나는 따스한 국물이 있고 밥이 있는 식사 자리가 좋다. 무엇보다 자리를 함께하는 동료들이 그립다. 그럼에도 나는 가끔은 일부러 혼자 식사를 즐긴다. 대표이사로 재직하는 동안 빡빡한 스케줄이긴 하지만 의도적으로 혼자 식사하거나 커피 마시는 시간을 내보려고 하였다.

혼자 있어야 생각이 고인다. 매사에 양면성이 있어, 사람들 사이에 묻혀 있다 보면 외롭지 않아서 좋지만 반대로 생각을 정리할 시간이 부족하고 나만의 독창성이 부족해지기 마련이다. 자기 자신을 찾으러 간다며 스페인의 '산티아고 데 콤포스텔라' 순례길을 떠나면서도 그곳까지 여러 명이 떼를 지어 가거나 심지어 단체 관광으로 몰려가는 모습은 어딘가 이상하다. 11세기 아랍의 유명한 여행가 이븐 알 아라비는 'Siyaha', 성지 순례의 매력을 이렇게 표현했었다.

"세상을 걷고 돌아다니며 명상하며 신과 가까워진다."

고독해야 생각이 고이고, 나를 만나고, 신과 만날 수 있다. 홀로 식사를 하는 사람들이 많은 독일에서 위대한 철학자, 위대한 작곡가, 위대한 과학자가 많이 배출된 것은 결코 우연이 아니다.

괴테의 정서적 위대함을 키워준 것 역시 홀로 떠난 시간이었다. 그는 홀로 걷고 홀로 마시고 홀로 생각했다. 그 혼자 있는 시간이 두려웠다면 괴테는 지금 우리가 아는 괴테가 아니었을 것이다. 괴테를 키운 것은 어쩌면 고독이라는 두 글자였다.

계속해서 다른 사람을 만나고 나와 다른 세상을 만나는 동시에, 혼자 있는 시간이 늘어나는 것도 여행이다. 모순인 듯 보이지만 이것이 여행의 속성이다.

차가움은 때론 사색의 단단함을 만들어주기도 한다. 가끔은 혼자 떠나볼 필요가 있다. 그리고 차가움에 노출될 필요도 있다. 지위가 올라갈수록 더욱 그렇다. 바람이 부는 날, 언덕 위에 홀로 서보자. 그리고 한없이 걸어보자. 어느 순간 또 다른 내가 다가올 것이다.

보헤미안의
눈물 젖은 빵

_ 뮌헨

• 스콜피온스의 노래 〈Holiday〉를 들으며 뮌헨에 도착했다. 멀리 알프스의 웅장한 만년설 자락이 보이는 것을 보니 이탈리아가 멀지 않았다. 9월 6일 아침 6시에 이 도시에 도착한 괴테는 12시간 동안 시내를 둘러보고 미술관에서 작품을 감상했다고 적고 있다. 아마도 지금 뮌헨이 자랑하는 두 개의 미술관 알테 피나코텍, 노이에 피나코텍에 전시되고 있는 작품들이 아닐까 싶은데 당시는 어느 건물에 전시하고 있었는지는 알 수 없다. 이때만 해도 미술에 대한 괴테의 눈은 아마추어 수준이었던 것 같다.

"미술관에서는 왠지 낯선 느낌이 들었는데, 내 눈이 다시금 그림에 익숙해지도록 해야겠다. 작품들이야 걸출한 것들이다. 특히 룩셈부르크 화랑의 루벤스의 스케치가 내게 큰 기쁨을 주었다."

괴테는 뮌헨에 도착하며 "비라고 해도 좋을 안개가 나를 맞이했다."고 적고 있다. 9월초인데도 불구하고 벌써 날씨가 나빠지기 시작했던 것 같다. 독일의 날씨는 극단적이다. 5월부터 8월까지는 밤 10시까지 환하고 날씨도 환상적이지만, 9월 중순부터 다음해 4월까지는 어둠과 축축함의 연속이다. 9월이 되면 사람들은 가슴이 철렁해진다. 길고 긴 회색빛 시간을 어떻게 견디어야 할지 벌써부터 걱정이 앞서기 때문에 무거운 표정이 역력하다.

괴테는 뮌헨에서 1박을 청했던 모양이다. 1786년 9월 13일 뮌헨에서 발간되던 주간신문 『뮌헨 주보』에 "라이프치히의 상인 뮐러 씨가 카우핑거 거리의 알베르트네 검은 독수리 여관에 투숙하였다."라고 기록되어 있다. 뮐러는 괴테의 가명이었다. 괴테의 오랜 친구인 칼 루드비히 크네벨이 1년 전 묵었던 곳이어서 괴테는 이곳을 숙소로 정했다. 레겐스부르크와 달리 이곳에서는 괴테를 알아보는 이가 없었다. 자신의 이런 우스꽝스런 상황을 친구 헤르더의 말을 빌어 이렇게 표현하고 있다.

"헤르더의 말이 옳다. 헤르더는 나를 보고 몸집만 커다랗지 하는 짓은 아이고, 앞으로도 여전할 거라고 말했었다. 지금 나는 내 어린 아이 같은 천성을 마음껏 발휘할 수 있어 정말 즐겁다."

나도 뮌헨에서 1박을 하기로 했다. 괴테가 로마를 그리워했듯 뮌헨을 짝사랑했던 한국인을 만나야 했다. 뮌헨, 슈바빙 지역의 레오폴드 거리 뒤편 '코즈모폴리턴 호텔'이라는 곳에 나는 숙소를 잡았다. 호텔의 이름 코즈모폴리턴이 의미하는 것처럼 '정신적 고향을 같이 한다면 지리적 고향은 의식하지 않게 해주고 잊게 만드는 곳이 슈바빙'이라 말했던 사람이었다.

그녀의 이름은 전혜린. 한때 한국의 젊은이들에게 슈바빙과 레오폴드 거리를 열병의 대상으로 만들었던 주인공이다. 아직 뮌헨이라는 말이 한국에서 전혀 낯선 이름이었을 때, 그녀는 이 도시에 왔었다. 미친 듯이 글을 써내려갔고, 그러다가 어느 날 홀연히 사라졌다. 「그리고 아무 말도 하지 않았다」란 책에서 그녀는 괴테처럼 비와 안개를 자주 언급했다.

"내가 독일 땅을 밟은 것은 가을도 깊은 시월이었다. 하늘은 회색이었고 불투명하게 두꺼웠다. 공기는 앞으로 몇 년 동안이나 나를 괴롭힐 물기에 가득 차 있었고 무겁고 척척했다. 스카프를 쓴 여인이나 가죽 외투의 남자들이 눈에 띄었다. (…) 뮌헨 대학에서 내 하숙에 이르는 레오폴드 거리는 거대하고 꼿꼿하게 높기만 한 포플러 가로수로 줄지어져 있었다. 그 길이 온갖 빛의 낙엽으로 두껍게 깔리기 시작할 무렵에 가을이 가장 아름다웠다."

전혜린은 명문 경기여고를 졸업하고 변호사였던 부친의 뜻에 따라 서울법대에 진학했었다. 그러나 자기의 적성이 차가운 법학이 아닌 뜨거운 문학에 있음을 발견하고 훌쩍 뮌헨으로 유학을 떠났다. 그것은 괴테와 유사한 점이다. 괴테도 아버지의 뜻에 따라 대학에서 법학을 전공했지만 결국은 문학과 예술의 길로 나아갔으니 말이다. 전혜린은 뮌헨에서 비와 안개에 젖은 글들을 토해내다 어느 날 바람처럼 세상을 떠났다. 그녀야말로 진정한 보헤미안이었다.

어느 한 시절 독일과 인연을 맺은 한국인이라면 누구나 전혜린의 글을 읽었다. 그녀의 글은 정신적 허기와 문화적 갈증에 허덕이던 한국의 지식인들에게 오아시스처럼 느껴졌다. 오로지 그녀의 책 「그리고 아무 말도 하지 않았다」 한 권 덜렁 읽고 독일 유학을 결심한 사람도 적지 않았다. 내가 학창 시절 독일과 서양 문화에 대해 최초의 정신적 세례를 받은 것도 역시 그녀의 책을 통해서였다. 아직 여권도 없었고 뮌헨은 너무도 먼 곳이었지만, 그녀가 자주 언급하던 'fernweh'라는 독일어 단어의 참뜻을 되새겨 보곤 하였다. 그 말은 '먼 곳에 대한 그리움이 사무쳐 고통스러운 상태'를 말하고 있었다.

전혜린이 뮌헨을 말할 때, 그것은 언제나 슈바빙 지역과 레오폴드 거리를 의미했다. '뮌헨의 몽마르트'라는 제목의 글에서 그녀는 슈바빙의 특색을 이렇게 묘사하고 있었다.

"그것은 무엇이라고 정의내릴 수 없는 독특한 맛 – '슈바빙적' 이라는 말 속에 총괄되는 자유, 청춘, 모험, 천재, 예술, 사랑, 기지 – 등이 합친 맛으로서 옛날의 몽마르트와 비슷하기는 하지만 전혀 다른 자기의 맛을 가진 정신적 풍토라고 말할 수 있을 것 같다.

1차 대전 후의 몽마르트나 2차 대전 후의 생제르망 데 쁘레에 일말의 우수(독일의 로만티스무스의 안개)와 맥주와 게르만의 무거운 악센트를 붙인 곳이라고나 할까?"

나는 호텔 체크인을 마치고 레오폴드 거리를 나섰다. 슈바빙 지역과 레오폴드 거리 이름은 여전했지만 분위기는 전혜린이 묘사한 것과는 많이 달라져 있다. 미국의 조각가 조나선 보로프스키가 제작한 〈걷는 사람(Walking Man)〉이 이곳의 랜드마크로 새로 자리 잡았다. 뮌헨의 명물인 대형 맥주집 호프 브로이 하우스가 HBH라는 큼직한 로고와 함께 이 거리에 분점을 내고 있었다.

요즘 레오폴드 거리에서 가장 뜨는 카페라는 '록시'를 찾아가 야외 탁자에 앉았다. 거리를 지나는 사람들은 전혜린이 말하던 우울함과는 거리가 멀었다. 다행히 내가 제일 좋아하는 독일 맥주인 발슈타이너(Warsteiner)가 메뉴판에 보이기에 한 잔 주문했다. 맥주의 여왕이란 광고 문구처럼 입안으로 부드럽게 넘어간다. 손가락 크기의 뉘른베르크 소시지를 겨자에 발라서 독일식 김치인 사우어크라우트(Sauerkraut)를 곁들이니 그것이 곧 식사였다. 뮌헨에 처음 와서 식사 주문에 쩔쩔매던 전혜린의 글이 생각났다. 정보가 부족하고 아직 교민이 거의 없던 시절이라 그 모습이 애처롭다.

"제에로제라는 음식점에 들어갔다. 메뉴를 보았으나 별로 눈에 익은 게 없었다. 단 돼지 커트레트라는 것은 나도 알 것 같아 그걸 시켰다. 그러나 후로일라인이 가져온 것은 우리 개

넘의 커트레트가 아니고 돼지고기를 큰 덩어리 채로 그냥 삶은 것 같았다. 실제로 그렇게 요리하는 모양이다. 나는 힘없이 먹기 싫은 음식을 앞에 놓고 멍하니 앉아 있었다. 'Was zum trinken?(마실 것은 무엇으로 하겠습니까?)'라는 뜻도 파악 못하고 그냥 웃어보였더니 작은 컵에 맥주를 따라서 갖다 주는 것이었다. 나는 그냥 잠잠히 앉아 있었다. 말을 하면 울음이 터질 것 같은 느낌을 안고…."

일찍이 「빌헬름 마이스터의 수업시대」에서 괴테가 남겼던 '눈물 젖은 빵을 먹어보지 못한 사람과는 인생을 얘기하지 말라!'던 말이 생각나는 대목이다. 서양에 대한 사전 지식이 전혀 없던 시절, 한국은 너무도 멀고 너무도 가난한 시절이었다. 전혜린은 매일 그렇게 눈물 젖은 빵을 먹고 있었고, 그렇기에 그녀의 글들은 독자들에게 깊은 느낌으로 다가왔을 것이다.

록시 카페 실내에서는 대형 화면에서 분데스리가 축구 경기가 중계되고 있었는데, 바이에른 뮌헨을 응원하는 축구팬들의 함성으로 요란했다. 경제와 정치에서뿐 아니라 축구에서도 요즘 독일이 대세다. 챔피언스리그 우승에 이어 월드컵 우승까지 이뤄냈으니까.

간단한 요기를 끝내고 전혜린의 책에서 자주 언급되던 카페 제에로제(Seerose)를 찾아가 보았다. 파일리츠(Feilitz) 거리 32번

지에 있었다. 몇 번인가 주인이 바뀌어 지금은 이탈리아 식당이 되어 있었다. 단골 산책 장소였던 영국 공원의 호수에서 전혜린은 백조처럼 고독한 이방인이라 쓸쓸해했지만, 지금의 영국 공원은 아이들의 웃음소리와 연인들의 속삭이는 모습만 보였다.

우울한 슈바빙이 아니라 화려한 슈바빙이었다. 이곳은 이제 가난한 예술가들이 살기에는 너무도 비싼 곳이다.

"은행가들은 모이면 예술 이야기를 하고, 예술가들이 모이면 돈 이야기를 한다."고 오스카 와일드는 말했다. 세상은 늘 그랬다. 유명해지면 그곳의 주인이었던 예술가들은 정작 그곳을 떠나야 한다. 그들이 창작을 했던 작업실은 이제 돈 많은 사람들과 상인들의 차지다. 서울의 홍대 앞이 그렇고 뉴욕의 소호가 그렇다. 체 게바라는 떠나고 그의 이름과 얼굴을 빌린 카페는 성황을 이루는 법이다. 보헤미안은 그래서 외롭다.

먼 길을 떠나야 하기에 다음날 아침 일찍 식사를 하러 식당에 내려갔다. 내가 묵었던 코즈모폴리턴 호텔의 아침 식당은 아담했지만 벽에 걸린 그림들은 모두 진품이었다. 식당이 아니라 갤러리 같은 느낌, 전혜린이 말한 것처럼 역시 슈바빙답다. 이 호텔은 멋진 위치에 비해 호텔비도 비싸지 않고 음식도 깔끔하고 서비스도 친절해 혹시 누군가 뮌헨을 찾는다면 추천해 주고 싶을 정도다.

호텔을 나서려다 해프닝이 벌어졌다. 짐을 챙겨들고 호텔 체크아웃 카운터로 가보니 반납할 호텔 열쇠가 보이지 않았다. 이 호텔은 컴퓨터로 입력된 카드식 열쇠가 아닌 쇠뭉치로 된 재래식 열쇠를 아직도 사용하고 있어서 반드시 반납해야 했다. 도대체 어디로 간 거지? 주머니를 다 뒤지고 걸어왔던 복도를

찾아보아도 없다. 귀신이 곡할 노릇이었다.

마침 내가 묵던 옆방에서 청소를 하고 있던 여자 종업원에게 사정을 설명하고 문을 열어줄 것을 청했다. 그녀는 마스터키로 방문을 열어주더니 주머니에서 2유로를 꺼내 침대 위에 다시 올려놓고 있었다. 팁을 가져간 것 외에는 자기가 잘못한 것은 아무것도 없다고 말하는 그녀의 표정은 겁에 잔뜩 질린 표정이었다.

방안을 여기저기 살펴보니 욕실 세면대 위에 열쇠가 덩그러니 놓여있는 게 아닌가. 아침식사 후 양치질한 뒤 그대로 두고 나온 것이다. 안도의 한숨을 쉬고 있는데, 옆에서 여종업원의 표정이 이제야 정상으로 돌아왔다. 발음과 억양으로 볼 때 외국인으로 보여 어디서 왔느냐고 물으니 보스니아에서 왔다고 했다. 내전으로 악명 높은 인종 청소 작업이 벌어졌던, 과거 유고슬라비아 연방에 속했다가 독립된 나라다.

그녀는 가스트 아르바이터(Gast Arbeiter)였다. 이 독일어 단어를 직역하면 '손님 일꾼'이지만, 외국인 노동자를 가리킨다. 라인 강의 기적으로 노동력이 부족했던 서독은 해외에서 일꾼들을 불러왔는데, 터키가 가장 많았고 유고 연방이 그 뒤를 이었으며 한국에서도 광부와 간호사로 많이 왔다. 유로 경제권에서 유일하게 경제상황이 좋은 독일은 요즘도 여전히 많은 분야에서 노동력 문호를 개방해 외국인들이 몰려들고 있는데, 아마도 그녀도 그 중의 하나일 것이다. 일자리를 찾아, 꿈을 찾아 먼 길을 달려온 이들이었다. 경제적 의미에서 그들은 또 다른 보헤미안들이다.

하지만 자기 땅에서 일자리를 구하고 돈 벌기가 만만치 않을 터인데 외국에서 일한다는 것은 정말로 고단하고 눈물 나는 일이 아닐 수 없다. 공연히 나 때문에 잔뜩 주눅 들어 있던 보스니아 출신의 호텔 종업원에게 진심으로 미안하다고 말했더니 그때서야 환한 웃음을 지어 보이며 한마디 던진다. "Gute Reise!" 멋진 여행하세요!

입장에 따라 달라지는 게 외국이다. 돈을 쓰고자 온 여행자에게는 따스한 웃음을 보이지만, 그 땅에서 공부하고 돈 벌겠다고 오면 다른 표정을 보이는 게 외국이라는 이름의 땅이다. 관광객으로 와서는 외국어를 못해도 큰 문제가 없지만, 돈 벌러 와서는 그 나라 말에 능숙해야 한다. 그 과정에 눈물 젖은 빵을 먹을 수밖에 없는 게 이방인의 현실이다.

유목민처럼 살고 싶은
그대에게

_오스트리아 알프스

• 호텔에서 열쇠 분실 소동을 뒤로 하고 자동차 시동을 걸었다. 괴테의 표현 그대로 차라리 비라고 해야 좋을 안개가 짙게 깔렸다. 괴테가 알프스 산맥을 바라보며 뮌헨을 떠난 것은 새벽 5시. 그는 언제나 나보다 출발이 빨랐다. 레겐스부르크에 이어 이곳에서도 날씨를 언급하며 수호신에게 보살펴 달라고 기원하고 있다.

"내가 바람과 날씨에 너무 주의를 기울이는 것 같아서 미안하다. 하지만 육지를 여행하는 사람도 뱃사공과 마찬가지로 그 두 가지 요소에 따라 상황이 좌우된다. 만약 이국땅에서 맞는 이 가을이 내 고향의 여름 날씨처럼 불순하다면 정말 비참한 일일 것이다."

사실 날씨는 여행자에게 여간 신경 쓰이는 문제가 아니다. 더구나 독일의 날씨는 여행자에게 친절하지 않은 것으로 악평

이 나 있다. 알프스처럼 거대한 산악지대는 날씨가 변화무쌍하기 때문에 더더욱 긴장하지 않으면 안 된다. 마차여행을 해야 하는 괴테의 처지에서야 더 말할 필요가 없었을 것이다. 그럼에도 불구하고 괴테는 만년설이 가까워올수록 알프스를 넘는다는 생각에 흥분이 앞섰다. "눈앞에 새로운 세상이 펼쳐졌다."며 어린아이처럼 기뻐하고 있다. 걱정과 열정이 팽팽히 맞선다면, 언제나 열정이 걱정을 눌러 이기곤 했다. 괴테는 그런 사나이였다.

"이제는 곧장 인스부르크로 향해야겠다. 내 가슴 속에 너무나 오랫동안 간직해온 그 한 가지 생각을 실현하기 위해서라면 그 무엇을 주저할 게 있겠는가."

알프스를 넘는 길은 뭐라 표현할 수 없을 정도로 환상적인 풍경의 연속이다. 한쪽에서는 기기묘묘한 암벽과 만년설이 있고, 산자락에는 계절과 관련 없이 언제나 푸른 초원이 펼쳐져 있다. 이곳의 집들은 하나같이 풍광과 어울리게 멋지게 지어 전체가 한 폭의 목가적인 그림이다. 오래전 한국의 한 가수가 "저 푸른 초원 위에/ 그림 같은 집을 짓고/ 사랑하는 우리 님과 한 백년 살고 싶어."라고 노래했었던 바로 그 풍경이다. 한가롭게 풀을 뜯고 있는 젖소와 양, 그리고 목가적인 풍경, 언젠가

이 근처를 지날 때 서울에서 온 동료 한 명은 이렇게 외쳤었다.

"나도 유목민처럼 살고 싶어. 바람처럼 이곳으로 저곳으로 훌쩍 떠다니며 자유롭게 살고 싶다구…."

그의 말, 너무도 공감한다. 끝없이 이어지는 아이디어 회의, 살인적인 철야 근무, 특종, 매출 목표, 성과 달성, 고과, 승진심사, 퇴근 뒤 이어지는 회식자리에서의 위압적인 폭탄주, 집 앞 골목길에서 전봇대를 붙들고 고통스러움에 허리를 꺾기도 한다. 그래도 다음날 아침이면 어김없이 일어나 짐짝처럼 지하철과 버스에 몸을 실어야 한다. 그것이 직장인의 현실이다. 쳇바퀴처럼 반복된다고 투덜거리면서도 오늘도 내일도 상황은 비슷하다.

이런 도시의 살풍경을 벗어나 말을 타고 초원 위를 가로지르는 유목민처럼 살고 싶다는 마음은 누구나 같다. 이러한 상상력은 현대판 노마디즘(Nomadism)을 낳았는데, 싱싱한 풀이 있는 곳이라면 늘 이동하는 유목민처럼, 한 곳에 고착화되지 않고 일자리를 따라 여기저기 방랑하면서 사는 라이프스타일은 직장인들의 로망이 되었다.

영국 이코노미스트 편집장 출신 프랜시스 케언크로스가 쓴 「The Death of Distance」에서 분석한 것처럼 ICT, 인터넷 통신 혁명은 세상의 모든 것을 송두리째 바꿔 놓았다. 이제 스마트

폰만 있으면 어디에서나 누구와도 소통할 수 있고 일도 할 수 있다. 덕분에 세상은 '호모 비아토르(Homo Viator)'의 시대, 늘 어디론가 길 떠나는 자들의 시대가 되었다. 프랑스 지식인 자크 아탈리의 표현처럼 21세기는 '신 유목민'의 반열에 확실하게 들어서 있다. 그 옛날 유목민이 싱싱한 풀을 찾아 이동을 계속하듯이, 아니면 중세시대 마이스터에게 기술을 배우고 직업을 구하기 위해 방랑을 마다 않던 호기심 많은 도제처럼, 지식과 예술의 갈증을 해소하기 위해 현자를 찾아 나섰던 보헤미안처럼, 아니면 세상 사람들에게 인생의 노래를 들려주던 프로방스 지방의 떠돌이 음유시인 투르바두어처럼 그렇게 길을 떠나는 세상이다.

현대인들에게 유목민이란 곧 자유로운 삶을 말한다. 도시인들의 규격화된 일상, 그래서 어디론가 떠나고 싶다는 탈출 욕구를 잘 담아 이를 상품화에 성공한 것이 자동차 산업이다. 텔레비전 광고에서 자동차는 언제나 자유와 동의어처럼 비춰진다. 언제든지 어느 곳으로 쉽게 훌쩍 떠날 수 있다고 유혹한다. 초목을 달리는 말이 아니라 도로를 달리는 자동차가 곧 자유를 의미하고 있다. 아우토반을 달리는 자동차들을 자세히 살펴보니 SUV에도 하나같이 탈출하고 싶다는 도시인의 욕구를 담고 있었다. Escape(탈출), Journey(여행), Jeep Liberty(지프 자유), Expedition(탐험), Explorer(탐험가) 같은 이름이었다.

현대인들이 가장 좋아하는 단어는 '자유'라고 확언할 수 있다. 언젠가 일본 작가 다카하시 아유무의 사진 에세이집 「Love and Free」가 젊은 친구들 사이에 인기를 끌고 있다고 해서 자세히 살펴보았다. 대단한 것은 없었지만 저자는 남들과 달리 신혼여행을 겸해 세계여행을 하면서 사진과 가벼운 감성적 글로 젊은이들의 갈증을 잘 어루만져 주고 있었다. 공감능력이 탁월했다는 얘기다.

도쿄 출장을 갔을 때 일부러 시간을 내어 도쿄 인근 시모키타자와에 있다는 그의 카페를 찾아갔었다. 이름 하여 'Free Factory'였다. 아이디어가 기가 막혔다. 자유라는 말과 공장이라는 이질적 단어를 결합한 하이브리드 카페였다. 레게음악으로 자유를 노래했던 밥 말리의 사진이 카페 벽에 큼지막하게 걸려있고, 미국 중부 한복판의 한가한 시골길과 버번위스키의 모습이 묘하게 조화를 이루고 있었다.

하지만 내가 그 카페에서 막상 확인한 것은 김빠진 맥주처럼 심드렁한 자유의 찌꺼기였을 뿐이다. 이 카페를 방문한다고 미국 대륙 횡단을 하는 것도 아니고 밥 말리와 친구가 되는 것도 아니다. 하지만 프리 팩토리(Free Factory)라는 이름의 그 카페는 너무 진지하지 않기에 오히려 한국의 젊은이들까지 불러 모으고 있는 것이다. 그것이 상업화된 자유의 이름이다. 〈Buffalo Soldier〉, 〈Get up, Stand up〉 같은 자유의식을 고취하는 노래로

생전에 수많은 숭배자를 거느렸던 밥 말리의 말이 떠오른다.

"어떤 사람들은 비를 느끼지만, 다른 이들은 그냥 젖기만 한다."

(Some people feel the rain. Others just get wet.)

사람들은 자유를 추구한다면서도 자유가 필연적으로 가져오는 고독함은 피하려 한다. 마치 도시의 편리함을 좋아하면서도 전원생활에 대한 동경을 하고 있는 모순적 존재들, 이들을 가리켜 '도시적 시골사람(Urban Villager)'이라 부르는 것과 마찬가지다. 유목민이 목가적이긴 하지만 그들의 삶이 반드시 낭만적인 것만은 아니다. 이미지가 곧 현실은 아니니까.

때마침 날씨는 더욱 세찬 바람과 비로 변하고 있었다. 궂은 날씨에도 불구하고 이 지역 젖소들은 아랑곳하지 않고 풀을 뜯고 있다. 비가 오나 눈이 오나, 차가운 바람이 불거나 더운 날씨나 상관없이 젖소들은 우유를 생산해내기 위해 풀을 뜯어야 하리라. 아마 이들을 관리해야 하는 목동들도 그러할 것이다.

목가적인 풍경 속에 나는 직장인의 삶을 떠올렸다. 날씨와 상관없이 매일 출근해 성과와 수익이라는 이름의 우유를 생산해내야 하니까. 흔히 기업에서 말하는 '캐시 카우(Cash Cow)'란 이름의 젖소였다. 나 역시 매출과 수익이란 숫자의 최전선에서서 매일매일 싸워오지 않았던가.

유목민 전문가인 일본 교토대학의 스기야마 미사아키 교수의 말을 진지하게 경청할 필요가 있다. 「유목민이 본 세계사」란 책에서 그는 낭만이 아닌 실제의 유목민의 삶이 어떤지 리얼하게 묘사하고 있다.

"여름철의 초원은 대단히 훌륭하다. 하늘은 높고 청정하며 산들바람이 초록의 대지를 슬슬 불어오고 있다. 말을 타고 질주하면 하늘과 땅, 그리고 자신의 몸이 하나로 되는 것 같은 기분이 된다. 이 세상에서의 천국이다. 그러나 일단 추위가 오면 지옥으로 변한다. 유목민들은 오로지 참고 견디며 생활한다. 로맨틱한 것은 없다. 유목민은 흐리멍텅해서는 살아갈 수 없다."

직장인의 삶이 고달프긴 하지만 유목민의 삶은 몇 배 더 고달프다. 열심히 살지 않으면 돌보아야 할 가축들도 병들어 죽고, 부양해야 할 가족도 위태롭다. 온정주의는 없고 오로지 차가운 자기 자신의 실력으로만 살아남을 수 있는 곳, 킬러 콘텐츠가 없다면 아무도 눈길 한번 주지 않는 곳, 그곳이 유목민의 진짜 세계다.

얼마 전 작고한 소설가 최인호는 평생 취직 한번 하지 않고, 그러면서도 전업작가로 성공한 자유인으로 유명하다. 그는 다른 직업 없이 오로지 글을 쓰는 것만으로 살아남은 한국 최초의 전업 작가였다. 최인호 이전의 다른 작가들은 학교 교사나 출판사의 편집부에 근무하면서 창작활동을 병행하는 방식으로 생계를 꾸려갔다. 하지만 최인호는 오로지 글쓰기 하나만으로 경제적으로 큰 성공을 거둔 작가였다. 도대체 어떻게 베스트셀러 작가로서 롱런할 수 있었을까? 자유직업을 꿈꾸는 사람들에게 그의 성공은 늘 부러움의 대상이었다. 물론 그의 남다른 문학적 재능에 힘입은 바 크겠지만 그것만으로는 설명이 불충분했다. 그 비결은 과연 뭘까?

나는 그 비결의 일부를 안다. 내 첫 직장이 출판사였고 그 출판사는 최인호의 작품을 발간하고 있어서 그와 종종 마주칠 기회가 있었다. 훗날 내가 몇 권의 책을 출간하게 되었을 때, 마침 그 출판사에서도 최인호의 책을 출판하고 있어서 몇 번의 재회를 하곤 했다.

나는 목격했다. 그는 9시가 조금 넘으면 집에서 가까운 출판사로 나간다. 그리고 출판사가 마련해준 집필실에서 점심때까지 부지런히 원고를 썼다. 점심때가 되면 출판사 근처로 나가 우동처럼 간단한 것으로 점심을 때운 뒤 오후에는 다시 집필실로 가서 또 다시 원고지와 씨름하기 시작했다. 단 한 줄밖에 못

쓰더라도 무조건 책상에 앉았다. 출판사 직원들이 퇴근할 때면 함께 나가 인근 카페에 들러 머리를 진정시켰는데, 그가 마신 것은 맥주 딱 한 병. 그리고는 곧바로 귀가했다. 그 이전까지 문인의 모습이란 인사동 단골 밥집이나 술집에 모여 뿌연 담배 연기 속에 술에 취해 문학을 말하고 인생을 논하는 것이 정석처럼 여겨지곤 했었다. 그러나 그는 한국 문단의 이런 분위기에 정면으로 반기를 든 이단아였다. 숨질 때까지 특정 문단에 속하지도 않고 철저히 독립적으로 살았었다. 독립이란 자본으로부터의 자유를 의미하지만 집단적 생각으로부터의 자유도 의미한다. 만약 누구보다 치열하게 살지 않았더라면 그의 작가로서의 생명은 진작에 끝났으리라.

최인호의 삶은 미국의 저명한 작가 존 그리샴을 연상케 한다. 「타임 투 킬」, 「펠리칸 브리프」 같은 초대형 베스트셀러 작가인 그는 아침 7시면 어김없이 법률사무실로 출근했다. 단 몇 줄밖에 글을 쓰지 못하는 날이라 하더라도 그것만은 꼭 지켰다고 한다. 창작은 제조업과 다르다. 앉아 있다고 저절로 글이 써지는 것이 아니다. 하지만 한 줄이 되었든 열 줄이 되었든 쓰려면 일단 책상에 앉는 습관이 중요하다. 프리랜서 작가란 엉덩이와의 피 터지는 싸움을 의미하고, 책상이 곧 전쟁터니까.

특정 회사에 묶이지 않았을 뿐 그들은 누구보다 치열하게 하루를 살고 있었던 것이다. 원고가 밀리면 집에서도 물론 책상에 앉아야 했지만 최소한 직장인이 일하는 정도 이상은 노동하고 있었다는 얘기다.

우리의 주인공 괴테도 마찬가지였다. 서양 최초의 베스트셀러 작가였지만 해적판이 판치는 바람에 정작 그의 손에 들어온 수입은 그리 많지 않았다. 괴테는 먼 훗날 자신과 같은 저명한 작가도 작품 활동만으로 먹고 살 수 없는 현실을 인정해야 했다. 생활을 위해서 취직을 해야 했고, 그래서 바이마르 궁정에서 고위 행정가로 일하게 된 것이다. 다행히 그가 모시는 군주는 아주 괜찮은 사람이었지만, 그럼에도 불구하고 고용살이는 언제나 불편한 법이다.

이탈리아 기행 길에서조차 그는 창작을 멈추지 않았다. 물결이 몰아치는 가르다 호숫가에서, 베로나와 비첸차, 파도바에서도 썼고, 세계에서 가장 유니크한 도시라는 아름다운 베네치아에서도 부지런히 작품 「이피게니에」를 쓰고 있었다. 술이나 마시고 연애나 하면서 늘 낭만적으로 지냈던 것 같지만, 사실은 그 누구보다 자기 규율, 자기 통제에 엄했다는 얘기다. 세계 최정상급 작가인 괴테도 그러하였다. 오죽하면 로마에서 이렇게 고통을 하소연하고 있을까.

"나는 지금 너무 많은 일을 벌여놓았다. 앞으로 나오게 될 네 권의 책을 통틀어 생각하면 머리가 다 어지러울 지경이다. 그것들을 하나하나씩 개별적으로 쓰기 시작해야겠다. 그러면 상황은 점차 나아질 것이다."

직장인보다 몇 배 더 뛰지 않으면 살아남을 수 없는 곳이 자유직업의 세계다. 이렇다 할 히트 작품 없는 작가, 킬러 콘텐츠 없는 방송사는 시장에서 얼음보다도 더 냉정하게 외면 받는다. 남들과 차별화된 핵심역량이 없다면 살아남을 수 없다. 내세울 기술이 없다면 현재의 직장에 남아 있는 게 낫다.

세상에 가장 힘든 일 가운데 하나가 make money, 즉 돈을 만드는 일이다. 천 원짜리 한 장도 공짜로 나오는 법은 없다. 회사 바깥은 툰드라 지방처럼 춥고 험한 곳이다. 미적지근한 다방커피처럼 살아왔다면 더더욱 조심해야 한다.

자유, 유목민, 프리랜서. 낭만적이기는 하지만 충분한 준비 없이 함부로 '유목민처럼 살아볼까?' 그렇게 할 말은 아닌 것 같다.

올라가면서 강해지고
내려가면서 현명해진다

_ 알프스 산맥 넘기

• 괴테는 "티롤 산맥을 마치 날아서 넘어온 것 같다."고 아이처럼 좋아했다. 티롤은 거대한 알프스 가운데 오스트리아와 이탈리아의 경계를 이루는 산맥을 말한다. 선천적으로 강한 호기심을 타고 태어난 사나이답게 괴테는 알프스 산맥을 넘어오면서 '산의 고도가 식물에 영향을 미치는 점'에 주목했으며 산악 지역 암석과 지질에 대해서도 주의 깊게 관찰하고 있다. 얼마나 흥분했던지 그는 '꼬박 50시간 동안 활기차게 계속 돌아다니다가' 잠자리에 들었다고 적고 있을 정도였다.

'날아서 넘어온 것 같다'는 괴테와 달리 나의 티롤 산맥 넘기는 악전고투였다. 운전하는 내내 비와 안개가 계속되었다. 첩첩산중이라는 말 그대로 독일에서 오스트리아를 넘어 이탈리아 경계선상까지 가는 길은 운전할수록 험한 난코스였다. 독일에서 가장 높다는 추크슈피츠(Zugspitz) 산을 통과할 때만 해도 그러려니 했는데 도무지 해결될 기미가 안보였다. 분명 지도에는 고속도로가 있었지만 렌터카의 내비게이션은 2천 미터, 때로는 3천 미터의 거대한 봉우리 사이의 협곡에 있는 산길로 안내하고 있었다.

산악지대는 석양도 일찍 찾아오는 법. 차츰 어둠까지 겹쳐 진땀이 나기 시작했다. 구절양장(九折羊腸), 아홉 번 굽이도는 양의 창자라는 말처럼 아니 이보다 몇 배나 더 굴곡이 심한 길이

었다. 자칫하면 수백 미터 낭떠러지로 떨어질 판이었으니 긴장의 끈을 놓을 수가 없다.

스트레스가 쌓일대로 쌓인 나는 "이런 멍청이 같은 내비게이션 같으니…"라며 화풀이를 해댔다. 하지만 천신만고 끝에 도착해서 나중에야 안 사실은, 내비게이션 기계가 아닌 세팅을

한 사람의 문제였다는 것이다. 나보다 먼저 이 렌터카를 이용한 사람이 유료도로보다는 무료도로를 선호하도록 설정한 것이다. 탑승 전 이를 확인하지 않은 나의 실수였다. 한심한 자신에게 이렇게 외쳤다.

"문제는 바로 너야, 이 바보야!"

솔직히 고백하자면 회사 경영을 하면서도 나는 종종 이런 어처구니없는 상황에 처하기도 했었다. 문제는 조직을 세팅한 사람, '설정'이라는 이름의 최초 기획단계에 있는데도 결과가 나쁘다고 아래 사람들에게 호통을 쳤던 것은 아닐까. 자기 자신의 전략적 실책은 잊은 채 말이다. 나는 내비게이션의 세팅을 바꾸면서 지난 세월의 기억들이 되살아나 절로 얼굴이 붉어졌다.

알프스 산맥을 넘을 때 힘든 것은 올라갈 때가 아니다. 올라갈 때가 차라리 쉽다. 등산도 그렇지만 자동차 운전도 마찬가지다. 지그재그로 내려오는 길, 특히 고난도 산악 운전은 차라리 곡예에 가깝다. 한국에서는 이런 길이 없기 때문에 운전이 익숙치 못하다. 티롤에 사는 지역 주민들은 길을 잘 알기 때문에 자동차 꽁무니에 바짝바짝 차를 대가며 빨리 가라고 재촉한다. 그러나 대부분의 대형 사고는 올라갈 때가 아니라 내려올 때 발생하는 법이다. 아무리 뒤에서 뭐라 하여도 안전하게 운전하는 편이 현명하다. 공연히 운전 잘하는 척 무리했다가는 황천길일 테니까.

정상을 향해 올라갈 때는 전력을 다해야 하지만 내려올 때는 정반대다. 가급적 힘을 빼야 한다. 저속기어로 최대한 속도를 낮춰서 내려와야 하는 것이다. 우리는 사회생활을 하면서 올라가는 법만 배워왔다. '자기계발'이나 '직장생활 성공하기'라는 이름의 오르막 인생에 대해서만 배워왔다. 내려가는 법에 대해서는 아무도 가르쳐주지 않았다.

그렇다. 누군가의 말처럼, 사람은 오르면서 강해지고 내려가면서 현명해지는 법이다. 나는 이제부터 내려가는 법을 스스로 터득해야 한다. 운 좋게도 내 능력에 벅차게 높은 곳까지 왔지만 행운이 항상 내 편은 아니라는 점을 명심해야 한다. 정상에서 내려온다고 하지만, 솔직히 말하면 다시 원래의 자리로 돌아오는 것일 뿐이다. 잠시 인생의 배역이 바뀌었을 뿐, 이제 나에게 다른 배역이 맡겨진다고 해도 투덜거릴 일은 절대로 아니다.

티롤 산맥을 넘어오자 거짓말처럼 하늘이 푸르렀다. 자동차 계기판에 나타난 외부 온도는 산맥을 넘기 전보다 10도나 차이가 났다. 산맥은 이토록 많은 것을 갈라놓고 있었다. 유럽의 남과 북을 갈라놓는 산맥을 넘어 마침내 이탈리아에 온 것이다. 괴테는 "내 꼴이 정말 산에서 내려온 북방 곰 같다."며 창피해했는데, 그 말이 생각나 나도 후드가 달린 바람막이 옷을 얼른 벗

어던졌다. 휴게소에서 차를 세워놓고 오래된 이탈리아 노래〈벨라 차오(Bella cio)〉를 듣는다. 사랑하는 이를 뒤로 하고 적군을 막기 위해 산악지대로 들어가야 하는 사나이의 심정을 그린 노래였다.

 주변을 살펴보니 이상한 점이 있었다. 분명 이탈리아 땅인데 교통 표지판에 독일어가 우선이고 그 다음이 이탈리아로 표기되어 있는 게 아닌가. 지역 라디오 방송에서도 티롤 지방 특유의 억양이 실린 독일어를 쓰고 있었다. 그때서야 떠올랐다. 이곳은 '쥐드 티롤' 지방, 즉 남쪽 티롤 지방으로 독일어권 주민들이 사는 이탈리아 지역이었다. 이탈리아는 모두 20개의 레지오네-한국의 도(道)와 비슷한 행정단위-로 이뤄져 있는데 이곳 쥐드 티롤만 유일하게 모국어가 이탈리아어가 아닌 독일어다. 한때 오스트리아 합스부르크 제국의 영토였고 주민들도 게르만계 사람들이다. 지리적 경계와 언어적 경계가 혼재된 곳, 만약 한반도가 통일되고 중국과 대륙으로 자동차 여행을 자유롭

게 할 수 있다면 아마 연변지방이 이런 모습일 것이다.

이 날은 결과적으로 나의 세끼 식사를 각기 다른 나라에서 한 하루였다. 아침은 뮌헨의 호텔에서, 점심은 이탈리아 국경을 넘기 직전 오스트리아의 간이식당에서, 그리고 저녁에는 마침내 이탈리아에 도착한 이후에 식사를 하였으니까.

도로를 달리는데 한 무리의 모터사이클 군단이 앞서간다. 중년의 멋진 사람들이었다. 문득 낡은 모터사이클을 타고 남미대륙을 누비던 체 게바라가 떠올랐다. 원래 아르헨티나 부에노스아이레스의 의대생이던 그는 23살의 나이에 고물 오토바이를 타고 친구와 먼 길을 떠났다. 오로지 세상의 진실을 알고 싶다는 하나의 목적이었다. 자기가 살던 아르헨티나를 떠나 칠레, 페루, 콜롬비아, 베네수엘라를 거쳐 다시 아르헨티나로 돌아오는 9개월간의 긴 여행이었다. 이 여행에서 돌아와 쓴 여행기가 「모터사이클 다이어리」이다. 바람처럼 자유롭게 떠났던 이 여행에 대해 체 게바라는 이렇게 말하고 있었다.

"남미대륙에서의 방랑은 내가 생각했던 것 이상으로 나를 변하게 했고, 나는 더 이상 내가 아니다. 적어도 나는 이전의 내가 아니다."

잘 알려져 있다시피 이 여행 이후 그는 완전히 다른 사람이 되었다. 모터사이클에서 연상되듯 그는 언제나 떠날 준비가 되어 있던 사람이다. 결국 쿠바정권의 2인자라는 안정된 자리를 박차고 나와 또 다른 도전을 거듭하다 결국 객지에서 숨을 거둔다. 진정한 의미의 혁명가였다. 이탈리아에도 체 게바라의 인기는 여전한 듯, 휴게소에서 마주친 사람들 가운데 그의 얼굴이 새겨진 티셔츠를 자랑스레 입고 다니는 젊은이들이 제법 보였다.

나는 이 길을 출발하기에 앞서 잠시 고민했었다. 30년 만의 휴식이었다. 이제 어디로 갈까? 인생의 하프타임을 기념할 만한 프로그램에 적합한 길은 어디에 있을까. 나는 체 게바라가 아니다. 혁명가는 더더욱 아니다. 나의 길은 다른 곳에 있다.

세상에는 참으로 많은 길들이 있다. 제 2의 인생을 출발하기에 앞서 결전을 다지는 장소도 제각각 달랐다. 회사를 먼저 그만 둔 선배들 가운데는 전국 투어를 하는 사람들이 많이 보였다. 그 가운데는 오로지 걸어서 국토대장정에 오른 이들도 있었다. 할리 데이비슨을 타고 길 떠나는 사람도 보았다. 모두 자기 개성이고, 자기 능력이다.

물론 휴식도 필요하기에 해외여행도 많이 다녀온다. 등산을 좋아하는 사람들은 명산이 있는 곳을 찾았고, 골프를 좋아하는 이는 골프장 위주의 휴가일정이 계획되었다. 자식들이 해외에서 공부하거나 체류할 경우에는 그곳이 목적지가 되기도 하였다.

  나는 골프를 전혀 하지 않는다. 모터사이클도 타본 적이 없다. 이런저런 일로 국내 대부분 지역은 이미 다녀왔다. 그럼 어디로 갈까? 자기 자신을 향한 강력한 메시지가 필요했다. 그래서 잠시 크레타 섬을 생각해보았다. 「그리스인 조르바」를 쓴 작가이자 자유인의 상징인 니코스 카잔차키스의 고향이자 그의 무덤이 있는 곳이다. 나무로 된 십자가 아래 묻혀있는 그의 묘비에는 그가 사전에 마련해 놓은 글이 이렇게 쓰여있다고 했었다.

"나는 아무것도 바라지 않는다/ 나는 아무것도 두려워하지 않는다/ 나는 자유다."

  스페인의 서북부 '카미노 데 산티아고'를 떠올리지 않은 것도 아니다. 내가 아직 CEO로 재직 중일 때 바르셀로나에서 열리는 세계 최대의 모바일쇼인 MWC에 참석하기 위해 비행기를 탔을 때 옆자리에 앉은 분이 떠올랐다. 그는 중소기업 창립자 겸 사장인데, 환갑을 맞아 홀로 배낭을 메고 산티아고로 가는 길이라고 말했었다. "저를 완전히 비우기 위해 갑니다."라고 말하면서 한편으로 들떠 있었지만 또 다른 한편으로는 걱정스런 표정을 지우지 못하던 그녀였다.

가톨릭 신자라면 무슨 희생을 감수하고라도 죽기 전에 꼭 한 번은 해보고 싶다는 순례의 길, 피레네 산맥의 프랑스령에서 출발해 스페인 북서쪽 산티아고까지 성 야고보의 흔적을 찾아가는 멀고도 먼 길이었다. 파울로 코엘류는 「순례자」와 「연금술사」에서 영혼을 어루만지는 길로 산티아고 가는 길을 묘사하고 있었다. 브라질 사람인 코엘류는 리우 데 자네이루의 이빠네마 해변 가에 집이 있지만, 피레네 산맥에도 또 다른 집을 갖고 있을 정도로 이 길에 대한 열렬한 옹호론자이다. 제주도 올레길의 모티브가 되었다는 사실까지 알려지면서 자기 자신을 찾기 위해 떠나는 사람들까지 몰려들었다. 산티아고 가는 길을 찾는 한국인들이 아시아권에서는 7년째 압도적 1위라는 통계도 나왔을 정도였다. 아무런 지향점 없이, 뒤돌아볼 여유도 없이 앞으로 앞으로만 달려왔던 사람들이 어느 날 갑자기 자신을 돌아보기 위해, 자기 치유를 위해, 열병처럼 길을 떠나기 시작한 것이다.

괴테의 「이탈리아 기행」에도 산티아고 일화가 나온다. 알프스 산중 마을인 미텐발트 부근에서 괴테는 하프 연주자와 열한 살 되는 딸을 만나게 되는데 역시 산티아고 가는 길과 관련된 에피소드를 전하고 있다. 그 아이는 어머니와 함께 이미 상당한 거리를 걸어서 순례 여행한 적이 있다는 것과 뮌헨의 선제후와 21명의 귀족들 앞에서 연주를 들려주었으며, 이어서 모녀가 함께 스페인 산티아고까지 떠나려 했는데, 여행 직전 집안의 우환 때문에 이뤄지지 못했다는 이야기였다.

어릴 때부터 배를 타고 세계를 떠돌아다닌 네덜란드 작가 세스 노터봄의 글이 생각난다. 그 역시 산티아고 가는 길의 열렬한 예찬론자다. 「산티아고 가는 길(De Omweg Naar Santiago)」이라는 책에서 노터봄은 이렇게 말하고 있다.

"산티아고 순례의 참뜻을 알려면 만에 하나 우리가 중세인에 대해서 갖고 있을지 모르는 편견, 다시 말해 중세인은 편안하고 낭만적으로 살았으리라는 고정관념부터 벗어던져야 한다. 중세인은 정말이지 요즘 사람과는 판이하게 다른 사고방식을 가지고 살았다."

그렇다. 순례는 낭만이 아니다. 마치 이웃집 소풍가듯 들떠서 떠나는 그런 길이 아니다. 하지만 산티아고 가는 길은 이미 너무 많은 사람들에게 알려졌고 호젓함이 줄어들고 유행처럼 비춰지게 되어 아쉽다. 일부 여행사에서 단체모집 광고까지 내는 지경에까지 이르렀다. 자신을 돌아보자는 순례의 길까지 왜 굳이 떼를 지어 가야 하는 걸까? 물론 멀고도 먼 길을 혼자서 걸

어야 한다는 것이 부담스러울 수도 있겠다. 안전도 그렇고 언어 문제도 있으리라. 하지만 사람들이 더 두려워했던 것은 자기 자신을 만나는 과정, 민낯으로서의 솔직한 자기 얼굴을 만나는 것이 아니었을까.

나는 가톨릭 신자는 아니다. 나는 좀 더 색다른 길을 원했다. 여행이라는 소재를 바닥에 깔고, 인생과 예술을 따라가는 인문여행이었으면 좋겠다 생각했다. 누군가의 스토리를 따라가지만 동시에 내 스스로 체험적 스토리를 만들고 싶었다. 그런 점에서 괴테와 함께하는 이탈리아 기행은 매력적이었다.

괴테는 지금 내가 안고 있는 고민을 먼저 했었다. 내가 던졌던 질문을 그 역시 던졌다. 이 시점 나에게 최선의 선택이 괴테의 '이탈리아 기행' 발자취를 따라가는 것이었다. 다행히 나는 괴테와 인연이 있었고 훌륭하지는 않아도 독일어를 구사할 수 있다. 유럽에서 특파원을 한 적이 있기에 최소한의 경험은 있었다.

옛날 산티아고 가던 순례길이 그러하듯 알프스를 넘어 로마로 간다는 것은 결코 장난이 아니었다. 중세 때는 당연한 일이고 괴테 당시만 하여도 반 목숨을 내놓을 각오를 해야 했다. 낭만적으로 들릴지 몰라도 악천후에 노숙도 감수해야 했으며 산

적도 종종 출몰했다고 한다. 그래서 괴테는 몸 안에 항상 호신용 무기를 휴대하고 다닐 정도였다.

시대는 달라졌어도 자동차로 알프스를 넘어 로마로 간다는 것은 여전히 쉽지 않다. 어떤 의미에서 알프스 산맥의 거대한 봉우리를 넘는다는 것은 곧 나 자신의 한계를 넘는다는 뜻이기도 하다. 이 여행은 결코 즐기기 위해 떠나온 것이 아니다. 누구에게 보여주기 위한 자기 과시형 여행은 더더욱 아니다. 완전히 새로운 길은 흔치 않다. 내가 걸었던 길 위에 새로운 길이 열리는 법이다. 아무도 가르쳐 주지 않는 제2의 인생 로드맵, 스스로 찾는 수 밖에 없다.

에스프레소와
이탈리아노

_ 이탈리아 쥐드 티롤

• 　　　　내가 자동차를 몰고 알프스를 넘을 예정이라고 했을 때 렌터카 회사의 독일인 직원은 날씨도 좋지 않으니 조심하고 특히 안전에 신경쓰라고 신신당부했다. 오스트리아의 휴게소 직원은 이탈리아는 '자동차 도둑 천지'인데 왜 차를 갖고 가느냐고 걱정했다. 아닌 게 아니라 프랑크푸르트에서 렌터카를 빌릴 때 제한 규정이 까다로운 차종이 있다. 벤츠, BMW 같은 고급차들과 포르셰 같은 스포츠카들이 여기에 해당되었는데, 구 동구권 국가들과 함께 이탈리아 국경을 넘어가지 못하도록 운전 지역을 제한하고 있었다. 만약 국경을 넘어갔다가 사고 혹은 분실되었을 경우 차를 빌린 사람이 그 피해를 모두 부담하도록 하는 엄격한 규정이었다.

　그런데 재미있게도 막상 이탈리아에 와서도 도둑 조심하라는 얘기는 계속되고 있었다. 로마까지 자동차로 갈 예정이라는 얘기를 들은 북 이탈리아 사람들은 '그처럼 위험한 곳을 왜 자동차를 갖고 가느냐'며 만류했다. 나중에 로마에 도착했을 때,

이번에는 로마 사람들도 '나폴리처럼 살벌한 곳을 자동차를 갖고 가는 것은 미친 짓'이라고 고개를 절레절레 흔들었다. 북쪽 사람들이 보기에 남쪽은 언제나 위험한 곳이었다. 물론 이 같은 걱정과 경고가 결코 엄살이 아니었음을 나중에 확인하게 되었지만 말이다.

알프스를 사이에 두고 유럽인들의 기질과 사는 법은 확실히 다른 것 같다. 날씨도 다르고 기후도 다르니 그럴 것이다. 하지만 같은 이탈리아에서도 북쪽 사람들이 남쪽 사람들을 바라보는 시각은 예상외로 차가웠다. 선입견이라고 해야 할까, 고정관념이라고 해야 할까, 북쪽 사람들이 보기에 남쪽은 언제나 문제가 있는 곳이었다. 마치 영화 〈대부〉의 장면들처럼 마피아가 득실거리고 범죄로 들끓는 것처럼 바라보고 있었다. 남과 북의 경제적인 차이가 편견을 더욱더 고착화시켰을 것이다. 내가 몇 년 동안 살았던 베를린에는 이탈리아 식당이 많은데, 주인과 종업원들이 대부분 이탈리아 남부지방 출신이었던 것을 보면 확실히 남부 지방은 북부에 비해 경제적으로 열세인 듯싶다.

로마에 왔으면 로마식으로 하라는 말이 있듯이, 이탈리아에 왔으니 이탈리아를 이해해야 한다. '리탈리아노(L'Italiano)', 이탈리아 남자란 뜻의 노래를 들어본다. 토토 쿠투뇨가 1983년 산레모 가요제에서 불러 세계적 히트를 한 노래인데, 현대 이탈리아인들의 정서가 가장 잘 담겨있다고 하는 경쾌한 노래다. 가사는 대충 이렇다.

"내가 노래하게 해줘/ 손에 기타를 들고서 / 나는 이탈리아 사람(Sono l'italiano)/

본조르노 이탈리아/ 스파게티 알 덴테/

(…)

내가 노래하게 해줘/ 부드럽게 부드럽게/

왜냐하면 내가 이탈리아 사람이란 게 자랑스럽거든/

진짜 이탈리아 사람(un italiano vero)

(…)"

이 노래에는 이탈리아를 상징하는 여러 가지 단어들이 등장한다. 본조르노는 이미 너무도 유명한 이탈리아의 인사말이고, 스파게티는 이탈리아를 대표하는 음식 이름이다. 노랫말에는 또 커피와 양복, 여자 같은 단어도 빠지지 않는데, 하나같이 이탈리아가 자랑하는 경쟁력 있는 분야이기도 하다.

이 노래에서 나오는 '스파게티 알 덴테(al dente)'는 무엇일까. 면을 중간 정도만 익힌, 즉 살짝 설익힌 정도의 스파게티를 의미한다. 가장 이탈리아적인 파스타 삶는 방식이기도 하다. 오래전 독일의 텔레비전의 다큐멘터리에서 지금은 작고한 세계적인 테너 파바로티가 마치 세숫대야처럼 큰 그릇에 스파게티를 삶아 혼자서 먹던 장면을 본 적이 있었다. 그때 파바로티가 요리한 스파게티의 방식도 알 덴테였다. 가끔 이탈리아 식당에서 한국인들이 파스타가 설익었다며 더 익혀달라고 요구하던 모습을 나는 목격한 적이 있는데, 입맛은 이토록 서로 다르다.

이탈리아 여행에서 누리는 호사 가운데 하나는 가격이 부담스럽지 않게 맛있는 커피를 마실 수 있다는 사실이다. 이곳에서 특별한 말이 없으면 커피는 곧 에스프레소를 의미하는데, 한 잔에 보통 1유로에서 1유로 50센트 정도 한다. 한국 돈으로 2천원 전후의 가격이다. 이탈리아가 자랑하는 세계적인 커피 브랜드 일리(illy) 커피라 하더라도 그렇다. 터무니없이 커피 값이 비싼 서울과 비교할 때 너무도 매력적인 가격 아닌가.

에스프레소 커피는 약 백년 전 쯤 이탈리아에 등장했다. 속도를 뜻하는 express란 단어에서 유래되었듯이 한 잔 뽑는데 약 45초밖에 걸리지 않는다. 휴게소에서 향기 가득한 에스프레소 커피 한 잔을 목에 살짝 넘기고 또 다시 길을 재촉하는 맛은 이탈리아 아니면 누리기 힘든 호사일 것이다.

에스프레소는 심플하면서도 강렬한, 치명적이면서도 매혹적이다. 황금빛 거품으로 덮인 에스프레소 한 잔을 입안으로 넘길 때 피어오르는 진한 향기를 알아야 이탈리아 사람을 이해할 수 있다. 어딘가 뒤죽박죽인 것 같으면서도 미친 듯 뿜어져 나

오는 이탈리아적인 독창성은 에스프레소가 아니면 설명이 안 된다. 페라리나 람보르기니의 폭발적인 파워, 미켈란젤로의 천재성, 베르니니의 화려함, 로마인들의 화끈한 사랑, 이런 모든 특징을 하나로 묶어주는 것이 바로 에스프레소 정신이 아닌가 싶다. 나에게 이탈리아를 상징하는 단 하나의 이미지를 고르라고 한다면, 단연 에스프레소 그것이다.

내가 과거에 유럽 출장을 올 때마다 은근 신경 쓰였던 것은 바로 식사 문제였다. 출장 팀의 식성을 고루 맞추기 힘들다는 게 고충이었다. 비행기에서 내리기 무섭게 속이 느끼하다며 김치찌개를 찾는 동료가 있는가 하면, 반대로 해외에 왔으니까 무조건 현지 음식을 체험해봐야 한다는 사람도 있다. 하루이틀은 그럭저럭 넘어가지만 출장 기간이 길어지면 보통 문제가 아니다. 특히 텔레비전 출장은 최소한 3인이 한 팀이 되는데, 팀워크가 깨지면 일이 어렵다. 팀워크의 균열은 대부분 엄청난데서 오는 것이 아니라 아주 작은, 그러면서도 아주 민감한데서 시작되는 법이다. 그 좋은 예가 바로 음식이다. 일행 가운데 반드시 한 명은 입이 짧은 사람이 있기 마련이니까.

특파원으로 일하는 동안 많은 방문객을 맞으면서, 서양을 찾는 한국인들 가운데 의외로 서양음식을 싫어하는 '서양음식 포비아(phobia)'가 적지 않음을 알게 되었다. '포비아'는 이유모를 두려움을 의미한다. 어떤 의미에서 젓가락 문화권에서 살다가 포크 문화권에 와서 겪는 불편함의 일환일 수도 있다. 입만 열면 유럽과 유럽 문화를 말하던 언론계 선배가 있었는데, 알고 보니 그는 유럽에서 육계장과 된장찌개만 찾던 전형적인 서양음식 포비아(phobia)였다. 심지어 로마에까지 와서 한식당만 들락거리다 간 사람이었으니까.

물론 음식은 아주 예민한 소재다. 사람마다 개성이 있듯이 각자 다른 입맛도 존중해줘야 한다. 때론 음식은 정체성과도 연결이 되어 특정 음식을 비하하는 것은 곧 그 사람과 그 사람이 소속된 집단을 비하하는 것으로 비춰질 수도 있기에 조심해야 한다. 만약 어떤 서양 사람이 냄새난다고 김치를 비난한다

면 한국인들은 수치심을 느끼고 발끈할 것이다. 이렇듯 여행을 하다가 다른 나라 음식을 만났을 때 역겨운 표정을 짓거나 향료에 과민 반응하는 것은 현명한 태도가 아니다. 현지 음식을 모르고 그 나라를 안다고 하는 것은 절반만의 진실일 것이다.

요즘 서울에도 이탈리아 식당이 많이 들어섰다. 이탈리아에서 음식을 공부하고 돌아온 사람들도 제법 된다. 그럼에도 불구하고 이탈리아적인 맛이 나질 않는다. 그것은 반드시 파스타를 삶는 방식의 차이 때문만은 아닌 것 같다. 식재료가 다른 이유 때문만도 아니다. '본조르노'하는 인사말과 함께 웃으며 환대해주는 이탈리아 웨이터가 없기 때문이다.

출장 갈 때마다 경험하게 되지만 일본 도쿄에는 생각보다 훨씬 더 많은 이탈리아 레스토랑이 있다. 스스로 이탈리아보다 오히려 더 맛있는 파스타를 만들어낼 자신이 있다고 선전하는 일본인들이지만, 역시 이탈리아적인 맛이 나지 않는다. 음식은 과학이 아니기 때문이다. 일본인 특유의 파고드는 집중력으로 음식을 연구하고 또 연구했지만, 한 가지 놓친 게 있다. 바로 '프레고', '그라치에'와 같은 이탈리아 남자들의 정감이 넘치는 인사말이 없는 까닭이다. 이탈리아 말은 마치 음악처럼 리드미컬한데다 자연스런 조미료 역할까지 해준다. 잘 생겼고 자신을 멋지게 꾸밀 줄 아는 이탈리아 남자들 특유의 너스레와 과장된 표정, 그것이 빠진다면 진정한 이탈리아 음식이 아니다.

같은 유럽이면서도 독일과 이탈리아는 달라도 너무 다르다. 쾌활한 이탈리아 사람들을 보다가 독일 사람들을 보면 너무도 무뚝뚝해 보인다. 가끔 화나고 무시한 것 아니냐는 오해를 외국인들로부터 받는다. 표정도 그렇지만 독일어 발음은 이탈리아어에 비해 너무도 딱딱하다.

독일의 아우토반은 3무(無)로 유명하다. 톨게이트가 없으며 이용요금이 없으며 속도제한이 없다. 물론 환경보호로 요즘 속도제한 구간이 늘긴 했지만 대체적으로는 그렇다. 반면에 이탈리아의 고속도로는 유료다. '아우토 스트라다(Auto Strada)'라 불리는 고속도로는 구간 구간마다 톨게이트가 자주 있으며 요금도 비싸니 운전자의 입장에서는 부담스러울 수밖에 없다. 두 나라는 주유소의 주유방식에서도 현격한 차이가 있다. 독일은 모든 게 셀프서비스이며 먼저 자동차 연료를 주입하고 난 뒤 계산대에 가서 펌프 번호를 말하고 계산하는 후(後) 결제 방식이다. 이에 반해 이탈리아는 대부분 종업원이 일일이 서비스해 준다. 인건비의 차이와 일자리 창출의 문제일 수도 있고 신용의 문제 때문인지도 모른다.

이탈리아 사람들의 쾌활한 성격은 아마도 기후와 날씨에 힘입은 바 클지도 모른다. 특히 뜨거운 태양볕이 풍부한 것이, 상대적으로 구름이 많고 일조량이 적은 북유럽 사람과 확연한 차이를 만들어내는 것이 아닐까. 알프스 북쪽에서 온 괴테는 이

점을 유심히 지적하고 있다.

"낮을 향유하면서도 특히 저녁 때가 즐거운 나라에서는 밤이 다가온다는 사실이 지극히 뜻깊은 것이다. (…)

하지만 북쪽에 사는 우리 킴메르족(그리스 신화에서 끝없는 어둠 속에서 산다는 민족으로 독일민족을 의미)들은 낮이 어떤 것인지 전혀 모른다. 끝없는 안개와 어둠 속에 잠겨 있기 때문에 낮이든 밤이든 우리에게 별 차이가 없다. (…)

만일 이곳 국민에게 독일식 시계 바늘 같은 생활을 강요한다면 그들은 난감할 것이다. 그들의 시간관념은 그들의 자연과

밀접하게 연관되어 있기 때문이다."

'틀렸다'고 하지 않고 '다르다'고 말하는 괴테, 그는 마음이 열린 여행자이다. 다른 문화에 대해 이해하려는 마음, 그것을 가리켜 '톨레랑스'라 부른다. 다른 세계의 문화를 이해하려고 노력하고 존중하는 태도, 그렇게 할 때 자기 자신이 객관적으로 보이기 시작한다. 괴테의 말처럼 여행이란 낯선 땅에서 다른 사람을 통해 자기를 들여다보고, 결국 자기를 새롭게 만나는 작업일 테니까.

"내가 이처럼 놀라운 여행을 하는 목적은 나 자신을 기만하려는 것이 아니라 내가 보는 대상들에 비추어 나를 재발견하자는 것이다."

쇼 윈도우 행복,
쇼 윈도우 인생

_ 가르다 호수 지방

• 티롤 산맥의 남쪽 산자락에 위치한 쥐드 티롤 지방을 내려와 좀 더 남쪽으로 운전하다보니 가르다 호수(Lago di Garda)가 나왔다. 가르다는 알프스의 빙하계곡이 만들어낸 이탈리아에서 가장 큰 호수이자 그림처럼 풍광이 아름다운 세계적인 관광지이기도 하다. 괴테는 곧장 베로나로 갈 수도 있었지만 수려한 경관의 가르다 호수를 놓치고 싶지 않아서 일부러 먼 길을 돌아 이쪽으로 향했다고 적고 있다. 가르다의 위쪽 마을에서 쓴 9월 11일의 일기다.

"나는 이제 로베레토에 도착했다. 이곳은 언어가 바뀌는 경계선이다. 여기까지 오는 북쪽 지역에서는 독일어와 이탈리아어가 줄곧 혼용되었다. 그러다가 어제 처음으로 토박이 이탈리아 마부를 만나게 되었다. 술집 주인도 독일어를 전혀 못하니, 이제 내 언어적 재능을 시험해봐야 한다. 좋아하는 언어가 생생히 살아나서 이제부터 사용어가 되어 간다는 것이 얼마나 기쁜 일인가!"

괴테는 모국어 이외에도 프랑스어로 자유로운 회화뿐 아니라 연극 대본을 쓸 정도의 실력이었다. 유럽의 지식인이면 알아야 하는 라틴어는 물론이고 어릴 때부터 히브리어를 익혀 구약성경을 히브리어로 읽었다. 이제 여기서 한발 더 나아가 이탈리아에서 본인의 언어적 재능을 시험해볼 수 있어 기쁘다고 말하고 있는 것이다. 나중에 로마에서는 영어를 번역까지 해주는 일이 있었던 것을 보면 괴테는 확실히 언어의 천재임에 틀림없다. 이탈리아 여행에서 불편함 가운데 하나는 언어다. 대도시에서도 그러하지만 작은 도시나 시골로 갈수록 영어조차 안 통하는 곳이 많은데, 괴테는 오히려 기회가 왔다고 반기고 있는 것이 아닌가. 여행에서도 그는 확실히 적극적이고 진취적인 성향이다.

나는 괴테처럼 토르볼레에 숙소를 잡았다. 가르다 호수의 북쪽 끝에 자리 잡은 자그마한 마을 같은 도시다. 내가 예약한 호텔은 '카사 나탈리', 호텔이라기보다는 B&B에 가까운 작은 숙소였지만 객실에는 베란다가 있었으며 창밖으로 아름다운 호수가 보였다. 다행히 호텔 여주인은 독일어를 할 줄 알았다. 물론 이탈리아 사람답게 '알로라'라는 말이 자주 튀어나왔지만 그녀의 독일어는 훌륭했다. 이곳이 독일인 관광객들이 많은 탓

도 있겠지만, 그녀는 뮌헨에서 학교도 다니고 일도 했었다고 말한다. 괴테의 이탈리아 기행 자취를 밟고 있는 도중이라는 말에 그녀는 반색을 한다. 그런 뒤에 여기저기 뒤지더니 「괴테와 토르볼레」라는 포켓 책자를 주는 게 아닌가. 큰 호텔보다 작은 숙소가 갖는 매력이 바로 이런 것이다. 현지인과 진솔한 소통 시간을 가질 수 있다는 묘미가 있다. 이곳에서 괴테는 뭐라고 기록하고 있을까?

"북위 45도 50분 지점에서 이 글을 쓴다. 저녁의 서늘한 공기 속을 걸었고, 지금은 정말 새로운 나라, 아주 낯선 지방에 와 있다는 것을 느낀다. 사람들은 한량들의 낙원에서처럼 태평스럽게 살고 있다. 무엇보다도 문에는 자물쇠가 없다. 여관 주인은 내 물건이 모두 다이아몬드라 할지라도 전혀 염려하지 않아도 된다고 내게 장담했다."

저녁을 먹을 겸 호텔 근처를 산책하다 보니 '괴테 광장(Piazza Goethe)'이 반갑게 기다리고 있었다. 이곳 5번지 건물에는 '이 건물에서 괴테가 머물렀으며 「이피게니에」 원고를 썼다'는 동판이 걸려있었다. 그 건물 앞 '알 포르토'라는 이름의 식당에 들렀더니 축구선수 토티를 닮은 종업원이 '괴테 메뉴'를 권한다. 송어가 들어간 메뉴였다. 괴테는 이곳에서 여전한 스타임을 확인하게 된다. 음식과 이곳의 로컬 와인 모두 수준급이었다. 물론 알프스를 넘기 이전에 비해 가격이 확실히 싸다. '멋진 토르볼레!'라 외치며 잔을 들었다.

괴테는 토르볼레의 호숫가에서 잡은 송어요리를 먹으며 '연하고 감칠맛이 난다'고 평하고 있다. 특히 그의 미각을 돋운 것은 무화과와 배 같은 과일이었는데, '배는 확실히 레몬이 자라는 곳에서 나는 것이 특히 별미'라고 말하고 있다.

괴테는 이 마을에서 집집마다 자물쇠가 없다는 사실과 함께 두 가지 사실에 더 놀란다. 유리창 대신 기름종이가 발라져 있다는 것, 그리고 화장실 없이 자연 상태에서 용변을 해결하고 있는 모습이었다. 괴테의 묘사가 천연덕스럽다.

"내가 그 집 하인에게 용변을 볼 장소를 묻자 그는 뜰을 가리켰다. '저기서 누십시오!' 내가 '어디 말이오?'라고 묻자, 그는 '어디든지 마음에 드시는 곳에다!'라고 친절히 대답했다."

지금의 토르볼레는 물론 괴테가 경험했던 그곳이 아니다. 작지만 국제화된 지역으로 변화된 지 오래다. 다음 날 아침 나는 차를 몰고 가르다 호수 동쪽 도로를 달렸다. 환상적인 경관이 계속되는 드라이브 코스였다. 괴테는 새벽 3시 토르볼레를 떠나 가르다 호수로 나갔지만 중간에 풍랑을 만나 말체시네 항구에 들르게 된다. 지금 토르볼레에서 말체시네까지는 자동차로 불과 15분 거리다. 말체시네는 괴테가 아름다운 호수와 옛 성, 그리고 성탑을 스케치하다가 그만 스파이 혐의로 붙잡혀 봉변을 당한 일화가 있던 지역이다. 당시 이곳에서부터 행정적으로 베네치아 공화국의 영토였고 토르볼레를 비롯한 그 북쪽 지역은 합스부르크 제국의 영토였고, 특히 말체시네 성탑이 양 국가 간의 국경 역할을 하고 있어서 경계가 삼엄했던 모양이다. 다행히 그곳에 프랑크푸르트로 무역을 하기 위해 자주 왕래하던 사람이 괴테 집안을 잘 알고 있어 무사히 풀려난다. 한 술 더 떠서 이곳의 아름다운 경치를 외국에 널리 알려 달라며 후한 대접을 받기에 이른다.

말체시네의 동쪽 22번 고속도로는 오스트리아의 인스부르크에서 볼차노, 트렌토, 로베르토, 베로나를 지나 모데나까지 남북으로 연결한다. 베로나에서 4번 고속도로로 갈아타면 동쪽으로 비첸차, 파도바, 베네치아를 지나 멀리 크로아티아와의 국경을 맞대고 있는 도시 트리에스테까지 닿는다. 모두 들르고 싶었지만 시간상 과감히 V로 시작되는 베로나, 비첸차, 베네치아 세 도시만 방문하기로 했다. 그 하나하나가 모두 설레게 만드는 이름들이다. 다행히 이 세 도시들은 거의 일직선이라 할 정도로 일렬선상에 놓여있는 평지여서 각각 자동차로 1시간

정도면 닿는 거리에 있었다.

괴테는 이곳에서 북방 남자가 아닌 남유럽 남자로 완전 변신을 시도한다. 바이마르의 국립 괴테 박물관에는 이탈리아 기행 도중 괴테가 매일매일 기재한 지출장부가 보관되어 있는데, 베로나에서 그는 옷감과 구두, 버클과 양말, 속옷, 머리빗을 산 것으로 기록되어 있다. 재단사에게는 실크 바지와 베스티멘토라고 하는 긴 재킷을 주문했다. 이발소에 들러 머리모양까지 확 바꿔 버렸다.

2주일 동안 체류했던 베네치아에서도 괴테의 스타일 바꾸기는 계속된다. 두 켤레의 구두와 모자 하나, 양말 두 켤레, 팬티 두 장을 샀다. 카니발 마스크를 구입하고 전통 카니발 의상인 '바우타'를 5리라에 빌린 기록이 나온다. 수집가로서 뿐 아니라 철저한 기록의 대가임을 알 수 있는 대목이다. 매일 기록하고 모아두었던 자료가 결국은 위대한 작품들의 토대가 되었다.

여기서 한 가지 주목할 점은 괴테가 출발 이후 계속 가명을 쓰고 있다는 사실이다. 이미 「젊은 베르테르의 슬픔」의 저자라는 후광 효과로 유럽 대륙에 유명세를 떨치고 있던 괴테였지만 그는 이점을 오히려 거추장스러워했고 불편하게 생각했다. 익명이 가장 편했지만 몇 개의 가명을 돌려가며 사용했는데, '장

필립 뮐러' 혹은 '지오반니 필리포 뮐러'라는 이탈리아식 이름의 서명도 보이며 직업은 상인을 자처했다. 로마에서 그가 자신의 보스인 칼 아우구스트 공작에게 보낸 편지를 보면 그의 심정이 잘 나타난다.

"철저하게 가명을 고수하니 장점이 참으로 많습니다. 사람들이 저를 이해해주고, 오며가며 만난 사람들과 이야기를 나눌 수 있으며, 신분이나 이름 때문에 저를 환영하는 것은 아닐까 괴로워할 필요도 없고, 찾아가봐야 할 사람도 찾아오는 사람도 없습니다. 만약 철저하지 못했다면 인사를 주고받느라고 시간을 다 허비했을 겁니다."

사람들은 유명해지고 싶어하지만, 일단 유명해지고 나면 그것이 얼마나 불편한지 그때서야 실감한다. 나는 유명인사는 아니었지만 그래도 오랫동안 방송기자로, 특파원으로 텔레비전에 제법 노출되었던 경험이 있기에 그 마약 같은 유명세의 양면성을 조금은 이해할 수 있다. 특히 앵커나 아나운서로 얼굴이 널리 알려진 내 동료들의 남모를 고통을 옆에서 지켜보았다. 식당에 가도 편하게 음식을 먹을 수가 없다. 동의 없이 사진을 찍어대거나 다른 사람과 식사하며 대화를 나누고 있는 와중에 사인을 해달라는 무례함에도 익숙해져야 한다. 당연히 사우나를 가거나 미용실을 가기도 불편하다.

 남에게 보여주기 위한 인생, 그걸 가리켜 '쇼 윈도우 인생'이라 표현한다. 마치 백화점의 진열장처럼 남들에게 과시하기 위한 인생이다. 그러다보니 때론 실제 이상으로 거품이 끼기 마련이다. 대중에게 늘 보여줘야 하는 연예인들과 정치인의 상황이 더 그렇겠지만, 직업이 다르고 정도의 차이가 있을지는 몰라도 누구에게나 그런 점이 있다. 주변을 의식하는 삶, 그러다보니 가끔은 진짜 행복이 아닌 남의 눈을 의식한 삶을 우리는 살곤 한다. 이 역시 쇼 윈도우 행복이다. 가끔은 실제보다 부풀린 명함을 갖고 다니고, 행복하지 않지만 행복한 것처럼 보이려 애쓴다.

 괴테는 그 허상을 누구보다 잘 알고 있었다. 베스트셀러 작가로서, 성공한 고위 공직자로서 남들이 평가하는 행복은 이미 충분했다. 자신이 인정하는 진짜 행복을 찾아 나서기로 한 것이다. 쇼 윈도우 인생, 나에게는 이미 충분하다. 나의 친구, 나의 멘토 괴테처럼 진짜 인생을 찾아 발길을 재촉한다.

너만의 색깔,
너만의 매력을 내게 보여다오

_ 베로나 & 비첸차

•   베로나는 셰익스피어의 「로미오와 줄리엣」의 소재가 된 곳이다. 그렇지만 베로나에서 괴테의 눈을 사로잡은 것은 아레나(Arena), 고대 로마 원형경기장이었다. 괴테는 이탈리아에 와서 드디어 처음으로 고대 로마 문명의 기념물을 접하게 된다. 베로나의 원형경기장은 로마의 콜로세움보다 보존상태가 훨씬 뛰어나기에 괴테는 구석구석 살펴보느라 정신이 없다.

"원형극장 안으로 들어갔을 때, 더욱이 그 위로 올라가서 가장자리로 돌아다녔을 때, 나는 웅대한 것을 보고 있으면서도 사실은 아무것도 보이지 않는 듯한 이상한 느낌을 받았다. 또한 원형극장은 텅 비어 있을 때 구경할 것이 아니다. (…)
  원형극장이 충분한 효과를 발휘한 것은 고대 때뿐이었다. 고대에는 민중이 오늘날의 민중 개념보다 더 큰 규모였기 때문이다. 사실 이러한 원형극장은 민중들 자신에게 커다란 감명을 주고 자신들이 최고라고 느끼도록 만들어졌던 것이다."

 여름철이면 베로나의 아레나는 오페라 야외극장으로 변한다. 어떤 면에서 이곳은 세계에서 가장 큰 오페라 극장이기도 하다. 베로나는 인구 30만 명도 채 안 되는 작은 도시지만 오페라가 열릴 때쯤이면 많은 인파로 북적거린다. 세계적인 성악가 파바로티를 기리는 기념 음악회에 저명한 오페라 가수들이 총출연했던 곳도 바로 이곳 아레나였다. 괴테가 이 모습을 보았다면 뭐라 했을까 싶다. 원형경기장을 지나 구시가지 한가운데 있는 광장으로 향했다. 전통 시장이 서있었다. 시장에는 언제나 여행자의 마음을 설레게 하는 묘약이 있다. 스마트폰에 찍힌 사진도 역시 색깔들이 살아있다. 괴테 역시 이곳에서 이탈리아 특유의 정취를 만끽하고 있다.

"장날이면 광장마다 야채와 과일이 가득 들어차고, 마늘과 양파들이 아무렇게나 잔뜩 쌓인다. 사람들은 하루 종일 소리를 지르고 노닥거리거나 노래를 한다. 그러다가 싸우기도 하고 끊임없이 환성을 지르고 웃어댄다. 온화한 기후와 값싼 음식 때문에 살아가는 것이 용이하다. 누릴 수 있는 모든 것이 밖에 널려 있다."

비첸차는 베로나에서 베네치아로 가는 도중에 위치한 작은 도시다. 나머지 두 개의 도시에 비해 상대적으로 한국에서는 덜 알려져 있지만, 금은 세공업이 발달한 덕에 북부에서 일찍이 르네상스가 꽃피었던 도시다. 괴테는 비첸차에서 여성들이 자기에게 호의적으로 대해준다고 기뻐하고 있다. 교양수준도 높고 이목구비가 뚜렷하다고 적고 있다. 재미있는 것은 금발과 검은 머리에 대한 괴테의 개인적 취향이다.

"여기서는 대단히 아름다운 여성들이 눈에 띈다. 그중에서도 검은 곱슬머리를 가진 여성들이 특별히 내 관심을 불러일으킨다. 금발의 여성들도 있기는 하지만 그들은 별로 내 마음에 들지 않는다."

내가 한 시간이 아까운 여행길에 굳이 비첸차를 찾은 까닭은 다른 데 있었다. 이 도시가 키운 한 명의 인간, 아니 한 명의 인간이 멋지게 만든 도시를 만나기 위해서다. 때로는 훌륭한 인물 한 명이 도시 전체를 먹여 살리기도 한다. 선조 한 명을 잘 만나면 그 도시가 수백 년 영화를 입는다는 말이 있는데, 그 말이 실감나는 곳이 바로 비첸차다. 나는 그를 만나기 위해 비첸차 구시가지의 중심인 시뇨리아 광장으로 달려갔다. 그곳에 내가 찾는 이가 동상으로 우뚝 서있었다.

"장군의 이마는 말을 달릴만하고, 재상의 뱃속은 배를 저을 만하다."

오래전 읽은 글이라 누군지 그 이름은 잊었지만, 고대 중국의 인물을 묘사하는 문장이었던 것 같다. 동상에 우뚝 서 있는 그의 훤칠한 이마가 바로 그 묘사에 딱 맞아 떨어졌다. 안드레아 팔라디오(Andrea Palladio). 이름 밑에는 간단히 아키테토(Architetto)라 써 있다. 건축가란 뜻이다. 위대한 인물일수록 이름 앞에 수식어가 필요 없다고 했는데, 팔라디오는 그런 존재였다.

안드레아 팔라디오는 건축이나 디자인을 공부하는 사람들에게는 마치 정신적 스승인 구루(Guru)처럼 받들어지는 숭배의 대상이다. 그가 남긴 건축물들은 비첸차 구시가지에 대부분 모여 있었다. '팔라디오 거리(Corso di Palladiano)'는 숫제 그의 살아 있는 건축 박물관이라고 해도 과언이 아니다. 9월 19일, 괴테의 일기다.

"몇 시간 전에 이곳에 도착하여 벌써 시내를 돌아다니며 올림피코 극장과 팔라디오의 건축물들을 둘러보았다. (…)
이 건축물들은 두 눈으로 봐야만 그것이 얼마나 훌륭한지 알 수 있다. 실물 크기로 구체적으로 봐야만 하는 것이다. 건축물들은 추상적인 윤곽으로만 파악하지 말고 원근법을 고려해서 다가서거나 물러서거나 하면서 건축물 전체의 아름다운 조화를 충분히 음미해야 할 것이다. 따라서 나는 팔라디오가 내적인 구상력과 외적인 실행력 양면 모두에서 위대한 인물이었다고 생각한다."

여행을 거듭할수록 예술과 건축을 보는 괴테의 눈이 상당히 진척되어 있음을 알 수 있다. 비첸차 시내에서 자동차로 30분 정도 떨어진 완만한 언덕 위에는 팔라디오의 또 다른 위대한 작품이 세워져 있다. 4면의 완벽한 대칭형 구조라는 '빌라 로툰다'가 그것이다. 괴테는 이 건축물을 가리켜 "아마도 이 세상에 이보다 더 호화로운 건물을 남긴 건축술은 없을 것이다."라고 격찬하고 있다. 비첸차라는 이름의 도시는 팔라디오가 설계한 건축물들로 핵심 콘텐츠가 채워져 있다고 해도 과언이 아니다.

팔라디오는 1508년 비첸차 인근 파도바에서 가난하게 태어나 10대 중반쯤 아버지의 손에 이끌려 이 도시와 인연을 맺게 되었다. 원래는 비천한 집안의 아들로 태어나 석공이 되었지만 그의 뛰어난 재능과 잠재성을 알아본 후원자 덕분에 정식 공부도 하고 학습 여행도 하면서 점차 조각가와 건축가로 영역을

넓혀나가게 된다.

그 결정적 계기가 다름 아닌 로마 여행이었다. 팔라디오에게 평생의 은인이자 경제적 후원자였던 잔 조르지오 트리시노라는 사람이 자신의 로마 여행에 모든 비용을 대가며 제자를 동행시킨다. 당시에는 이탈리아가 통일된 국가가 아닌 수십 개의 영토로 쪼개져 있던 때여서 여행이 쉽지 않을 때였지만, 팔라디오는 다섯 번씩이나 영원한 도시 로마를 방문한다. 고대 로마의 건축물을 샅샅이 답사하고 그 결과를 담아 1554년에 낸 책이 「로마의 교회, 로마의 고대 유적」이란 포켓사이즈 책자로, 최초의 로마 건축 가이드북이 되었다. 가장 좋은 공부는 역시 대가들의 작품을 직접 눈으로 보고 관찰하는 것이다.

팔라디오의 책과 글은 당연히 괴테의 이탈리아 여행길에 건축의 교과서가 되었다. 비첸차에서 시작된 팔라디오에 대한 괴테의 인연은 베네치아와 아시시, 그리고 로마에까지 끊이지 않고 이어진다. 팔라디오는 이후에 나폴리 왕국과 바이아, 그리고 다른 도시들까지 두루 여행하면서 건축에 대한 안목을 더 넓히게 된다. 건축은 누구를 위해 존재하는가? 가장 중요한 질문이 아닐 수 없다. 팔라디오는 건축은 공공재라는 의식이 확고했다. 단순히 황제나 세력 있는 사람만을 위해 존재하는 고고한 존재가 아니라 대중이 즐길 수 있어야 한다는 말이다.

괴테는 베네치아 여행에서도 팔라디오의 아름다운 대작인

일 레덴토레 교회의 정면과 산 조르조 교회의 정면을 보고 감탄하면서 이 위대한 건축가에 대한 자신의 생각을 남겼다.

"팔라디오는 세상에 순응하지 않고 자신의 고귀한 이상에 따라 세상을 가능한 한 대폭 개조하려 한 위대한 인간답게 고대 정신에 흠뻑 젖어 있었으며 당대의 옹졸하고 편협한 경향을 뼈저리게 느끼고 있었다."

팔라디오는 성공했어도 죽을 때까지 손에서 일을 놓지 않았다. 귀족들의 저녁 자리에 자주 초대받은 스타 건축가였지만 그가 가장 행복했을 때는 현장에 있을 때였다. '테아트로 올림피코', '팔라초 파사드', 베네치아의 대운하에 자리 잡은 '산 조르지오 마조레 성당' 같은 걸작을 남겼다. 팔라디오는 1580년, 72세의 나이로 눈을 감는다. 그가 죽기 전에 남긴 책 「건축 4서」는 건축사에 한 획을 긋는 명저라는 평가를 받고 있다. 이 책은 이탈리아 고전 건축을 이해하기 쉬운 방법으로 소개하였고, 최초의 대중적 건축서적이다. 문장이 짧고 분명하며 도판을 활용해 이해하기 쉽게 설명하고 있다. 오늘날 우리가 고대 로마 건축에 대해 알고 있는 것은 그의 해석에 힘입은 바 크다. 비첸차에서 남쪽으로 떠나는 괴테의 여행 가방 안에도 이 책은 늘 함께 했다.

팔라디오 박물관을 끝으로, 지친 발품을 쉴 겸 시뇨리 광장의 '카페 가르발디'에 들어가 자리를 잡았다. 천정이 높고, 큼직한 창문 사이로 시원스레 광장이 보이는 멋진 카페다. 창문 바깥으로 학생들이 교사로부터 뭔가 설명을 듣고 있다. 필시 팔라디오의 건축에 관한 설명이리라. 이 학생들은 어려서부터 책상이 아닌 현장에서 살아있는 공부를 한다. 위대한 조상을 가진 스스로에 대해 자부심도 자연스레 갖게 될 것이다. 학원에 쫓겨 다니지 않아도 되는 건강한 아이들의 모습이 부럽다.

주문한 에스프레소 한 잔과 파니니 샌드위치가 내 탁자 앞에 놓였다. 오기 전에는 이름조차 아주 낯설었던 도시 비첸차가 에스프레소처럼 향기 짙게 다가오기 시작했다. 이 도시는 작지만 이 도시가 키운 인물은 위대하였다. 박물관 구내 서점에서 구입한, 팔라디오의 이름이 새겨진 작은 수첩을 열었다. 그리고 간단한 메모를 적었다.

"나만의 향기, 나만의 색깔, 나만의 스타일, 나만의 매력."

그것은 나의 인사 원칙 가운데 하나이다. 신입직원을 면접할 때나, 경력사원을 뽑을 때에도 늘 적용되는 점이다. 저 사람에게는 남들과 확실하게 차별화된 점이 무엇이 있을까? 그것부터 살펴보려 했다. 회사의 주요한 프로젝트를 맡길 때에도 마찬가지다. 확실하게 다른 점이 없다면 아쉽지만 우선순위에서 뒤로 밀어 놓았다. 무난한 것은 좋지만, 매력은 없을 테니까.

고독이 또 다른 고독에게
보내는 노래

_ 베네치아

•   세상에서 가장 유니크한 도시에 도착했다. 물의 도시 베네치아에 들어가기 위해서는 배를 타고 들어가야 한다. 도시 입구에 세워진 주차타워 건물 옥상에 차를 세우고 내려다보니 반달 모형으로 이뤄진 대운하가 한눈에 들어온다. 이곳에 와서야 비로소 '석호(潟湖)'라 번역되는 라군(lagoon)의 의미를 알 것 같다. 바다 일부분이 떨어져 나와 생긴 염분이 많은 호수를 가리켜 그렇게 부른다고 하는데, 위에서 보이는 큰물은 대부분 석호인 것이다.

오전인데도 물에 비치는 햇살이 눈을 뜰 수 없을 정도로 강렬하다. 그때서야 떠올랐다. 베네치아에 올 때 절대로 잊어서는 안 되는 필수품이 선글라스라는 사실을. 서둘러 선글라스를 챙겨 쓰고 선착장으로 향한다. 안내창구에서 관광객들에게 편리한 교통카드인 '베네치아 시티패스'를 사는 것이 훨씬 경제적이라는 말에 구입했더니 보트 이용권이다. '물이 거리와 광장과 산책로를 대신'하는 곳이 베네치아라던 괴테의 말이 떠올

랐다. 둘러보니 여기서는 배가 모든 교통수단을 책임진다. 이곳의 대중교통 수단인 수상버스(water bus)를 필두로 택시, 경찰차, 앰뷸런스, 심지어 DHL같은 택배회사들도 보트가 대신하고 있다.

베네치아는 150개가 넘는 섬과 180개에 가까운 운하, 410개나 되는 다리로 이뤄져 있기에 운하와 물은 이 도시의 동맥이자 핵심 인프라이다. 이 도시를 이국적으로 만드는 또 하나의 풍경은 곤돌라와 노를 젓는 뱃사공 곤돌리에가 아닌가 한다. 육지 사람과 다른 '뱃사람의 다리'를 갖고 태어난 것처럼 곤돌리에들은 물결에 흔들거리는 곤돌라 위에서 아무렇지도 않게 서서 노를 젓고 가끔은 노래까지 부른다. 스트라이프가 그려진 특유의 셔츠를 입은 곤돌리에가 없다면 뭔가 허전할 듯싶다. 괴테는 곤돌라와 곤돌리에를 처음 만나자 어린 시절과 아버지의 장난감을 상기하고 있다.

"나는 한 20년 정도 까맣게 잊고 있었던 어린 시절의 장난감이 생각났다. 아버지는 이탈리아로 여행을 가셨다가 사 오신 아름다운 곤돌라 모형을 간직하고 계셨다. 아버지는 그것을 무척 소중하게 여기셨는데 언젠가 내게 그것을 가지고 놀아도 된다고 허락하셨을 때 나는 정말 뛸 듯이 기뻤다. 맨 처음 다가온 곤돌라와 그 빛나는 철판 뱃머리와 검은 선체가 모두 오랜 친구처럼 나를 맞이해주었다."

 괴테는 산 마르고 광장 인근의 '영국여왕'이라는 이름의 숙소에 짐을 풀었다. 호기심 덩어리답게 괴테는 짐 풀기가 무섭게 숙소를 나와 안내인도 없이 세상 유일무이한 도시에 대한 탐사에 나선다. 한때 지중해의 패권을 쥐었던 해상왕국 베네치아 해군의 저력을 알기 위해 병기창을 방문하거나 아름다운 이스트리아 오크 목재로 호화 갤리선을 만드는 광경을 가까이서 지켜보기도 했다. 괴테가 리알토 다리 위에서 운하를 감상하고

있을 때 "수상한 여인이 말을 걸어왔다."라고 적고 있는데, 아마도 몸을 파는 여성이었던 것 같다.

괴테처럼 나도 골목 순회에 나섰다. 골목 음식점에서는 '카사노바 메뉴'라는 게 눈에 띈다. 희대의 플레이보이 카사노바가 바로 이 도시의 감옥에서 탈출했다던 기억이 떠올랐다. 괴테는 큰 길뿐 아니라 뒷골목도 샅샅이 뒤지고 다닌다. "골목의 폭은 대개 두 팔을 벌리면 닿을 정도이고 아주 좁은 곳에서는 두 팔을 옆구리에 대고 있으면 팔꿈치가 닿는다."는 괴테의 묘사처럼 베네치아의 뒷골목은 미로 같다. 지도가 있더라도 자칫 길을 잃기 쉬운 곳이 바로 베네치아 뒷골목이다.

링반더룽(Ringwanderung)이란 말이 있다. 독일어로 링(Ring)은 반지처럼 둥근 원을 말하고, 반더룽(Wanderung)은 걸으며 하이킹하거나 방황하는 것을 뜻하는데, 등산용어로는 '동일한 장소에서 원을 그리며 방황하는 상태'를 의미한다. 짙은 안개가 끼거나 악천후를 만날 때 혹은 극도의 피곤한 상태에서 판단력이 떨어져 방향감각을 상실할 때 나타난다. 자기 자신은 어느 목표지점을 향해 열심히 전진하고 있다고 생각하지만 결국은 원래 있었던 자리로 돌아오는 위험한 상태이다.

물의 도시 베네치아를 혼자 걷다보면 곧잘 링반더룽 상황에 처하게 된다. 또 다른 물의 도시 암스테르담에서도 나는 비슷한 상황에 처한 기억이 있다. 아직 내비게이션이 없던 시절 자동차로 동심원처럼 둥근 운하 주변을 빙글빙글 돌다가 지쳐 떨어진 것이다.

회사를 그만두고 떠나온 나는 종종 링반더룽 상황에 처한 것은 혹 아닐까 자문하곤 하였다. 어디론가 열심히 가고 있지만 결과적으로 원래 있던 자리에서 맴돌고 있는 것은 아닌지 알 수 없었다.

괴테의 최대 장점은 두려워하지 않는 태도이다. 절대로 두려움에 굴복하지 않는 게 괴테다운 모습이다. 베네치아의 낯선 골목에서도 길을 잃는다는 두려움 없이 열심히 뒤지고 다녔다. "베네치아에 도착한 지 불과 며칠 안 되었지만 마치 20년 동안 살았던 것처럼 이곳 생활이 익숙하다."고 고백하던 괴테였다. 그는 상인으로 행세하며 베네치아 사람들 특유의 몸짓과 동작을 따라하느라 열중하면서, 익명성에서 오는 해방감과 자유를 만끽하고 있다.

"내가 그토록 오랫동안 갈망해 왔던 고독을 이제야 충분히 누릴 수 있게 되었다. 아무도 모르는 완전한 이방인이 되어 군중 속을 헤치고 돌아다닐 때보다 더 진한 고독이 느껴지는 곳은 어디에도 없기 때문이다."

사람을 가리켜 사회적 동물이라 한다. 가족과 친구, 동료가 필요하다. 하지만 때로는 고독이라는 이름의 주사를 맞을 필요가 있다. 괴테처럼 창조적 인간에게는 더욱 그러할 것이다. 달빛이 비치던 날 저녁 괴테는 사라져가는 베네치아 옛 사공의 노래를 듣기 위해 곤돌라로 두 명의 전통가수를 초대한다. 이국적인 노래를 듣고서 괴테는 완벽한 고독감에 빠져들어 버렸다.

"어떤 고독한 자가 똑같은 심정의 또 다른 고독한 자에게 듣고 응답하라고 넓고 먼 세상으로 띄워 보내는 노래이다."

괴테는 자발적 고독을 선택해 이곳으로 왔지만 나는 직장이라는 이름의 대오에서 떨어져 나와 이 자리에 섰다. 그렇기에 베네치아 운하에서 맛보는 고독의 맛도 조금은 다르지 않을까.

나는 산마르코 광장 앞에서 수상 버스를 탔다. 건너편 산 조르지오 마죠레 교회가 있는 섬이다. 건너편 대운하 너머 산 마르코 광장과 종탑이 있는 베네치아 본섬이 한눈에 들어온다. 세상 모든 것이 그렇듯 한 걸음 떨어져서 보아야 오히려 더 잘 보이는 법이다.

물은 아름답지만 때론 목숨을 위협한다. 베네치아는 가장 아름다우면서도 가장 위험한 곳에 자리잡고 있다. "가장 정교하면서도 가장 불안정한 생태계가 바로 베네치아 석호"라던 뉴욕타임스의 분석 그대로다.

과거 아드리아 해를 지배하는 해군의 위력을 앞세워 지중해 지역의 패권을 장악했던 베네치아의 위력은 찾아볼 수 없다. 한때 세계 최대의 조선소가 베네치아였고, 역사상 최초로 교역국에 상주 외교사절을 파견한 곳도 베네치아였다. 베네치아는 그러나 과거의 명함으로 여지껏 구걸하는 곳은 아니다. 하드파워가 사라진 대신 이제는 영화와 미술, 건축, 비엔날레 같은 소프트파워로 다시 주목받고 있다.

산 조르지오 마죠레 교회가 있는 섬 역시 그 중의 하나다. 위대한 건축가 팔라디오의 작품을 감상하기 위해 많은 사람들이 몰려들고 있는데, 교회 앞 광장은 야외 음악당과 베니스 비엔날레가 열리면 야외 미술관 역할도 톡톡히 한다.

나는 이곳에서 비로소 이해했다. 왜 이탈리아 축구팀을 가리켜 '아주리 군단'이라고 말하는 지를. 아주리(Azzuri)는 푸른 색 가운데 베네치아 앞바다인 아드리아 해의 물 색깔에서만 볼 수 있는 고유의 색이라고 하는데, 바로 이곳이 그러하였다. 괴테는 이 바다에서 한껏 기분이 들떠있었다.

"나는 모든 베네치아 사람들이 곤돌라를 탔을 때 느끼는 것

과 같이 아드리아 해의 지배자가 된 듯한 기분이었다."

 이곳에는 나를 아는 사람이 단 한 명도 없다. 외로우면서도 어쩐지 달콤하고 달콤하면서도 조금은 외롭다. 익명으로 보름 이상 이 도시에 체류했던 괴테의 심정을 조금 이해할 것 같았다. 이제 나도 베네치아를 떠날 시간이다. 자동차를 픽업하기 위해 수상버스를 탔을 때 한 여성이 운하를 배경으로 사진 한 장 찍어줄 수 있느냐고 요청한다. 통성명 후 알고 보니 마리아라는 이름의 스웨덴 신문 여기자였다. 그녀는 2년 반 동안 이탈리아 특파원으로 지냈었는데, 휴가를 받아 오랜만에 옛 생각을 반추할 겸 홀로 여행 중이라고 했다. 직업이 같으면 대화가 편하다. 그녀는 갑자기 오랜 동료를 만난 것처럼 술술 말한다.

 "아, 당신도 유럽에서 특파원을 했었군요? 그럼 이곳 생각 많이 나시겠네요, 나처럼.... 하하하! 역(逆) 향수병이라고나 할까. 취재할 때는 기사 쓰느라 맘 편하게 볼 수 없었던 것들이 휴가로 오니까 잘 보이네요. 약간은 고독해야 글이 잘 써지는 것 같아요. 돈은 많이 벌지 못해도 기자란 직업은 좋은 것 같습니다. 안 그래요? 이 여행을 멋진 책으로 엮어보세요! 멋진 주제에요!"

잠시 잊고 있었던 기자란 직업, 내 원류(原流)가 건드려진 기분이었다. 회사 경영하면서 완전히 손을 놓다시피 했던 글쓰기 작업에 대한 향수가 아지랑이처럼 스물스물 올라오기 시작했다. 다시 써볼까?

올리브 같은 인생

_아펜니노 산맥 넘기

● 험준한 아펜니노 산맥 앞에 섰다. 나의 자동차가 저 산맥을 넘으면 이제부터 이탈리아의 중부 지방이다. 르네상스가 꽃피던 피렌체, 풍광이 아름답고 먹고 마실 것이 풍부한 토스카나 지방, 이곳에서는 뜨거운 태양만큼이나 심장이 뜨거웠던 사람들이 살고 있는 곳이다. 지도를 보면 중간 크기의 보석 같은 도시들이 마치 오아시스처럼 토스카나 전원에 군데군데 적절하게 자리 잡고 있다.

미켈란젤로와 다빈치, 그리고 메디치 가문으로 유명한 피렌체는 너무도 유명한 이름이니 새삼 설명이 필요 없다. 조개 모양의 캄포 광장이 아름다운 시에나, 기울어진 사탑의 도시 피사, 토니 블레어 전 영국 총리가 개인 별장을 구입해 화제가 되었으며 중세의 모습이 가장 잘 보존되어 있다는 산 지미냐노(San Gimignano), 영화 〈인생은 아름다워〉의 무대가 되었던 아레초, 에트루리아 사람들이 건설했다고 하는 7킬로미터의 성벽 도시 볼테라, 이탈리아 조각과 건축에서 빼놓을 수 없는 건축자재인 대리석이 생산되는 도시 까라라, 원형 안에 또다시 원형 건물로 둘러싸인 도시 루카. 이 모든 곳을 다 삼키고 싶지만 시간의 제약이 아쉽다.

이탈리아에 체류하는 시간이 늘어나면서 괴테는 압도적인 이탈리아 예술의 깊이에 놀라면서 부족한 자기의 지식을 아쉽게 생각하고 있다.

"예술이란 삶과 같은 것이다. 즉 깊이 들어가면 들어갈수록 점점 더 넓어지는 것이다. 예술이라는 하늘에서는 헤아릴 수 없이 많은 새로운 별들이 계속 나타나서 나를 곤혹스럽게 만들고 있다."

열심히 일한 뒤 즐겁게 먹고 마시며 인생을 즐길 줄 아는 사람들이 있는 땅, 가장 이탈리아다운 곳이라는 토스카나로 향한다. 농부들에게서는 흙의 냄새가 물씬 풍기고, 멋과 향이 그윽한 소박한 음식과 신의 물방울이라는 와인이 나를 기다리고 있을 것이다. 이곳 사람들은 냉장고는 없어도 빵을 구울 수 있는 화덕인 포르노와 와인 저장실인 칸티나 만큼은 빠짐없이 갖추고 산다고 한다. 그 토스카나 지방을 향해 차를 몰았다.

비첸차와 베네치아 사이에 파도바가 있고 다시 파도바에서 남쪽으로 향하는 13번 고속도로를 타면 토스카나로 내려가는 길이다. 이 고속도로는 페라라를 지나 볼로냐까지 닿는데, 페라라에 조금 못 미쳐 평원을 가르는 강이 포강이다. 여기까지가 이탈리아의 북부 평원이다. 주변에는 산 하나조차 찾아 볼 수 없었다. 포강을 건너면 아펜니노 산맥이다. 괴테는 여기서 역마차를 잠시 쉬면서 호흡을 가다듬었다.

"남쪽으로 아펜니노 산맥이 펼쳐지자 나는 무척 반가웠다. 평평한 평지는 실컷 봤기 때문이다. 내일이면 저쪽의 산록에서 쓰게 될 것이다."

이탈리아 지도를 보면 알겠지만 볼로냐와 피렌체는 중부지방 고속도로의 십자선상에 놓여 있는 교통의 요지다. 괴테는 볼로냐에 들린 뒤 피렌체 쪽으로 가지만, 나는 우선 피렌체를 방문한 뒤 로마로 갔다가 귀로에 볼로냐를 방문하기로 순서를 조금 바꾸었다.

아펜니노 산맥을 넘는 것은 상당한 스트레스를 요한다. 길이 좁고 구불구불하며 중간중간 공사 구간도 적지 않다. 게다가 성미 급한 이 지역 운전자들이 빨리 가라고 내 자동차 꽁무니에 바짝바짝 추격해 오는 것이 아닌가. 오래전 미국에서 유행했던 조크가 떠올랐다.

"프리웨이에서 나보다 빨리 달리는 녀석을 뭐라 부르는지 아시나요? 정답은 미친놈이죠!

그러면 프리웨이에서 나보다 느리게 달리는 녀석을 뭐라 부를까요? 정답은 한심한 녀석입니다!"

속도와 운전에 관한한 이처럼 지극히 자기중심적인 것이 인간이다. 옆 사람을 지나치게 의식하거나 경쟁할 필요 없이 스피드를 유지한 채 자기 길만 꾸준히 가면 된다고 말한다. 하지만 현실에서는 이게 어디 쉬운 일인가. 때론 자기 자신도 모르게 입에서 욕설도 튀어나오고 감정 통제가 안되는 게 운전이다.

그것은 고속도로 운전이나 인생의 운전이나 비슷한 것 같다.

아펜니노 산맥을 넘어섰을 무렵부터 전에 보지 못하던 식물이 계속 나타나기 시작했다. 나무에 맺힌 열매는 녹색이지만 햇볕을 받아서인지 잎의 뒷면은 마치 흰색처럼 보이곤 하던 식물이었다. 올리브나무였다. 거리마다 마을마다 지천에 올리브나무가 심어져 있었다. 괴테는 고향 땅에서 절대로 볼 수 없는 올리브나무에 눈길이 꽂혔다.

"올리브나무는 이상한 식물이다. 이 나무는 버드나무와 거의 유사해서 씨앗을 날리며 나무껍질이 갈라진다. 하지만 올리브나무가 더 억센 모습이다. (…) 피렌체 인근의 모든 언덕에는 올리브나무와 포도나무가 재배되고 있으며 그 나무들 사이는 알곡을 키우는 땅으로 이용되고 있다."

운전하면서 확인한 사실이지만 아펜니노 산맥은 올리브나무를 재배하는 북쪽 경계선이다. 산맥 남쪽 토스카나에서 시작해 아래 지방으로 가면서 올리브는 자라고 있었다. 토스카나 지방을 10월이나 11월에 방문하면 올리브 수확하는 모습을 어렵지 않게 볼 수 있는데 가끔씩 수령이 300년 혹은 심지어 500년이나 되는 나무도 있다고 한다. 올리브나무는 이곳 사람들에게 인생이고 가족이고 역사이다.

뉴욕타임스의 저명한 언론인 토머스 프리드먼이 써서 유명해졌던 「렉서스와 올리브나무」에서 올리브나무는 세계화의 대칭되는 개념이었다. 전통과 지역 고유의 특색, 그리고 획일화되지 않은 삶을 의미했다.

올리브나무는 그리스에서부터 이탈리아, 프랑스, 스페인의 안달루시아 지방에 이르기까지 지중해성 기후를 가진 곳이면 으레 심어져 있다. 지중해 지역 사람들은 올리브를 가리켜 '신이 내린 건강나무'라 표현하고 있다. 고대 그리스의 눈먼 시인 호머가 올리브 오일을 가리켜 '황금 액체'라고 찬양한 것은 이미 잘 알려진 사실이다. 로마의 장군 안토니우스가 이집트의 마지막 파라오였던 클레오파트라의 마음을 사로잡은 것도 다름 아닌 올리브 오일이었다고도 했다. 클레오파트라는 올리브 오일을 너무 좋아한 나머지 아예 온몸에 바르고 살았다는 이야기도 전해져 온다.

자료를 살펴보니 이탈리아에서는 연 평균 약 65만 톤의 올리브 오일이 생산된다. 국민 1인당 약 12킬로에 해당되는 양이다. 그런데도 수요를 채울 길이 없어 다른 나라에서 수입해올 정도라고 하니 올리브 오일에 대한 이탈리아 사람들의 집착이 어느 정도인지 짐작할 만하다.

내가 처음으로 유럽에 갔을 때가 생각난다. 이탈리아 레스토랑에 가서 음식을 주문하면 기다리는 동안 서비스로 오일에 절인 올리브 열매를 주곤 했는데, 시큼한 맛에 눈을 찡그렸던 기억이다. 와인 안주로 더할 나위 없이 좋은 재료라는 것을 안 것은 한참 뒤의 일이다.

올리브와 올리브 오일은 건강과 장수에 좋다는 '지중해식 식사'의 핵심으로 통한다. '지중해식'이라는 표현은 1959년에 발간된 앤슬 키의 「잘 먹고 잘 사는 법과 지중해식 라이프스타일(How to eat well and stay well, and the Mediterranean way)」이라는 책에서 유래되었다. 소위 '웰빙' 열풍의 원조가 되는 책이다. 저자는 온화한 기후에서 자라는 풍부한 식재료와 올리브, 특히 올리브 오일을 충분히 섭취하는 것에 주목했다. 올리브 오일 안에 항산화 물질이 있어 동맥경화와 심장병 예방에 좋다는 것이다.

어떤 면에서 올리브와 올리브 오일을 안다는 것은 이탈리아 식문화를 이해하는 길이기도 하다. 내셔널 지오그래픽 같은 외국 방송에서는 유명 셰프를 출연시켜 토스카나 지방으로 안내해 미각여행을 시켜주곤 하는데, 그때마다 빠지지 않고 등장하는 재료가 올리브 오일이고 특히 '엑스트라 버진'을 사용한다는 말을 잊지 않는다. 올리브 열매를 따서 다른 어떤 화학적인 처리 없이 짜낸 산도 0.8% 미만일 때 이 등급을 얻는다.

  흔히 이탈리아 음식의 특성을 3가지로 말한다. 간편함과 단순함, 그리고 재료의 자연스러움을 살리는 것이다. 여기서 원재료를 돋보이게 하는 재료가 바로 올리브 오일이다. 올리브 기름은 맛이 그냥 밋밋하다. 그렇기에 다른 재료를 돋보이게 해주는지도 모르겠다.

  인생도 그러하지 않을까. 단순하면서 간편하고 자연스러움을 살려주는 이탈리아 요리처럼 살아보는 거다. 자극적이지 않고 우아한 올리브 오일처럼 말이다. "여행이 즐거운 것은 평범한 사건에서도 새로운 즐거움을 발견하기 때문"이라던 괴테의 말이 올리브에도 그대로 들어맞는 것 같다.

다 끝났다고 생각한 순간
행운은 찾아오는 법이다

_ 토스카나 '키안티 가도'

● 토스카나 지방에 와서 꼭 해보고 싶은 것이 있었다. 사이프러스 나무가 줄이어 서있는 시골길을 따라 천천히 운전하다가 소박한 농가에서 차를 세워놓고 키안티 와인을 한 잔 음미해보는 일이었다. 토스카나는 음식과 와인으로 세계적으로 이름난 곳이기에 머리를 채우기에 앞서 무엇보다 입이 즐거울 테니까. 한가한 시골 도로 한가운데에서 흘러가는 구름을 본다면 눈도 호강하겠지. 그런 뒤 그늘에 앉아 좋아하는 저자의 책 한 페이지를 읽는다면 그곳이 바로 천국일 것이다. 이곳을 좋아했던 영국 작가 D.H 로렌스는 이렇게 노래했었다.

"토스카나의 사이프러스 나무여! 그대는 깊은 비밀을 숨기고 있는가? 우리의 단어는 의미 없는 걸까?"

이것은 이번 여행에서 내가 꼭 해야만 할 'Must Do List' 가운데 하나였다. 오래전 독일의 자동차 클럽 ADAC에서 토스카나 지방의 지도와 키안티 포도농원을 따라가는 자료와 지도들

을 받아놓고 이 시간이 오기만을 간절하게 기다렸다. 프랑크푸르트 알게마이네와 뉴욕타임스, 그리고 파이낸셜타임스 같은 신문에 소개된 기사들을 스크랩해서 정리해둔 파일도 제법 된다.

장화처럼 길쭉한 이탈리아 반도 중간에 위치한 곳이 토스카나 지방이다. 토스카나는 제노바 인근 피에몬테 지방과 더불어 이탈리아 최대 포도주 생산 지역이다. 키안티 지역 농가에서 생산되는 와인들은 피에몬테의 랑케 지역과 함께 이탈리아에서 가장 우수한 와인 생산지로 평가받고 있었기에 호기심은 더 컸다.

피렌체 남쪽에서 시작해 시에나 북쪽까지 약 1백 킬로미터 정도 구릉지대가 계속되는데 이곳을 가리켜 '키안티(Chianti)'라 부른다. 키안티는 프랑스 보르도처럼 와인이 생산되는 지역 이름이다. 모든 키안티 와인이 그런 것은 아니지만 키안티 특유의 짚으로 겉을 둘러싼 플라스크 병에 담긴 것이 특징이다.

자료를 살펴보니 키안티 지방은 모두 7개의 소지역으로 구분되는데, 키안티와 키안티 클라시코, 그리고 키안티 클라시코 리제르바 같은 이름이 와인을 좋아하는 사람들에게는 잘 알려져 있다. 최근에 '수퍼 토스칸'이라는 이름으로 주목받는 볼게리는 키안티 서쪽 해안 지역이다. 병에 검은 수탉이 그려져 한국에도 유명한 키안티 클라시코는 이 지역에서 생산되는 와인

가운데 약 25% 정도를 차지하고 있다고 한다. 피렌체의 호텔과 관광 안내소에서는 키안티 지역의 와인 농가를 견학시켜주는 1일 투어가 있지만 나는 차를 몰고 이곳저곳 자유롭게 들러보기로 했다. 이 지역 포도농장을 관통하는 SR222번 지방도로의 표지판에는 '키안티 가도(Strada in Chianti)'라는 이름이 병기되어 있어 우선 그쪽으로 향했다.

괴테는 담배를 끔찍하게 싫어했지만 와인만큼은 대단히 즐겨했다. 평생 마신 와인을 평균하면 하루에 두 병씩이라고 한다. 레드와인도 마셨지만 특히 화이트와인 애호가였다. 바이마르에 있는 그의 생가에 가면 그가 마시던 와인글라스가 잘 보존되어 있다. 노년에 접어든 괴테와의 대담을 「괴테와의 대화」로 엮었던 에커만은 바이마르 괴테의 집에서 대낮에 자신에게 와인을 권하는 대가의 모습을 상세히 적고 있다.

"자네는 오늘 오찬 초대를 사양하긴 했지만, 다정한 벗인 내가 따라주는 이 한 잔의 술로 아주 좋아질 거네."

로마 시절 괴테는 식사 때마다 와인 바구니가 빠진 적이 한 번도 없었다. 괴테가 살던 로마의 하숙집 주인으로부터 받은 식대 청구서와 영수증이 오늘날에도 보존되어 있는데, 이 청구서를 보면 매끼 식사 때마다 풍성한 과일과 함께 와인 바구니가 제공된 것으로 나와 있다. 4월 7일 팔레르모에서의 기록을 보면 "달콤한 포도주 한 잔을 마시며 호머의 시를 읽고 있노라면 하루의 힘든 일과에서 벗어나 편안하게 휴식을 취할 수 있게 되는 것"이라고 예찬하고 있다. 그가 남긴 와인 찬가는 너무도 유명하다.

"여자와 한 잔의 와인은 모든 근심을 덜어준다. 키스를 하지 않고, 술을 마시지 않는 사람은 이미 오래 전에 죽은 자라네!"
"나쁜 와인을 마시면서 살기에 인생은 너무도 짧다."

(Das Leben ist viel zu kurz, um schlechten Wein zu trinken)

와인과 관련해 괴테에게는 많은 에피소드가 전해지는데, 그 가운데 가장 유명한 얘기가 무인도와 관련한 일화다. 만약 무인도에 세 가지만 가지고 갈 수 있다면 무엇을 선택하겠느냐는 질문을 받자 괴테는 이렇게 대답했다.

"시집과 아름다운 여인, 그리고 이 메마른 시대에 살아남을 수 있는 세상에서 가장 좋은 와인을 넉넉하게 가져 갈 것이오."

거기서 두 가지만 가질 수 있다면 무엇을 제일 먼저 버리겠냐고 묻자 괴테는 잠시의 머뭇거림도 없이 "시집!"이라고 단호하게 대답했다고 한다. 질문하던 사람이 다소 놀라며 계속 물었다.

"선생님, 만일 여자와 와인 중에서 한 가지만 남겨야 한다면 무엇을 버리겠습니까?"

한참 생각을 해보던 괴테가 이번에는 이렇게 답했다고 하던가?

"그건 빈티지에 달렸지!"

역시 괴테다운 유머감각이다. 이탈리아 와인 중에 어떤 와인을 괴테가 좋아했는지 확실하지는 않다. 아무튼 이탈리아에서 와인은 국민 음료다. 모든 식사 자리에 자연스레 나오는 게 와인이다. 와인이라고 하면 한국에서는 숫자와 가격으로 우선 분위기를 제압하려는 사람들을 종종 만난다. 몇 년도 빈티지를 말하며 얼마를 호가하고 누가 마셨다는 식으로 머리 아프게 만드는 사람도 있다. 아주 특별한 와인 마니아가 아닌 다음에야 일반적으로 와인은 그런 게 아니다. 와인은 개성이고 존중이다. 자기만의 기호와 경제적 능력에 맞춰서 즐기면 되는 것이지 남을 위압하기 위한 수단은 아니다.

잘 알다시피 와인을 즐기는 방법은 간단하다. 먼저 빛깔을 보고, 글라스 안의 향기를 맡으며 그리고 살짝 한 모금 음미하는 것이다. 향기를 죽이고 스타일을 죽이고 개성을 죽이며 강요하는 술자리라면 그것은 와인을 모르는 사람이다. 아무리 비싼 와인을 내놓았다고 하더라도 말이다. 잘 즐길 줄 아는 사람이 능력자다.

피렌체에서 출발한 나는 시에나 방향으로 가는 남쪽 길을 택했다. 도시를 빠져나오니 금방 전원 풍경으로 변한다. 사진에서 많이 보아왔던 모딜리아니의 그림처럼 길쭉길쭉한 사이프러스나무가 포도밭 사이로 서있다. 올리브나무는 지천에 깔렸고 가끔 라벤더를 심어놓은 농가도 보인다. 정말로 주변에 아무것도 들리지 않는다. 여기서는 시간도 천천히 흘러가고 있다. 아니 시간이 역주행하는 기분이다. 이 시간을 얼마나 기다렸던가.

나는 지쳐 있었다. 일에 지치고, 성과에 지치고, 사람들과의 관계에 지치고, 알 수 없는 운명의 장난에 지쳤다. 단 며칠만이라도 이런 곳에서 호젓한 시간을 갖고 싶다고 입버릇처럼 말했었다.

가장 먼저 만난 마을은 그레베 인 키안티. 광장에 '꼬무네(Commune)'라 부르는 청사가 서있다. 시와 읍, 면 같은 지방 행정단위를 이탈리아에서는 모두 꼬무네라 부르는데 토스카나 주에는 약 100여 개의 꼬무네가 있다고 하고, 그레베는 그 중 하나다.

청사 앞에는 '갈로 네로(Galo Nero)'가 있다. 이탈리아말로 '검은 수탉'이란 뜻으로 키안티 클라시코 와인의 상징이다. 이곳이 포도주 산업 중심이다 보니 주변은 온통 와인과 관련된 것들이다. 청사 안에도 이 동네에서 생산되는 키안티 와인을 홍보하는 내용물이 주류를 이루고 있고 기념품 가게는 포스터, 병따개, 포스트잇, 지도에 이르기까지 키안티라는 이름을 팔고 있었다. 검은 수탉이 오토바이를 타고 있는 Black Rooster Motor Club의 유머 넘치는 기념품도 보인다.

청사 앞에는 조각물이 있는데 시골이라 하기에는 결코 예사롭지 않은 수준이다. 역시 르네상스 문명이 꽃핀 토스카나 지방답다. 광장에 인물 동상이 서있어 가까이 가보니 '지오반니 다 베라짜노'라 써있다. 베라짜노? 서울에서도 가끔 마시던 키안티 와인 브랜드 아닌가. 베라짜노는 이곳 그레베에서 태어난 탐험가이며 항해자였는데, 1524년 뉴욕을 발견했고 바하마에서 죽었다고 하는데, 그의 업적을 기려 키안티 와인 이름이 되었다.

그레베 마을을 나와 이동하는데 도로 중간마다 농가 입구에 포도주 통을 몇 개 세워놓거나 수탉 조형물을 걸어놓고 와인 견학을 권하고 있었다. 하나같이 재치 있는 마케팅이고, 포도주 산업이 이 지역 경제에 차지하는 비중이 얼마나 큰지 새삼 실감하게 된다.

차를 몰고 남쪽으로 가다보니 '카스텔리나 인 키안티'라는 마을이 나온다. 점심식사를 해결할 겸 들렀다. 이 마을을 장식한 조형물과 예술품들은 하나같이 그 모티브가 와인과 연결되어 있었다. 한 무리의 외국인들이 나오는 와인 가게에 들렀더니 한국에서 보지 못하던 형형색색의 와인도구들이 전시되어 있었다. 이곳에선 와인이 곧 삶이었다. 손님들 가운데 독일어를 쓰는 중년의 남녀 커플은 무려 10박스 이상의 키안티 와인을 계산하느라 시간이 지체되고 있었다. 생각해보니 내가 키안티 와인을 처음 만난 것은 베를린에서였다. 키안티 와인이 선풍적으로 인기를 끌었던 곳도 독일이었고, 한때 이탈리아 와인은 곧 키안티를 의미할 정도였다.

상점 건너편에 있는 피자 전문 식당에 들렀다. 손님들의 눈에 보이도록 피자 굽는 화덕이 오픈되어 있는 식당이었다. 식당 안에는 많은 새들이 그려진 사진과 포스터가 있기에 주인에게 물었다. 이곳 키안티 지방에서는 특정한 해에 생산되는 와인에 특정한 새를 표시한다고 한다. 즉 새는 키안티 와인의 생산년도를 의미한다는 설명이었다. 피잣집 주인이 권하는 하우스 와인 맛도 상큼하다.

이곳을 나와 시골길을 달리는데 '아그리뚜리즈모(Agriturismo)'

라 쓰여 있는 간판이 종종 보인다. 농업과 농가를 의미하는 '아그리'와 관광을 의미하는 '뚜리즈모'의 합성어였다. 단어 그대로 농촌에서의 체험관광이다. 포도와 올리브, 허브를 재배하는 농가에서 숙식을 해결하고 이 지역에서 생산되는 와인을 마시며 아름다운 자연경관과 인근의 유서 깊은 역사적 볼거리를 함께 즐긴다는 개념이다. 돌아보니 시즌은 아니지만 스포츠용 바이크를 타고서 구릉사이로 시골길을 달리는 가족들이 가끔 눈에 띈다.

이곳은 '치타슬로(cittaslow)' 운동이 생활화된 지역이다. 토스카나 지방 바로 밑에 있는 소도시 오르비에토에서 시작된 슬로시티(slow city) 운동인데 실질적으로 그 거점이 되는 곳이 바로 이곳 토스카나 지방이다. 치타슬로는 '빨리빨리'의 반대개념이다. 패스트푸드에 길들여졌던 도시인들에게 인간의 본래 모습으로 돌아가자는, 음식과 생활습관의 르네상스 운동이다. 유럽인들은 휴가를 이렇게 보내는 사람들이 많다. 몸과 마음을 푹 쉬게 해주는 것이다. 요즘 힐링이란 말이 유행이지만 이곳 사람들은 스스로 치유하는 법을 잘 알고 있는 듯하다.

뒤늦게 경제개발에 나섰던 한국 사회 전반이 빨리빨리 강박에 시달려왔지만 나는 그 누구보다 시간에 쫓기는 인생을 살아왔다. 데드라인이라는 이름의 마감시간, 뉴스, 속보경쟁, 특종, 생방송, 이 모든 것은 살인적인 스트레스를 유발한다. 경험해보지 않은 사람들은 이해하지 못한다. 이 스트레스가 얼마나 살인적인지를. 나의 동료들은 스트레스와 심각한 불면증에 시달렸다. 특히 카메라 앞에서 9시뉴스나 심야 마감뉴스를 생방송하던 앵커나 기자, 아나운서들은 더 심각했다. 남들이 출근하는 시간이 될 때쯤이 되어서야 가까스로 잠자리에 들곤 하던 유명 앵커의 고통도 보았다. 방송장비와 조명은 켰다가 전원을 끄면 되지만, 사람은 다르다. 극도의 집중력을 요하는 방송이기에 흥분되었던 신경이 진정되려면 적지 않은 시간이 소요된다. 조명이 꺼졌다고 신경까지 쉽게 꺼지는 것은 아니다.

나는 토스카나에서 나의 동료들을 생각했다. 한가함 그리고 해방감. 그것이야말로 토스카나가 주는 최고의 선물일 테니까. 여기서는 무엇인가를 꼭 해야 한다는 강박감에서 잠시라도 벗어나야 한다. 최종 목표지가 어딘지 모르면서도 무조건 허겁지겁 달리며 의무감 비슷하게 살아왔던 지난날이었기에 지금 이 시간이 더 소중하다.

와인은 기다림의 산물이다. 오래도록 뜨거운 태양을 이겨내야 달콤함이 잉태되고 서늘한 새벽 기온에서 풍부한 향기를 온축해낸다. 뜨거움, 차가움을 모두 이겨내야 비로소 '신의 물방울'로 탄생한다. 절대로 서두른다고 되는 것은 아니다. 나의 때가 올 때까지 진득하게 인내하고 기다려야 한다.

키안티 가도의 종점 시에나에 들렀다. 캄포 광장, 조개껍질 모양이라고 해서 그런 이름이 붙여졌단다. 건물과 벽, 지붕까지 모두 적갈색이다. 중세 분위기가 물씬 풍기는 구시가지 구경을 끝냈을 무렵 이미 거리는 조금씩 어두워지기 시작한다. 내가 세상에서 가장 좋아하는 와인인 '브루넬로 디 몬탈치노(Brunello di Montalcino)'의 생산지 몬탈치노를 방문하기에 시간이 늦어 버렸다. 너무 아쉬웠다. 몬탈치노는 키안티 와인은 아니지만 시에나에서 그리 멀지 않은 곳에 위치해 있고, 200여 개의 와이너리가 있는데 여름철이면 몬탈치노 성에서 열리는 '와인과 재즈 페스티벌'이 유명한 곳이어서 겸사겸사 꼭 들르고 싶었다.

브루넬로는 이탈리아 언어로 갈색을 뜻하는데, 단순한 갈색이 아니라 '매혹적인 갈색'을 의미한다고 한다. 언젠가 와인전문지 『Wine Spectator』에서 세계 최고의 와인으로 선정한 적도 있었을 만큼 이탈리아가 자랑하는 명품와인이다. 코앞에서 돌아서야 한다는 허탈한 마음에 주차장으로 돌아올 때였다. 모퉁이 와인상점에 브루넬로 디 몬탈치노를 할인 판매한다는 세일 광고가 보이는 것이 아닌가. 한 병에 35유로 하던 것을 24.50유로, 대략 4만원에 세일하고 있었다. 이 정도 되는 와인이라면 서울 레스토랑에서는 최소한 15만원 넘게 받을 것이다. 망설임 없이 몇 병 손에 넣었다. 오랜만의 호사였다. 와인 마니아 괴테가 보았다면 틀림없이 부러워했으리라.

토스카나를 배경으로 찍은 영화 〈투스카니의 태양〉의 마지막 내레이션이 기억난다. 주인공 프랜시스는 무척 많은 상처를 안고 와서 이곳에서 또 다시 상처를 입지만 결국은 자기치유를 하게 되는데, 그녀가 궁극적으로 한 말은 이렇다. 바로 내가 하고 싶은 말이었다.

"뜻밖의 일은 항상 생긴다. 그로 인해 인생이 달라진다. 다 끝났다고 생각한 순간조차 좋은 일이 생길 수 있다. 그래서 더 놀랍다."

마키아벨리 책상 위의
뜨거운 눈물 자국

_ 산탄드레아 인 페르쿠시나, '마키아벨리의 집'

● 피렌체 외곽을 도는 고속도로에서 시에나 방향으로 가다가 16번 출구로 빠져나왔다. 지방도로를 조금 더 달리다가 산 카시아노(San Casiano)란 표지판을 보고 오른쪽 좁은 도로로 다시 나갔다. 피렌체와 불과 10킬로미터 정도 떨어져 있지만, 이곳은 피렌체와 달리 바깥으로 펼쳐진 풍경이 완전 농촌 지역이다. 겹겹이 이어지는 구릉지대, 시골길 오르막을 다 올라서니 완만한 포도 농원과 풍성한 올리브 나무가 보인다. 사이프러스 나무가 서있는 사이로 소박한 돌집들까지 전형적인 토스카나의 전원 풍경이다.

산탄드레아 인 페르쿠시나(Sant'Andrea in Perccusina) 마을이다. 이곳이 바로 마키아벨리가 공직에서 쫓겨나 살던 동네다. 여기서 마키아벨리는 회심의 역작「군주론」을 썼다. 때마침 이 책이 세상에 나온 지 500주년이 되기도 해서 괴테의 자취를 밟는 길에 살짝 옆길을 방문하기로 했다. 이 동네 역시 지역적으로 키안티 지방에 속한다.

　마을은 아주 작다. 아마 마키아벨리가 살았던 시대도 이런 풍경이었으리라. '카사 디 마키아벨리(Casa di Machiavelli)'라는 간판이 있어 서둘러 주차한 뒤 우선 집주변을 돌았다. 뒷마당에는 노란색 오렌지와 붉은색 칠리가 심어져 있는 화분이 기다리고 있었다. 반가운 마음에 정문을 찾았더니 굳게 잠겨있는 게 아닌가. 벨을 눌러도 아무런 응답이 없다. 닫힌 철문 사이로 고양이가 뻘쭘하게 쳐다볼 뿐이었다. 무릎에 힘이 확 빠졌다. 허탈한 마음에 서성거리다 살펴보니 길 건너에 레스토랑 겸 선술집이 보였다. '니콜로 마키아벨리'라는 이름이 선명해서 혹시나 하는 마음에 들어갔다. 식당 안에는 마키아벨리와 체사레 보르자의 초상화가 나란히 걸려있었다. 교황 알렉산데르 6세의 아들로「군주론」에서 마키아벨리가 이상적인 군주의 모델로 삼았던 사람이다. 피아스코 병 하반부에 짚으로 거적을 두른 키안티 특유의 와인들이 가득하다. 두리번거리고 있으니 종업원이 나왔다. 드물게 영어를 구사할 줄 아는 여자였는데 마치 딱

딱 끊어 스타카토 주법으로 연주하듯 말했다.

사정을 들어보니 마키아벨리 집과 이 식당은 이탈리아에서 가장 큰 와인회사인 Gruppo Italiano Vini 소유로 바뀌었고, 마키아벨리 집을 보려면 사전에 예약해야 한다는 것이다. 멀리서 왔다는 나의 사정을 설명하고 점심식사 후 견학이 가능한지 물었더니 집 관리인과 통화해보아야 한다면서 우선 식사부터 하고 있으라고 한다.

이 식당에서 제공되는 메뉴는 대부분 이 지역에서 생산되는 식재료로 만들어진 로컬 푸드라 했다. 올리브 오일과 토마토소스, 샐러드와 파스타, 들에서 잡은 꿩과 사슴 고기에 이르기까지 모든 것이 그렇다고 했다. 이탈리아 샌드위치인 파니니에 들어가는 치아바타(Ciabatta)라는 빵이 나왔다. 파니니는 이탈리아 말로 슬리퍼를 의미한다는 말처럼 네모난 모양이다. 이탈리아계 이민자들이 많은 뉴욕에서 먹던 치아바타 빵에 비해 본토에서 먹는 빵의 맛이 역시 더 고소하고 진하다.

마키아벨리의 얼굴이 새겨진 키안티 클라시코 와인이 있기

에 반가운 마음에 한 잔 하지 않을 수 없었다. 식사와 와인 모두 환상적이었다. 토스카나 사람들은 매일 이렇게 먹고 사는 걸까. 음식과 마실 것에 관한한 세상에서 가장 멋진 천국이라는 토스카나의 진미를 드디어 맛보았다.

식당에 레스토랑 겸 알베르가치오(Albergaccio)라고 쓰여 있는 것을 보면 이전에 식당과 선술집, 여관을 겸했다는 말이리라. 마키아벨리가 돈을 걸고 카드게임을 했다던 바로 그 장소였다. 레스토랑 메뉴판에는 이 식당의 유래를 이탈리아어와 영어로 설명하고 있었다.

마키아벨리는 피렌체 공화국의 잘 나가는 공직자였다가 하루아침에 쫓겨나 이곳에 은거해야 했는데, 세상을 향한 분노를 씻어내고 외로움을 이겨내기 위해 자주 들렀다던 곳이 바로 이곳이다. 1513년 12월 10일 로마 교황청 주재 피렌체 대사인 친구 프란체스코 베토리에게 보낸 마키아벨리의 편지는 아주 유명하다.

"식사가 끝나면 다시 선술집으로 돌아가네. 이 시간의 선술집 단골들은 선술집 주인과 푸줏간 주인, 밀가루 장수, 두 사람의 벽돌공인데, 이 친구들과 나는 그날이 끝날 때까지 크리커나 트릭 놀이를 하면서 불한당이 되어 보낸다네. 카드와 주사위가 난무하는 동안 무수한 다툼이 벌어지고, 욕설과 폭언이 터져 나오고 생각할 수 있는 별별 짓궂은 짓은 다 자행되지.

거의 매번 돈을 걸기 때문에 우리가 질러대는 야만스런 목소리가 산 카시아노 마을에까지 들릴 정도라네. 이렇게 해서 나는 나의 뇌에 눌어붙은 곰팡이를 긁어내고, 나를 향한 운명의 장난에 분노를 터뜨리는 것일세. 이처럼 내 자신을 짓밟는 것은, 운명의 신이 나를 괴롭히는 것을 아직도 부끄러워하지 않고 있는지 시험하기 위해서라네."

당시 상황을 간략히 정리하면 이렇다. 피렌체 공화국의 잘나가는 관리로 재직하다가 쫓겨난 것은 마키아벨리 나이 44살 때의 일이었다. 15년 동안 다니던 직장이었으며, 그를 쫓아낸 쪽은 메디치 가문이었다. 권력에서 추방되어 있다가 18년 만에 다시 피렌체로 복귀한 메디치 가문의 정치적 숙청이었다. 마키아벨리는 반 메디치 음모와 암살 음모에 연루되었다는 혐의가 씌워졌고, 날개꺾기 고문을 무려 여섯 번이나 당했다.

지금의 피렌체는 경관이 아름답고 찬란한 예술품으로 탄성을 자아내는 곳이지만, 13세기부터 15세기까지 200년 동안의 피렌체는 끊임없는 내분과 정치적 소용돌이로 바람 잘 날이 없었다. 이탈리아 반도는 30개 정도의 나라로 분리되어 있어 늘

이합집산을 거듭했다. 마키아벨리가 살던 시절에는 로마교황청, 밀라노 공국, 베네치아 공화국, 나폴리 왕국, 그리고 피렌체 공화국 이렇게 5개 국가를 주축으로 팽팽하게 맞섰다. 외부로는 프랑스와 신성로마제국, 합스부르크 제국이 경쟁적으로 피렌체를 노리고 있었다. 이런 와중에 1512년 가을 마키아벨리에게 비운이 찾아왔다.

나는 마키아벨리가 친구에게 편지를 쓴지 정확히 500년이 지나 그의 집을 방문한 것이다. 이 편지는 「군주론」의 저술을 알리는 글이었다. 마키아벨리는 권모술수에 능한 사람으로 알려져 있지만 실상은 다르다. 오히려 개인적으로는 너무나 고지식할 정도였다. 그가 말하려 했던 메시지는 분명하다. 약소국과 그 지도자의 살아남는 법이었다. 정치는 도덕이 아니라는 것, 종교나 윤리에 묶여서는 안 된다는 것, 명분과 도덕주의는 이상으로는 좋을지 몰라도 해법으로는 곤란하다고 했다.

식사가 끝나자 종업원이 환한 표정으로 마키아벨리 집을 안내할 준비가 되어 있다고 전해준다. 휴우. 실망했던 터라 기쁨은 두 배다. 식당 길 건너 마키아벨리 집은 단출하다. 집안은 지나칠 정도로 어두웠다. 원래 집에 있던 것 가운데 몇몇은 지금 식당으로 옮겨 전시되고 있으며, 소박한 가구만이 남아있었다. 책상과 방의 서까래, 그리고 의자 몇 개는 마키아벨리가 살던 당시의 원형이라고 한다. 의자 다리에 새겨진 사자발굽 모양의 문양이 마키아벨리 집안의 상징이라는 부연 설명도 따랐다. 운명의 장난에 분노를 터뜨리며 친구에게 편지를 썼던 것이 바로 이 방이었다.

마키아벨리의 집안에서 내 눈에 들어온 것은 책상 위에 선명한 잉크자국이었다. 마키아벨리는 탁월한 문장가였다. 그에게 마음의 독을 빼내는 최선의 작업은 아마도 이 책상에서 글을 쓰는 것이었으리라. 관직에서 쫓겨나 그가 할 수 있는 일은 이것밖에 없었을 테니까.

깃털 달린 펜에 잉크를 잔뜩 묻혀가며 일필휘지로 써내려가는 마키아벨리의 모습이 보이는 듯하다. 진한 외로움을 잊고 분노를 삭이려는 그에게 책상은 아마도 유일한 친구였을 것이다. 세월이 지나 멀리서 누군가 찾아올 줄 짐작이라도 했던 걸까. 책상 위에 남아있는 잉크자국이 마치 그가 흘린 눈물방울인 듯 뜨겁게 느껴졌다.

나는 마키아벨리 지하실을 끝으로 집 견학을 마쳤다. 지하실에는 오래된 옛날식 저장고와 함께 현대식 와인 저장장치가 나란히 있었다. 문을 나서 거리로 다시 나오니 토스카나의 강렬한 햇빛이 내리쬔다. 멀리 피렌체가 보인다. 「나의 친구 마키아벨리」에서 시오노 나나미가 했던 말이 생생하다.

"마흔 네 살의 마키아벨리는 이 모든 것에서 격리된 것이다. 피렌체에서 10km의 거리는 단순한 10km가 아니고, 마당에서 보이는 산타 마리아 델 피오레는 단순하게 아름다운 풍경이 아니다."

마흔 네 살의 사나이가 직장을 잃는다는 것은 어떤 심정일까? 오랜 시간동안 기자와 CEO로 재임하다 직장을 나왔어도 아쉬움이 진하게 남고 앞이 캄캄한데, 나보다 10년 먼저 직장을 그만두고 바라지도 않는 은둔생활을 해야 했던 그의 심정이 남일 같지 않았다. 아침마다 일터로 나가는 사람들의 씩씩한 발걸음을 멀리서 지켜보면서 그는 뜨거운 눈물을 삼켰으리라. 산장을 내려오다 하마터면 레스토랑에서 기념으로 구입한 '군주론 500주년 기념 와인'을 떨어뜨릴 뻔했다. 멀리 희미하게 보이는 피렌체 시내의 모습에서 내가 일하던 여의도의 모습이 겹쳐 보였기 때문이다.

남들이 정한 코스를 쫓지 말고
당신의 꿈을 쫓아 가세요!

_ 피렌체

●   **결**심했다. 피렌체에 도착해서는 무조건 천천히 걸을 것, 그리고 서두르지 않기로 했다. 이전에도 몇 차례 피렌체를 찾은 적이 있었지만 하루 종일 마치 이 도시의 모든 것을 섭렵할 기세로 점찍듯 돌아다니다 보니 밤에 숙소에 도착해서는 정작 뭘 본 것인지 기억조차 희미했다. 분명 많은 곳을 방문했고 사진도 많이 찍었건만 마음속에 확실하게 간직할 하나의 이미지가 없었다. 절대로 끌려 다녀서는 안 되고, 내 방식으로 이 도시를 만나보기로 했다.

  거부할 수 없을 만큼 매력적인 도시가 피렌체다. 도시 전체가 예술품이고 창조공간인 피렌체와 친해지기 위해서는 무엇보다 자동차를 잊어야 했다. 아르노 강가에서 가까운 콘도식 숙소에 자동차를 주차해놓고 맘 편하게 걷기 시작했다. 일단 가까운 바(bar)에 들러 커피부터 한 잔 마시며 호흡을 가다듬을 일이다. 마키아토 한 잔 들이켰다. 다시 괴테의 책을 꺼내 읽기 시작한다. 길이 험한 아펜니노 산맥을 마차로 건너온 괴테는 오전 10시에 피렌체에 도착한다. 그는 잘 건설된 피렌체의 인프라에 감동받았다.

"이 도시를 보면 도시를 건설한 사람들이 부유했다는 것과 좋은 정부가 계속 이어졌다는 것을 쉽게 알 수 있다. 토스카나에서는 도로와 교량 같은 공공 시설물이 특히 아름다운 위용을 드러내고 있는 것이 무척 인상적이었다."

괴테가 피렌체에 머문 시간은 유감스럽게도 겨우 3시간. "로마로 가고자 하는 욕구가 너무 강렬했고 순간순간마다 더욱 높아졌기 때문"이라고 그 이유를 설명하고 있다. 아무리 로마에 대한 열망이 높다고 해도 르네상스의 도시 피렌체에 대한 예의는 아니다. 이탈리아 기행에서 괴테의 최대 실책이 아니었을까, 나로서는 쉽게 이해가 안 되었다.

나중에 확인한 사실이지만 괴테는 로마와 나폴리 여행을 마치고 올라오는 귀로에 피렌체를 다시 들러 본격적인 피렌체 탐사에 나섰다. 「이탈리아 기행」에는 귀로의 기록은 남아있지 않아서 피렌체에서의 구체적 일정은 알 수 없지만, 꼼꼼하게 유적과 미술품들을 둘러보았다는 후문이다. 미켈란젤로와 다빈치에 홀딱 반한 것으로 보아 상당 시간 그들의 예술품에 탐닉했으리라는 짐작이다.

나는 이 도시에서 내가 가장 좋아하는 장소를 찾아 걷기 시작했다. 미켈란젤로 언덕으로 오르는 길이다. 미켈란젤로 언덕은 관광객들로 붐비는 두오모와 시뇨리아 광장이 있는 곳과는 정반대편이다. 그러니까 아르노 강의 건너편에 위치해 있어 그곳에 가기 위해서는 다리를 건너야 한다. 옛 다리라는 뜻의 폰테 베키오를 지나니 비교적 인파가 한산하다. 뒷골목은 작지만 장인의 냄새가 물씬 풍기는 공방들이 자리 잡고 있다. 보석을 다듬거나 작은 장신구, 핸드백의 액세서리, 가죽제품이나 수제 구두를 제작하는 공방들이다.

오래 전에 읽었던 기사가 떠오른다. 내가 아직 유럽에 있던 10여 년 전 피렌체 발 외신기사였다. 주인공은 영화배우 다니엘 데이 루이스. 〈링컨〉, 〈나의 왼발〉, 〈There will be blood〉로 아카데미영화상을 세 번씩이나 받은 유명 배우이다. 그 기록은 그가 유일하다. 10여 년 전 그때도 다니엘 데이 루이스는 이미 〈전망 좋은 방〉, 〈프라하의 봄〉 그리고 〈나의 왼발〉로 절정의 연기력과 인기를 한 몸에 누리고 있었다. 그러던 그가 갑자기 할리우드에서 사라져 모두들 궁금해 했다. 알고 보니 피렌체의 뒷골목 작고 허름한 구두 제조공방에서 도제공으로 일하다 목격되었다는 것이다. 지독한 가죽 냄새를 맡아가며 하루 8시간씩 허름한 의자에 앉아 가죽을 자르고 신발 밑창을 꿰매고 있었다고 기사는 전하고 있었다.

대중들의 환호를 받는데 익숙한 그가 인기와 시선을 피해 피렌체의 어두운 공방에서 묵묵히 은둔자의 삶을 살고 있었다는 얘기다. 그가 일했던 곳은 수제구두로 이름 높은 스테파노 베머(Stefano Bemer)의 공방이었다. 지금은 작고한 생전의 스테파노 베머가 했던 인터뷰 기사가 생생하다.

"일단 구두 만들기를 시작하면 돌아올 수 없는 강을 건널 각오가 필요해요. 그런데 구두에 대한 다니엘의 열정은 참으로 대단했었죠."

수제구두는 처음부터 끝까지 100% 손으로 만들어야 하는 아주 지루하고도 까다로운 작업이라고 한다. 그는 매일 쭈그리고 앉아서 돈과 명성이 주는 안락함 대신 손이 주는 기쁨과 소박함을 선택했다. 그렇게 이곳에서 5년의 세월을 익명으로 지냈다는 것이다.

잊혀진다는 것은 슬픈 일이다. 누군가의 기억에서 사라진다는 것처럼 비참한 일이 없다. 그렇기에 대중의 인기를 먹고사는 사람이 스스로 잊혀지기를 시도한다는 것은 결코 쉬운 일이 아니다. 대단한 모험이다. 다시 돌아왔을 때 팬들은 과연 그를 기억해줄까. 그런데도 다니엘 데이 루이스는 스스로 사라졌다. 어떤 의미에서 자기 자신을 향한 '내적 망명'을 시도했다고 할 수 있다. 그리고 5년 뒤 다시 스크린으로 복귀했을 때 전무후무한 아카데미 3회 수상 배우가 되었다. 스필버그가 만든 〈링컨〉으로 세 번째 아카데미 남자 주연상을 손에 쥐고 나서 그는 친구들에게 이렇게 얘기했다고 하던가.

"앞으로 또 5년 동안 스크린을 떠나 완전히 다른 일을 해볼 작정이야!"

그가 이번에 택한 지역은 아일랜드의 외딴 산골마을. 완전한 시골생활 연마를 위해 우선 돌을 다루는 석공 기술부터 배우겠다고 했단다. 낭만주의 시대 독일 시인 노발리스는 이렇게 말했었다. 인생이란 "다채로우면 다채로울수록 더 좋다(Je bunter, desto besser)". 그는 결코 남이 정한 루트가 아닌, 마음속의 지도를 따라가고 있었다.

다니엘 데이 루이스가 일한 공방 뒷골목을 뒤로 하고 미켈란젤로 언덕을 오른다. 어떤 점에서 파리의 몽마르트 언덕을 오르는 느낌과 비슷하지만 어딘가 조금 더 호젓한 매력이 있다. 경사가 있기에 여름 한철이라면 걷기를 피하고 차를 타고 오르는 게 좋을 듯싶다. 다행히 내가 걷는 가을에는 충분히 걸을 만하다. 언덕을 다 오르면 미켈란젤로 광장이다.

누군가 피렌체를 한눈에 바라보고 싶다고 한다면 나는 미켈란젤로 언덕과 광장을 추천한다. 이 도시의 랜드마크인 꽃의 성당 두오모와 종탑, 우피치 미술관, 아르노 강, 멀리 아펜니노 산맥과 토스카나 산맥까지 모든 것이 파노라마처럼 들어오니까. 만약 에스프레소 한 잔을 마시며 흘러가는 구름을 감상하고 싶다면 VIP's Bar라는 이름의 전망 좋은 커피집도 있다. 허겁지겁 살아왔던 순간들, 살아남으려고 발버둥치던 과거의 모습들도 마치 시간의 필름을 되돌린 듯 눈앞에 펼쳐질 테니까.

1871년에 조성되었다는 이 광장 한복판에는 르네상스 시대 거장 미켈란젤로의 대표적 조각 가운데 하나인 다비드 상의 복제품이 세워져 있다. 구약에 나오는 거인 골리앗에 맞서 싸움에서 이기고 이스라엘을 구해낸 소년 영웅 다비드가 주제이다.

나는 미켈란젤로의 당당한 배짱을 떠올리지 않을 수 없다. 1503년 미켈란젤로가 다비드 상을 완성하자 피렌체 정부는 어느 장소에 이 대작을 설치할 것인지를 놓고 위원회를 열었다고 했다. 당시 위원회 위원이자 이미 거장이었던 레오나르도 다빈치는 햇볕과 비바람을 맞지 않도록 위에 지붕으로 덮은 회랑에 두는 게 어떻겠느냐는 의견을 냈다. 하지만 젊은 미켈란젤로는 이 위대한 거장 앞에서 비바람을 맞더라도 베키오 궁전 앞, 시뇨리아 광장에 설치하자고 강력히 주장했다고 한다. 당시 두

사람의 나이차는 24살. 의견이 맞서다 결국 작가인 미켈란젤로의 뜻대로 시뇨리아 광장에 설치되었다. 그리고 세월이 지나 지금은 아카데미아 미술관의 실내에 '안전하게' 모셔져 있다. 시뇨리아 광장과 이곳 미켈란젤로 광장에는 복제품이 서있는 것이다.

그렇다. 인생은 배짱이다. 늘 윗사람의 생각이 뭔지 살피기에 급급하고, 다른 사람 사는 방식을 쫓아가기만 하다가 폭삭 늙는 게 인생 아닌가. 우물쭈물 하다가는 퇴사를 하고 인생도 졸업한다. 실패한 인생보다 더 비참한 것은 눈치만 보는 미지근한 인생이 아닐까. 진정한 나의 르네상스를 원한다면 남들이 정한 인생 코스를 쫓지 말고 한번쯤은 내가 스스로 정한 나만의 꿈을 쫓아가야 한다.

길은 결코
하나가 아닙니다

_ 피렌체 - 로마 고속도로

• 낯선 침대에서 눈을 떴다. 창밖으로 스쿠터 소리가 요란한 것을 보니 벌써 출근시간인 모양이다. 피렌체의 '레지던스 포르타 알 프라토'. 아파트 식의 숙소이기 때문에 객실 서비스는 없는 곳인데, 이곳에서 며칠 묵었지만 잠자리가 낯설기는 여전하다. 어떤 의미에서 여행은 잠자리가 바뀐다는 것을 의미한다. 11세기 아랍의 여행가 이븐 알 아라비는 이렇게 얘기했다.

"어떤 집을 보자마자 여기에 머물고 싶다고 생각하나 그 집에 도착한 지 얼마 되지도 않아 여행을 떠나기 위해 다시 집을 떠난다."

호텔과 인생, 여러 점에서 비슷하다. 호텔 체크인 할 때 간략한 인적사항을 기재하고 방 번호를 받는 것처럼 사람은 태어나서 출생신고를 하고 주민등록번호를 부여받는다. 능력에 따라 좋은 방의 열쇠를 받듯, 돈이 많으면 좋은 열쇠를 많이 받는다. 방을 나서면 손님이지만 방문을 닫으면 주인이다. 돈 많은 부모에게 태어나면 좋은 환경에서 성장하듯이 능력 있는 사람은 멋진 환경이 제공되는 호텔에 투숙해 이것저것 다 누릴 수 있다. 하지만 결국은 똑같다. 언젠가는 체크아웃해야 한다. 부자이건 평범한 여행자건 예외가 없다. 호텔이 그렇듯 인생도 그렇다. 소유가 아니라 잠시 점유하다 갈 뿐이다. 그 자리를 또 누군가 대신할 것이다.

가방을 꾸려 다시 길을 떠나야 한다. 오늘의 지역 날씨를 물어본 뒤 숙소 1층의 카운터에서 체크아웃했다. 다행히 화창한 날씨라 한다. 도착할 때 흥분되었던 마음은 떠날 때면 뭔지 모를 아쉬움으로 뒤바뀌기 마련이다. 언제 와도 매력적인 도시 피렌체를 뒤로하고 차를 몰아 남쪽으로 달린다.

피렌체를 떠나 로마로 가는 길, 고속도로 휴게소에 들러 에스프레소 한 잔으로 목을 축이고 있을 때, 나이 지긋한 남자 한 분이 반갑게 인사를 한다.

"혹시 한국분이신가요?"

해외에서 한국사람을 만나면 반가워해야 할 텐데 오히려 경계부터 하게 된다. 가끔 이상한 일이 있기 때문이다. 생면부지

의 사람이 돈을 꿔달라고 하거나 자기 짐을 맡아달라는 식으로 무리한 부탁을 해오는 경우가 왕왕 있었다. 나에게 말을 걸었던 한국사람은 다행히 그런 부류는 아니었다. 피렌체와 아시시, 두 곳을 오가며 25년째 사는 교민이라고 했다.

"아시시, 너무 아름다운 곳이에요. 들르시면 제가 안내해 드릴 터인데…."

아시시라고 하면 청빈과 겸손함의 삶을 몸소 실천하고 있는 프란체스코 교황이 롤 모델로 삼고 있는 성 프란체스코의 도시 아닌가. 하지만 나는 길을 재촉해야 했다. 아시시, 페루자, 아레초, 모두모두 매력적인 이름이지만 괴테가 1년 8개월 이상 걸렸던 코스를 나는 고작 4주 동안에 해내야 하니 불가항력이다. 고맙지만 인사를 전하고 로마를 향해 다시 떠나야했다.

  괴테의 일화가 떠오른다. 피렌체를 출발한 괴테는 아레초, 페루자에 이어 아시시를 들르게 되는데, 여기서 아우구스티누스 시대에 건설된 미네르바 신전이 거의 완벽한 형태로 보전되어 있음을 감탄하게 된다. 괴테는 여행기간 내내 비첸차의 위대한 건축가 팔라디오가 쓴 건축 안내서와 독일사람 폴크만이 쓴 이탈리아 여행 가이드북을 휴대하고 다니면서 고대 로마의 건축과 도시 설계에 대해 조금씩 눈뜨고 있었다.

"팔라디오의 책을 읽고서 도시를 어떤 식으로 지어야 하고 신전과 공공건물을 어디에 세워야 하는가를 알게 된 이후로 나는 그런 문제를 무척 존중하게 되었다. 이런 측면에서도 고대 사람들은 천성적으로 그렇게 위대했다."

  하지만 아시시에서 괴테는 불쾌한 일도 적지 않게 겪는다. 무장한 4명의 경찰들에게 밀수꾼 취급을 당한 것이다. 한참 동안 실랑이가 벌어지고 나서 요원 하나가 슬며시 다가와 이렇게 금품을 요구하고 있다.

"외국인 양반, 내게 최소한 팁이라도 한 푼 주어야 되지 않겠소. 나는 당신이 선량한 사람이라는 것을 곧장 알아봤고 내 동료들에게도 분명히 그렇게 말해줬으니까 말이오. 저 작자들은 성미가 급해서 쉽게 흥분하고 세상을 모르는 자들이오. 당신의 말에 맨 처음 맞장구를 쳐준 사람이 나라는 것을 당신도 봤을 거요."

할 수 없이 괴테는 그의 손에 은화 몇 닢을 쥐어줘야 했다. 이탈리아 여행이 장기화되면서 괴테는 불합리한 일들과 돈을 요구하는 사람들, 늘 투덜거리는 마부 때문에 질리게 된다.

이탈리아는 참으로 긴 나라여서 남북의 길이가 1천5백 킬로미터나 되는데, 동경과 열망에서 시작한 이 나라를 여행하는 길이 시간을 거듭할수록 낭만과는 너무도 거리가 멀다고 그 실체를 고백하고 있다. 10월 25일 페루자에서 쓴 괴테의 글이다.

"아무 준비도 없이 혼자서 이 나라를 여행하는 것이 얼마나 무모한가를 이제야 실감한다. 화폐도 서로 다르고 마차와 물가, 형편없는 여관 따위는 하루도 빠짐없이 겪게 되는 애로사항이다. 그렇기 때문에 나처럼 혼자서 초행길을 가면서 끊임없이 즐거움을 누리길 기대하며 추구하는 사람은 심한 실망감을 느끼지 않을 수 없을 것이다."

강인한 정신력을 가진 괴테도 조금은 힘들어하는 장면이다. 열정으로 시작했지만 뜻밖의 어처구니없는 상황이 기다리고 있는 것이 여행이다. 지금도 낯선 여행지에서는 황당한 일이 종종 일어나는데, 괴테가 여행하던 18세기 말은 이탈리아가 아직 통일되기 이전이니 오죽했을까. 더 이상 로마제국의 위용을 찾아볼 수 없이 쇠락해 있었고, 괴테의 모국 독일에 비해 자연의 혜택을 많이 받은 나라지만, 기계와 기술 분야에서 이탈리아는 많이 뒤쳐져 있다고 지적하고 있다. 특히 도시를 벗어난 농촌의 상황은 심했던 모양이다.

"대부분의 시간을 야외에서 보내고 간혹 가다가 비상시에만 동굴로 돌아가는 원시인의 이상적인 목가적 삶이 아직도 구현되어 있는 모습을 보고 싶다면 이곳 사람들의 거처, 특히 시골집에 들어가 보면 된다.(…)
아주 향락적인 생활을 일삼는 그들은 기나긴 겨울밤을 지낼 양식을 비축하는 데 소홀히 하기 때문에 일 년 가운데 상당 기간을 개처럼 고통 받고 지낸다."

알 수 없는 게 세상이고 문명이다. 천년제국을 자랑했던 로마제국의 후예가 이처럼 힘없이 망가지니 말이다. 이탈리아의 농민들이 '개처럼 고통을 받고 지낸다'는 표현이 처연하게 느껴진다. 위대한 로마의 문명은 망가질대로 망가져 다시 원시의 상태로 돌아가 버린 것이다.

흔히 로마인은 세 가지 걸작을 창조했다고 말한다. 도로와 상수도, 그리고 하수도가 그것이다. 기원전 3세기부터 서기 2세기까지 5백 년 동안 로마인이 건설한 도로의 총 길이는 비아(Via)라 부르는 간선도로만 해도 8만 킬로미터, 지선도로까지 합하면 무려 15만 킬로미터에 이르렀다고 한다. 간선도로는 큰 마름돌을 깐 4미터 가량의 차도와 좌우 3미터씩 인도를 합해 너비가 10미터가 넘었다고 하니 지금의 기준으로 보아도 엄청나다.

한국에서 '길'이라 함은 외적의 침략의 수단이라는 부정적 인식이 강했고 한번 떠나면 돌아오기 힘들기 때문에 한(恨)이라는 이미지가 강했다. 반면 로마인들은 길을 제국의 확장을 위해 구석구석까지 이어지는 혈관으로 생각했다. 특히 간선도로는 로마 군단의 신속한 이동을 목적으로 만들었던 공격적 개념이었다. 길은 단순히 사람들이 걸어다니다가 자연스레 생기는 것이 아니라 인간에 의해 인공적으로 건설될 수도 있다고 생각했고, 이를 역사상 처음으로 실천에 옮긴 나라도 로마였다. 힘의 차이에서 오는 결과일 수도 있지만, 사고방식의 차이가 국가나 개인에게도 이처럼 다른 결과를 가져오는 것 같다.

영원히 사라지지 않을 것 같았던 로마제국의 가도는 그러나 제국의 멸망과 더불어 급속히 망가져 상당 부분 도로로써의 기능을 상실해 버렸다. 세상에 영원한 것은 없다는 말은 여기서도 그대로 적용된다. 괴테는 못난 후세의 이탈리아노들을 한탄하고 있다.

"이곳 사람들은 영원히 사라지지 않는 공사를 한 것이다. 그들은 망나니 같은 파괴자들만을 제외하고 모든 것을 계산에 넣었다. 그 파괴자들 앞에서는 어떤 것도 견뎌낼 수 없었던 것이다."

休게소를 나와 다시 고속도로를 달린다. 고속도로는 이탈리아말로 아우토 스트라다(Auto Strada)이다. 오래전 안소니 퀸이 주연으로 나왔던 명화의 제목은 〈라 스트라다(La Strada)〉, 길이었다. 나는 오래전의 입사시험 문제가 떠올랐다. MBC에 입사하기 전 나는 한 신문사 기자시험에 응시한 적이 있는데, 그 신문사에서 실시한 작문시험 문제의 제목이 '길'이었다. 200자 원고지로 5~6매 정도 써야 되는 글이었다. 정답이 정해져 있지는 않지만, 그렇기에 이런 형식의 글이 가장 어렵다. 짧으면서도 주장과 상징하는 것을 모두 담아야 하기 때문이다. 문장력과 지식, 차별화된 상상력이 모두 함축적으로 들어가 있어서 지금도 신문사에서는 논설위원이나 중견 언론인들이 담당하는 분야다. 시험 문제지를 앞에 두고 나는 한동안 단 한 줄의 문장도 써내려가지 못했다. 너무나 개념이 포괄적인 주제인 탓도 있지만, 5공화국 군부정권이 한창일 때여서 심정적으로 막막했던 탓이다. 한 20분 정도 생각을 정리하다 마침내 적어 내려갔다. '자연의 길, 인생의 길, 그리고 정치의 길', 이렇게 세 가지가 포인트였다.

그로부터 30년이 지났다. 나는 오랫동안의 언론인 생활에 마침표를 찍었다. 만약 누군가 나에게 '길'이라는 제목의 작문시험을 다시 출제한다면 나는 어떤 글을 쓸 수 있을까. 그건 여전히 어려운 주제이다.

길은 결코 하나만 있는 게 아니다. 집을 나서면 세상의 모든 길이 나를 향해 일어서기도 하는 법이다. 8세기 '나를 찾아' 맨발의 순례를 떠났던 나그네 승려 혜초의 글이 떠오른다.

"길은 거칠고 굉장한 눈이 산마루에 쌓였는데
험한 골짜기에는 도적 떼도 많다.
새는 날이 깎아지른 산 위에서 놀라고

사람은 좁은 다리를 건너기를 어려워한다."

불과 16세의 나이에 당나라로 건너갔던 신라의 젊은 청년 혜초는 광저우에서 뱃길로 벵골만으로 간 뒤 거기서 천축국(인도), 토가리스탄 같은 대식국(아랍제국), 페르시아의 산길과 사막을 여행하고 다시 당나라로 돌아왔다. 그 기록이 「왕오천축국전(往五天쓰國傳)」이다.

이방의 나그네였던 혜초는 길 위에서 가장 힘없는 자였을 것이다. 그러나 돈은 그의 인생과 꿈에 아무런 영향을 주지 못했다. 그가 걷던 길은 지금 자동차로 가기에도 어려운 난코스 중의 난코스다. 그 어려운 길을 쓸쓸하고 외롭게 걷고 있는 혜초의 뒷모습이 처연하다.

혜초는 길 위에서 절망을 뛰어넘었다. 그리고 결국 고국 신라로 돌아오지 않고 타향에서 숨을 거뒀다. 진정한 의미의 길 위의 인생이었다.

그들은 북위 40도에서
함께 글을 쓰고 있었다

_ 연암 박지원과 괴테

• 깜짝 놀라지 않을 수 없었다. 괴테가 피렌체가 있는 토스카나 지방에서 나폴리를 향해 마차를 달리던 길은 북위 40도를 가리키는 지점이다. 그런데 그 좌표는 연암 박지원이 베이징에서 청나라 건륭제가 여름 피서를 하기 위해 떠나 있던 청더(承德)로 가는 길의 위도 선상과 같았다. 두 사람은 공교롭게도 같은 위도에서 글을 쓰고 있었던 거다. 괴테가 37살, 연암은 43세 때의 일이다.

괴테와 연암 박지원, 혹시나 해서 조사해보았더니 두 사람은 놀라울 정도로 유사한 데가 많았다. 우선 시대적으로도 동시대인이었다. 연암이 1737년생, 그리고 괴테가 1749년생이니까 연암이 열두 살 많다. 각각 동시대 최고의 작가이자 문장가였으며 기행문의 백미라고 하는 「이탈리아 기행」과 「열하일기」를 세상에 남겼다.

여행의 시기도 비슷하다. 「열하일기」는 1780년 6월 24일(음력 5월 25일) 평안도 의주에서 압록강을 건너 청나라 국경으로 넘어가는 '도강록' 장면으로 시작된다. 「이탈리아 기행」의 출발은 1786년 9월 3일에 칼스바트였다. 그러니까 연암은 괴테보다 6년 먼저 여행길에 오른 셈이다. 고작 6년이란 시간차이를 두고 서양과 동양의 위대한 여행자 두 명이 후대에 막대한 영향을 끼치게 될 여행에 올랐다는 것도 놀랍다. 한 사람은 서양 문화의 뿌리인 로마를 향해 떠나는 남행(南行)이었다면, 다른 한 사람은 동양의 중심인 베이징을 향해 대장정에 올랐던 북행(北行)이란 점이 달랐을 뿐이다.

괴테는 10년 동안 바이마르 공국의 고위 행정가로서 일하다 지쳐 스스로 안식년을 결심하고 로마행을 결심했다. 반면에 한동안 벼슬길과 멀었던 연암 박지원은 집안 형님인 박명원이 청나라 황제인 건륭제의 70회 고희 생일을 축하하는 사행단(使行團)을 이끌게 되면서 그 사절단에 슬쩍 끼게 된다. 사행단이란 지금의 사절단과 비슷한 개념이지만 교통수단이 열악했고 대등한 외교가 아닌 일방적인 사대(事大)였다는 것이 지금의 외교 사절단과는 조금 거리가 있다.

연암의 북행(北行)은 너무도 그 열망이 강했다는 점에서 괴테와 유사하다. 여행은 사라지고 산업으로서의 관광이 지배하는 시대를 살고 있는 지금과 달리 그들의 여행은 간절하고 또 힘겨웠다.

칼스바트에서 로마까지는 현재 자동차로 최단 거리가 1,240

킬로미터 정도 된다. 괴테가 이곳저곳 들러서 로마까지 왔으니 추산하면 1,500킬로미터 이상을 마차로 달린 셈이다. 반면에 당시 압록강에서 북경까지는 약 2,300리, 대략 920킬로미터이다. 연암이 서울에서 압록강을 거쳐 베이징, 그리고 베이징에서 황제가 머물고 있던 청더까지 갔다가 다시 베이징으로 왔으니, 로마에서 나폴리와 시칠리아를 들렀던 괴테와 여행거리가 얼추 비슷했을 성싶다.

나는 한동안 연암 박지원의 글과 생각, 그리고 여행자로서의 뛰어난 통찰력에 매료되어 있었다. 틈나는대로 연암이 지나갔던 길을 압록강에서부터 시작해 만주지방, 그리고 베이징에 이르기까지 가능한 한 많은 곳을 답사하고 또 답사했었다.

로마로 가기 위해 알프스 산맥을 넘는 것이나 베이징으로 가기 위해 열하를 건너는 것은 위험천만하기는 마찬가지였다. 조선의 사신들이 한양 홍제원 고갯길에서 출발해 베이징까지 가는 길은 문자 그대로 풍찬노숙(風餐露宿)이었다. 바람으로 음식을 삼고 이슬을 숙소로 삼았다. 열악한 환경에 노출되고 악천후와 열악한 숙식이 계속되다보니 사행단이 갈 때마다 병들어 죽는 이가 6~7명이나 나왔다고 한다. '반목숨을 걸었다'는 표현이 결코 과장이 아니었다. 괴테 역시 가는 곳마다 열악한 숙소에 괴로워하고 언제 닥칠지 모르는 산적과 강도에 신경을 곤두세우고 품안에 호신용 무기를 항상 숨기고 다닐 정도였다.

 그러니 요즘처럼 관광 목적의 여행과는 거리가 멀 수밖에 없었다.

이처럼 목숨을 건 여행이긴 하지만 로마나 베이징 사신길을 다녀온 사람이 괴테와 연암이 유일했던 것은 아니다. 청나라 때만 해도 조선의 사신길이 7백여 회에 이른다. 사신들이 다녀온 기록을 조천록(朝天錄), 혹은 연행록(燕行錄)이라 불렀는데, 대부분 사실관계를 적은 담담한 기록들이었다. 연행이라 한 것은 당시 베이징을 연경(燕京)이라 부른 까닭이다.

두 사람이 세상으로부터 주목받고 있는 것은 여행자로서의 열정, 먼 곳을 갈망하는 마음, 작가로서의 역량이 그 어떤 여행자들보다 출중하고도 탁월했기 때문이다. 두 사람 모두 고독했던 지식인이었다. 여행을 떠나기 전 이미 시대를 대표하는 문장가로 인정을 받고 있었지만, 그들은 늘 고독했다. 답답한 주변으로부터, 현재의 한계에서 벗어나고 싶다는 일탈과 자유에의 갈망이 그 누구보다 컸다. 연암은 암담한 조선의 현실에서 벗어나 세계의 중심을 두 눈으로 직접 보고 싶다는 것이 연행(燕行)의 목적이었다. 압록강을 건너자마자 연암이 한 행동이 인상적이다.

"나는 말 위에서 패도를 뽑아 갈대 하나를 베었다. 껍질이 단단하고 속살은 두터워 화살을 만들기에는 적당하지 않았지만, 붓의 대롱으로 쓰기에는 적합했다."

괴테의 관찰력도 막상막하다. 알프스 계곡을 넘을 때 특이한 식물과 광물을 세심하게 기록해두는 장면에서는 다방면에 걸친 전문가로서의 기질이 유감없이 발휘된다.

"알프스의 석회암은 잿빛에다 아름답고 특이하며 불규칙한 형태를 띠고 있어서 금방이라도 바위가 이런저런 층으로 나뉘지지 않을까 싶을 정도이다. 그러나 진동층도 나타나고 바위가 전반적으로 몹시 풍화되어 있기 때문에 암벽과 봉우리들이 이상하게 보인다. 이러한 암석류가 브레너까지 넓게 솟아 있다."

괴테가 칼스바트를 출발할 때 그의 마차에는 여행 가방과 오소리 가죽으로 만든 배낭, 이것 뿐이었다. 반면 연암의 여행 차림이라 할 수 있는 행장(行裝)은 어떠했을까. 그는 조선 선비의 상징인 도포와 갓 대신 간편한 융복(戎服)으로 갈아입었다. 「열하일기」를 잠시 살펴보면 이렇다.

"마부 창대는 앞에서 견마를 잡고, 하인 장복은 뒤에서 분부를 받들었다. 말안장에 달린 두 개의 주머니에는 왼쪽은 벼루, 오른쪽은 거울, 붓 두 자루, 먹 하나, 작은 공책 네 권, 이정(里程: 거리를 가리키는 지표)을 기록한 두루마리가 들었다."

적자생존(適者生存)이란 말은 바뀐 환경에 잘 적응하는 자가 생존할 수 있다는 원뜻이겠지만 기자와 작가 사이에서는 다른 우스개로도 쓰인다. 즉 '잘 적어야 살아남는다'는 기록의 정신을 뜻한다. 괴테가 그러하였듯 연암도 훌륭한 지식여행자이자 탁월한 관찰자였다. 기록을 위해서 연암은 악천후 속에서도 홍수 속 계곡을 건널 때에도 붓과 먹, 종이만큼은 절대로 손에서 놓지 않았다.

"매양 말고삐를 잡고 안장에 앉은 채 졸아가면서 이리저리 생각을 풀어냈다. 무려 수십만 마디의 말이 가슴속에 문자로 쓰지 못하는 글자를 쓰고, 허공에는 소리가 없는 문장을 썼으니 매일 여러 권이나 되었다."

그러면서도 연암이 잊지 않은 것은 술을 담는 표주박이었다. 여행길 내내 어디서나 술 사오는 법을 잊지 않을 정도로 애주가였다. 괴테가 매일 두 병의 와인을 마셨듯이 연암 역시 매일 그 지역에서 생산되는 토속주를 마셨다. 다른 나라에 와서 처음 보는 이국 여인들에 대한 인상기도 빠지지 않았다.

"한족 여자는 처음 보았는데, 모두 천으로 발을 감고 전족용 가죽신을 신었다. 자색은 만주족 여성보다 못하다. 만주족 여성은 화용월태(花容月態)의 미녀들이 많다."

반면에 괴테는 비첸차에서 여성들에 대한 인상을 이렇게 털어놓는다.

"여기서는 대단히 아름다운 여성들이 눈에 띈다. 그중에서도 검은 곱슬머리를 가진 여성들이 특별히 내 관심을 불러일으킨다. 금발의 여성들도 있기는 하지만 그들은 별로 내 마음에 들지 않는다."

호기심으로 꽁꽁 뭉쳤던 두 사람 모두 대오에서 슬쩍 빠져나오는 것이 특기였다. 고위 공직자였던 괴테는 아예 근무처에서 빠져나와 틈나는대로 뒷골목을 뒤지고 다녔다. 그가 무엇을 보고 무엇을 기록하고 있는지는 우리가 대충 아는 바다. 한 가지 다른 점은 여행 당시 괴테의 독일은 이탈리아에 비해 이미 경제적으로나 기술면에서 앞서 있었다. 반면에 연암의 조선은 청나라에 비해 턱없이 뒤졌다.

연암에게 북경으로 가는 길은 생전 처음 보는 것 투성이였다. 장벽을 돌이 아닌 벽돌로 쌓는다는 사실, 요동벌에서 벽돌 굽는 기술에 놀랐고, 도르래 달기와 멜대 쓰기, 연비가 높은 구들 놓기, 굴뚝 세우기, 수숫대 한 개비로 수백 필의 말떼를 몰고 가는 효율적인 목축법을 꼼꼼히 기록하고 있다.

연암은 그 시대 다른 사람들과 달리 미신이나 풍수를 전혀 믿지 않았고 과학과 기술을 믿었다. "수천 리에 불과한 좁은 나라에서 백성의 생활이 이토록 가난한 것은 수레가 다니지 않기 때문이다."라고 꼭 집어 그 원인을 분석했다.

고루한 조선의 선비들은 청나라를 가리켜 오랑캐의 땅이라 우습게 알았고 여전히 한족의 나라 명나라를 우러러보는 사대주의에 빠져 있었지만 연암은 있는 그대로의 중국 대륙과 있는 그대로의 중국인을 바라보려고 했다. 당시 조선 사행들은 청나라 사람들이 변발을 하고 있고 옷소매가 오랑캐 습속이라며 비웃고 능멸했던 모양이다. 이것을 본 연암은 거꾸로 그들이 우리 옷을 보고 비웃고 있음을 전혀 모르기 때문이라고 자탄한다.

조선옷이 승복(僧服)같다 하여 조선사람만 보면 걸승(乞僧)이라고 조롱하는 것을 모르며, 겨울에 찬바람이 드는 갓을 쓰고, 눈발이 들이치는데도 부채를 들고 다니는 모습을 보고 비웃는 것도 모른다고 조선과 조선인들의 풍습을 민낯으로 보여주고 있다.

"세상에 무슨 놈의 군복의 소매가 중의 장삼처럼 너풀너풀하게 생겼단 말인가?"

괴테의 여행이 1년 8개월 넘는 장기간의 학습 여행이었고, 연암의 여행은 사신단의 일원이라는 제한된 신분과 일정으로 인해 1780년 6월 24일부터 6개월 동안 계속되었다. 열하일기는 책으로 완성되기도 전에 주변 사람들에게 알려져 조선 지식인층 사이에 화제를 불러 모았는데 오히려 그것이 화근이었다. 전례 없는 선진국의 사정과 문체에 매력을 느낀 문인들이 문체를 모방하기 시작했고, 국왕인 정조가 주목하는 사태에 이르기까지 이르렀다. 주변으로부터 이해받기에 연암의 생각과 통찰력은 시대보다 너무도 앞서 나가 있었던 것일까. 보수적인 유림들이 들고 일어나자 국왕 정조는 '문체를 바로 잡으라'는 준엄한 경고를 내리게 된다. 이름 하여 문체반정(文體反正)으로 낙인 찍혀 금서로 지정되었다. 심지어 연암과 한 집안이기도 했던 박남수란 사람조차 이렇게 맹비난할 정도였다.

"선생의 글이 비록 훌륭하긴 하지만 경학(經學)의 본도에 맞는 고문체(古文體)가 아니라 이야기책에 나오는 문체로, 눈물이나 짜고 계집 이야기나 하며 천한 종놈 행색이나 씀으로써 우리 고문체를 망가뜨렸으니 큰일이 아닐 수 없습니다."

그만큼 조선은 국제정세에 어두웠다. 조선 국왕 가운데는 비교적 개혁적이라던 정조였지만 이것이 곧 그의 한계이자 조선이란 국가와 체제의 한계였다. 결국 근대화에 실패한 조선은 패망하고 일제에 먹혔으니까.

더욱 부끄러운 것은 「열하일기」가 한글로 번역되고 일반인에게 간행된 시점이다. 「열하일기」가 처음으로 활자화 되고 일반인에게 간행된 것은 일제시대인 1911년이 되어서였다. 한문으로 쓰여 있던 연암의 글이 한글로 최초 완역된 것도 1915년 일본인에 의해서였다. 한국이 자랑하는 최고의 문장이지만, 처음 대중화된 것이나 한문에서 한글로 완역된 것 모두 일제시대, 일본인에 의해서였다. 잘 알려지지 않은 슬픈 사실이다.

반면 괴테의 「이탈리아 기행」은 출간 직후부터 선풍적인 인기를 끌어 작게는 바이마르 공국, 나아가 독일 문화권의 르네상스를 이끄는 기폭제가 되었다. 괴테가 썼던 독일어는 현대의 독일인이 읽어도 크게 무리가 없고, 심지어 외국인인 내가 읽고 있을 정도이다. 괴테의 글을 읽고 이탈리아로 가는 것이 유

럽인들에게 하나의 로망이 될 정도로 이 책의 영향력은 컸다.

  동서독 통일이 된 직후 만들어진 영화 〈트라비에게 갈채를 (원작: Go Trabi Go)〉에서도 괴테의 「이탈리아 기행」은 동독과 서독 사람을 하나로 묶는 정신적 아이콘으로 등장했었다. 동독 출신 한 가정이 이제는 마음 놓고 서구 진영을 여행할 수 있게 되자 동독의 소형 차량인 트라비를 몰고 괴테의 「이탈리아 기행」 코스를 따라 나폴리까지 가면서 겪는 이야기였다. 이 영화에서 그려져 있던 것처럼 동독과 서독인들은 오랜 분단으로 예상치 못한 이질적인 문제에 봉착하지만 그럼에도 불구하고 괴테와 '이탈리아 기행'은 양자 사이의 이질성을 극복시켜주는 공동의 독일 정신유산으로 그려져 있었다.

반면에 한반도의 북쪽은 여전히 잘려 있어 「연암일기」를 따라가는 길은 막혀 있고 압록강과 마주한 중국의 단동시에서 출발할 수밖에 없다. 이것이 곧 독일과 조선의 차이였다. 그만큼의 차이가 근대화 이후 두 나라의 운명을 결정지었다. 「열하일기」에서 연암 박지원이 통렬히 털어놓았던 말이 가슴에 남는다.

"조선의 지독한 가난은 따지고 보면 그 원인이 전적으로 선비가 제 역할을 다하지 못한 데에 있다."

서른 살의 로마,
서른 살의 베를린

_ 로마 포폴로 광장

• 　　　　　드디어 로마에 도착했다. 고속도로에서 톨게이트를 빠져나가자마자 가장 먼저 반기는 것은 소나무 군락과 요란한 스쿠터들의 소음이다. 지중해 지방의 햇볕을 흠뻑 받아 흡사 대형 파라솔 모양을 하고 있는 소나무 군락은, 한국에서 보던 소나무의 외형과 조금 달라서 우산 소나무라 부른다. 우산 소나무는 로마의 상징이기도 한데, 괴테에게도 남다른 의미가 있었다. 소나무는 로마에 대한 그의 사랑이자 남아 있는 사람들이 그를 기억하고 있다는 상징이었다. 괴테는 코르소 거리에 사는 동안 그곳 정원에 소나무를 심었고, 로마를 떠나기 직전에도 이곳에서 만나 친하게 지낸 안겔리카 카우프만의 집 정원에 소나무를 심어 이별의 정표로 삼기도 했다. 이탈리아 기행을 끝내고 귀국했던 괴테는 절친한 친구 헤르더가 로마를 방문하기로 하자 카스텔 간돌포에 있는 소나무를 언급한다.

"로마에 가게 되면 소나무를 찾아보시게. 작은 극장 바로 옆 젠킨스 씨 집에서 멀지 않은 곳에 있다네. 그 소나무를 바라보던 그때 내가 자네를 얼마나 그리워했던지…."

얼마나 낭만적이며 얼마나 인간적인 괴테의 모습인가.

나는 예약해둔 아파트 숙소로 달려갔다. 여러 날 체류하려면 호텔보다는 아파트를 단기 임대하는 것이 낫다. 다행히 로마에는 세계 최고의 관광도시답게 다양한 종류의 숙소를 빌려주는 업체가 많아서 지하철 역과 가까운 곳에 작은 아파트를 구할 수 있었다. 기본적인 주방기구가 갖춰져 있고 세탁기와 텔레비전, 인터넷 와이파이까지 갖춰진 곳이었다. 관광지에서 조금 떨어져 있는데다 동네 빵집과 작은 과일가게, 그리고 신문 가판대가 있는 조용한 주택가여서 보통 로마 시민들의 소탈한 삶도 엿볼 수 있을 것 같았다. 이 동네 골목 어귀에도 어김없이 멋진 우산 소나무가 기다리고 있었다.

로마는 자동차를 갖고 시내를 다니기에는 여러모로 적합하지 않다. 주차장도 부족하고, 운전이 거칠고, 무엇보다 도난 같은 안전사고가 우려되기에 일단 숙소에 안전하게 주차해 놓을 요량이었다. 그러나 역시 이탈리아다. 아파트 임대 업체의 직원은 약속시간보다 30분이 훨씬 지나서야 나타났고 미안하다는 말도 없다. 방값을 선불로 치른 뒤 열쇠를 받고 차에서 짐

을 꺼내 방안으로 다 옮겼을 즈음 전화가 걸려왔다. 계산을 잘 못해 덜 받았다는 것이다. 이번에는 헉헉거리며 정확한 시간에 직원이 달려왔다.

로마에서 나를 기다리고 있었던 것은 정확하지 않은 시간 개념과 불친절, 찾기 힘든 주차장, 그리고 비싼 요금이었다. 그러나 어찌하겠는가. 최고의 관광 도시 로마에서는 로마법을 따르라고 했으니까.

괴테가 로마에 도착한 것은 1786년 10월 29일 저녁이었다. 친구들 모르게 야반도주하듯 체코의 칼스바트를 떠난 지 56일 만이었으며, 1천5백 킬로미터를 달렸다. 괴테 스스로 표현했던 것처럼 '길고도 고독한 여행'이었다. 그토록 꿈에 그리던 로마였지만, 괴테는 이 도시에 들어오는 과정을 구체적으로 언급하고 있지 않다. 긴 여행에서 오는 노독에 힘겨웠겠지만 로마에 도착해서는 행복하다고 적고 있을 뿐이다.

짐 정리를 끝내고 나는 우선 포폴로 광장으로 달려갔다. 광장 옆에는 포폴로 문(Porta del Popolo)이 있는데 그 문을 통해 괴테는 로마에 들어왔다. 예부터 '모든 길은 로마로 통한다(Tutte le strade guidano a Roma)'고 했는데, 이 문은 로마의 북쪽 관문으로 북쪽에서 오는 모든 여행자는 반드시 이 문을 통과해야 했었다. 그토록 꿈에 그리던 로마였지만 괴테는 이 도시에 들어오는 과정을 구체적으로 언급하고 있지 않지만, 당연히 여권검사와 세관검사도 받아야 했을 것이다. 괴테가 여행할 당시 이탈리아는 여러 개의 나라로 쪼개져 있었기 때문에 국경을 넘을 때마다 짐에 부과된 세금을 납부해야 했다.

괴테의 친구이자 작가인 칼 필립 모리츠는 괴테보다 이틀 앞서 로마에 도착해 세관에서 겪은 과정을 상세히 남기고 있다. "다른 때 같았으면 짐 안에 있는 책 때문에 며칠씩 걸리던 절차가 담뱃값을 슬쩍 찔러주었더니 별탈 없이 짐을 돌려주었다." 고 말하고 있다. 이에 앞서 괴테도 베네치아에서 "적당한 담뱃값으로 세관문제를 처리했다."고 적은 것으로 보아 로마에 들어올 때 괴테도 비슷한 방식을 택하지 않았을까 짐작만 할뿐이다. 당시 괴테가 사용한 여권은 아쉽게도 남아있지 않다.

원래 마차 통행이 이뤄지던 로마의 북쪽 관문 포폴로 문은 지금은 차량 통행이 안 된다. 나는 지하철에서 내려 걸어서 그 문을 통과하면서 괴테의 마음을 헤아려보았다. 나보다 227년 앞서 마차로 이 문을 통과한 괴테는 이렇게 감상을 남기고 있다.

"마침내 나는 침묵을 깨고 벗들에게 즐거운 인사를 보낼 수 있게 되었다. 이곳까지 오는 동안의 비밀, 말하자면 잠행이나 다름없는 여행에 대해서는 벗들의 관대한 용서를 빈다. 나는 나의 행선지에 대해서 나 스스로도 감히 장담하기 힘들었으며, 심지어 여행 도중에도 우려 섞인 심정이었다. 그러다가 마침내 포폴로 문을 통과할 때에야 비로소 내가 정말 로마에 왔다는 사실을 확신하게 되었다."

괴테가 그렇게 감격했던 관문이지만 지금은 시내 한복판으로 변했다. 포폴로 문을 지나 큰 광장이 나오는데 이곳이 로마 시민들의 약속 장소로 애용되는 포폴로 광장이다. 민중과 대중을 의미하는 포폴로(Popolo)란 말뜻 그대로 늘 사람들로 붐빈다. 분수와 비둘기, 판토마임하는 사람과 즉석 연주자들, 그 사이로 관광객들은 사진 찍기에 바쁘다. 나는 포폴로 광장이 내려다보이는 핀치오 언덕에 자리를 잡고 휴대해온 작은 책 한 권을 꺼냈다. 한형곤 교수(외국어대학교 이탈리아어학과)가 쓴 「로마, 톨레랑스의 제국」이란 핸드북이다. 한교수는 로마에서 학위를 받고 평생 이탈리아를 연구해온 전문가다.

"광장의 한복판에는 기원전 13세기의 오벨리스크가 팔려온 신부처럼 서러운 모습을 하고 있다. 눈을 들어 저 멀리로 시선을 보낸다. 타자기 형태의 균형 잡힌 모습의 현충탑 빗토리아노와 베드로 대성당, 그 외 수많은 기념물들이 한눈에 들어오는 참으로 아름다운 정경이다. 광장 왼편에는 베네치아 광장으로 치달을 수 있는 비아 델 코르소가 있는데, 그 어귀에 베르니니가 설계한 몬테산토의 성 마리아, 미라콜리의 성 마리아 쌍둥이 성당이 있고, 오른편으로는 박물관이나 다름없는 교회들 중 하나인 성 마리아 델 포폴로가 있다."

 한교수의 글을 읽고 나니 이 광장이 로마 시내에서 어떻게 자리매김하고 있는지 대략 이해가 된다. 포폴로 광장은 괴테에게 아주 특별한 곳이기도 했다. 괴테의 아버지가 아들보다 44년 전에 로마여행을 떠났었고, 포폴로 광장이 그려진 동판화를 사갖고 와서 프랑크푸르트 집에 걸어두면서 어린 아들에게 로마 얘기를 들려주곤 했었다. 이 그림을 보면서 로마에 대한 동경과 상상력을 키워왔기에 이곳이야말로 괴테가 갖고 있던 이탈리아로 향한 열망의 뿌리였던 셈이다. 세월을 훌쩍 건너 뛰어 괴테는 결혼을 하고 아들 하나를 두었다. 그 아들 역시 이탈리아 여행을 떠났지만 안타깝게도 이탈리아에서 뇌졸중으로 사망했다. 3대에 걸쳐 인연을 맺을 만큼 괴테 집안에게 로마는 특별한 곳이었다.
 포폴로 광장은 또 괴테의 로마 집과 아주 가까웠다. 걸어서 불과 2~3분 거리에 있었으니까. 먹고 자고, 친구들을 사귀고 공부하고 글을 쓰면서 새로운 세상에 눈을 뜨게 되는 로마의

베이스캠프였다.

나에게도 로마는 낯선 곳이 아니다. 북한과 미국의 회담, EU와 미국의 정상회담 같은 굵직굵직한 국제행사 취재를 위해, 그리고 가족들과의 여행으로 이미 몇 차례 방문했었다. 생각해 보니 내가 처음 이 도시와 인연을 맺은 것도 괴테와 비슷할 때였던 것 같다. 서른일곱 살 괴테는 이 도시에서 이렇게 굳은 결심을 하고 있다.

"내 나이 마흔이 되기 전에 위대한 대상을 부지런히 연구하고 배우면서 나 자신을 수양시켜야겠다."

지인들의 관점에서 괴테의 로마행은 이해하기 어려웠다. 도대체 무엇 때문에 잘 나가는 현직을 걷어차고 야반도주하듯 떠나왔는지 설명하기 어려웠으니까. 1786년 11월 1일 로마에서 보낸 첫 글을 통해 괴테는 비로소 그 이유를 설명하고 있다.

"북방에 있으면 누구든 몸과 마음이 그곳에 사로잡혀서 이런 지방에 대한 기대가 완전히 사라져버린다는 것을 실감했기 때문에, 나는 이 길고 고독한 여행을 하기로 결심하고 어쩔 수 없는 욕구에 이끌려 이 세계의 중심지를 방문하게 된 것이다. 정말이지, 지난 몇 년 동안은 마치 병이 든 것 같았고, 그것을 고칠 수 있는 길은 오로지 이곳을 내 눈으로 직접 바라보며 이곳에서 지내는 것뿐이었다."

세상에는 그런 도시들이 있다. 지금까지 걸어왔던 인생의 행로를 확 바꿔놓는 그런 도시 말이다. 운명적인 만남도 있겠지만, 스스로 어떤 특이한 영감을 받아 앞으로 살아갈 인생관에 일대 전환이 생기는 경우가 더 많다. 늘 푸른 표지의 노트와 연필 두 자루, 연필깎이와 행운을 부르는 부적으로 토끼발을 항상 몸에 지니며 카페에서 글을 쓰곤 했던 헤밍웨이에게 있어 그 운명적 도시는 파리였다.

"만약 당신이 젊은 시절에 파리에 살 수 있는 행운을 누린다면, 당신이 평생 어디를 가든지 파리는 '움직이는 축제'처럼 그대 곁에 머무를 것이다."

헤밍웨이에게 파리가 그렇듯, 괴테에게 로마가 그렇듯, 나에게는 베를린이 있었다. 괴테의 나이와 비슷한 30대였다. 그때 나는 정치부 소속 기자였는데, 설명하기 힘든 갈증과 정신적 허기에 이끌려 휴직원을 제출했었다. 그리고는 훌쩍 베를린으로 날아가 1년간 체류했다. 모두들 미쳤다고 했다. 집안에 무

슨 일이 있는 것 아니냐는 수군거림도 귓전에 들렸다. 나는 그저 세상을 좀 더 알기 원했고, 유럽을 공부하길 바랐을 뿐이지만 주변의 시각은 달랐다.

만약 그때 무모하게 보였던 괴테의 도전이 없었다면 우리가 지금 아는 괴테와 분명 달랐으리라. 괴테의 위대한 문학은 1년 8개월에 걸친 혹독한 자기수련(Selbst Bildung) 과정 덕분이다. 괴테는 이탈리아 기행 이후에 대한 확신은 전혀 없었다. 미리 계산한 적이 없었기 때문이다.

역시 무모해 보였던 나의 베를린 행이 아니었다면 그 이후

나의 모습도 지금과 달랐을 것이다. 특파원도 가지 못했을 것이고, 언론인으로서의 행보도 크게 달랐을 것이다. 그 이후 몇 권인가의 책을 쓰게 해주었던 지적 토양과 감수성도 물론 얻지 못했으리라. 나를 가장 많이 키워준 곳은 학교가 아니라 30대의 무모하게 보였던 방랑과 이를 받아준 베를린이라는 열린 공간 덕분이었다.

나는 30대 시절에 저질렀던 모험을 절대 후회하지 않는다. 에디트 피아프의 노래 〈나는 절대 후회하지 않아요(Non, je ne regrette rien)〉처럼 말이다. 돌아보니 어느덧 20년이 흘렀다. 미국작가 마크 트웨인의 '20년 뒤'라는 유명한 글을 다시 읽어본다.

"지금부터 20년 뒤
당신은 했던 일보다
저지르지 않았던 일로 인해 더 많이 실망할 것이다.
그러니 밧줄을 던져버리고
안전한 항구를 멀리 떠나 항해하라.
당신의 돛에 무역풍을 담아
탐험하고, 꿈꾸며, 발견하라."

"Twenty years from now

you will be more disappointed
by the things that you didn't do
than by the ones you did do.
So throw off the bowlines.
Sail away from the safe harbor.
Catch the trade winds in your sails.
Explore. Dream. Discover."

미래를 준비하고 계획을 세우며 사는 것, 물론 중요하다. 한 번뿐인 인생, 당연히 꼼꼼히 따져보면서 살아야 한다. 하지만 때로는 차가운 머리보다는 뜨거운 심장이 이끄는 대로 가볼 필요가 있다. 특히 젊다면 말이다. 그 뒤에 무슨 일이 일어날지 알 수 없는 게 인생이기 때문이다. 그런 까닭에 인생이 더욱 매력적인 것이 아닐까.

진짜 친구
가짜 친구

_ 카사 디 괴테

• 포폴로 광장에서 베네치아 광장까지 이어지는 널찍한 길을 가리켜 '비아 델 코르소(Via del Corso)'라 부른다. 프랑스 작가 스탕달이 '우주에서 가장 아름다운 거리일 것'이라고 예찬했던 거리다. 로마의 유명 관광지가 이 도로 주변에 산재되어 있고, 지하철과 주요 버스가 이 도로를 중심으로 다니기 때문에 관광객들 입장에서는 꼭 기억해두지 않으면 안될 도로 이름이다.

비아 델 코르소 18번지. 옛날 경마를 하던 길에서 유래했다고 하니 괴테는 마차를 타고 처음 이 집에 도착했으리라. 건물에는 붉은색 바탕에 흰 글씨로 '카사 디 괴테(Casa di Goethe)'라 반갑게 쓰여 있다. 이탈리아 말로 '괴테의 집'을 뜻한다. 이보다 더 정겨운 표현이 어디 있을까. 마치 나의 옛집을 다시 찾아오는 기분이다. 나로서는 이번이 두 번째 방문이다. 베를린 특파원 시절 로마에 출장 왔다가 잠시 짬을 내어 방문한 적이 있는데 그때는 입장료를 당시 이탈리아 화폐인 5천 리라를 받고

있었다. 지금은 유럽의 화폐가 통합되어 입장료가 리라 대신 3유로로 바뀌었다. 이곳은 독일의 국립 박물관 가운데 유일하게 해외에 소재된 박물관이며, 독일 정부와 민간 기업들의 후원으로 유지되고 있다.

괴테의 집은 제법 큰 아파트다. 이 건물 2층 전체가 몇 개의 큼직한 방으로 연결되어 있어 아파트라기보다는 차라리 회사를 차려도 될 정도의 크기다. 지금은 괴테의 집이라 명명되어 있지만 원래는 괴테가 아닌 친구 티슈바인의 숙소였다. 정확한 이름은 요한 하인리히 빌헬름 티슈바인. 그는 프랑크푸르트 슈테델 미술관에 걸린 유명한 〈로마 캄파뉴에 앉아 있는 괴테〉를 그린 독일 화가다. 티슈바인은 이 건물의 2층을 숙소와 아틀리에로 쓰고 있다가 괴테가 로마에 오자 아파트의 일부를 내어주고 편의를 제공해주던 고마운 친구였다. 원래는 티슈바인의 집이라 해야 옳지만, 사람들은 괴테의 집이라 부른다.

세월이 훌쩍 흘러 노인이 된 괴테는 로마에서 가져온 로마 전경 동판화를 펼쳐놓고 그를 존경했던 젊은 시인 에커만에게 흐뭇한 표정으로 이렇게 회상하고 있었다.

"북쪽에서 시내로 접어드는 이 길다란 대로는 독일에서부터 시작된 길이지. 이곳이 포폴로 광장이고, 나는 성문으로 통하는 이 거리의 한 모퉁이 집에서 살았네. 사람들은 다른 건물을 보여주며 그곳에서 내가 살았다고 하는데, 그건 잘못된 얘기라네."

이 건물의 주인은 산타 세라피노 콜리나와 그의 아내 피에라 지오반나 데 로시, 나이든 부부였는데, 이 부부는 아파트와 방을 세놓고 손님들에게 식사도 해주면서 생활을 이어나가고 있었다고 한다. 이를테면 하숙을 친 셈이다. 이 건물에는 티슈바인을 포함해 세 명의 화가가 살고 있었다. 모두 프랑크푸르트와 바로 옆 도시인 하나우 출신으로 괴테와 동향인들이었다. 괴테가 오면서 이 하숙집은 활력을 띠기 시작하는데, 당시 하숙집 주인이 괴테에게 청구한 식사 내역이 바이마르 괴테 박

물관에 보관되어 있다. 이 청구서를 보면 여기서 괴테와 친구들이 무엇을 먹었고 무엇을 마셨는지 알 수 있다. 특히 신경 썼던 것은 점심메뉴로 이탈리아가 자랑하는 야채스프인 미네스트로네(Minestrone)가 나온 뒤 두 종류의 고기(소고기와 돼지고기)가 채소와 함께 제공되었다. 식사 때마다 매번 와인이 제공되었음은 물론이다. 저녁 때에는 보통 청어나 샐러드 같은 간단한 메뉴가 제공되었는데 아마도 잦은 야간 술집 행차 때문이 아닌가 싶다.

축구경기는 시작 5분이 중요하다는 말이 있다. 해외생활도 초반 얼마간의 시간이 중요하다. 이때 좋은 사람을 만나서 가이드를 잘 받으면 초반의 어려움을 잘 극복해낼 수 있는데, 그렇지 않을 경우 종종 낭패를 보기 십상인 게 바로 해외생활이다. 괴테보다 두 살 아래였던 티슈바인은 이곳 로마에서 처음 얼굴을 보게 되었지만 하숙집도 빌려주고 사람들도 소개해주고 이것저것 생활에 필요한 것들을 헌신적으로 챙겨줘서 괴테가 큰 어려움 없이 로마생활에 정착할 수 있도록 도와주었다.

"나는 이곳에서 집에 있는 것처럼 편안하다. 티슈바인의 사랑과 배려심 덕분이다. 그는 나에게 위로와 격려를 아끼지 않는다. 그는 정말이지 좋은 사람, 똑똑한 사람이다."

괴테는 여러 가지 면에서 복 받은 사나이다. 우선 학식 있고 부유한 집안에서 태어났으며 아버지로부터 훌륭한 개인 교육을 받았으며 대학에서 박사학위를 받았다. 베스트셀러 작가였으며 바이마르 공국에서는 군주의 총애를 한 몸에 받는 뛰어난 행정가였다. 여자친구도 끊이지 않았으며 83세까지 살았으니 당시로서는 특별하게 장수한 사람이다. 게다가 인복까지 있었다. 사나이가 평생 함께 할 친구 두어 명만 있으면 성공한 인생이라고 하는데, 괴테는 로마에서 그런 친구 티슈바인을 만났으니까. 11월 7일의 일기를 읽으면 괴테의 마음을 알 수 있다.

"어렸을 적에 나는 때때로 기이한 망상에 사로잡히곤 했는데, 그것은 내가 예술과 역사에 조예가 깊은 어느 학식 있는 영국 남자에게 이끌려 이탈리아로 간다는 기발한 착상이었다. 그런데 이제 그 모든 것이, 내가 꿈꾸었던 것보다도 더 멋지게 실현된 셈이다. 티슈바인이 그토록 오랫동안 나의 진정한 친구로서 이곳에 살아왔는데, 그는 나한테 로마를 보여주려는 희망을 품고서 이곳에 살았던 것이다. 우리의 관계는 편지를 통해 오랫동안 지속되어 왔으며 이제는 얼굴을 맞대고 새로운 우의를 다지게 되었다. 내게 그보다 더 좋은 길잡이가 어디 있을 수 있겠는가?"

17세기 중반부터 유럽 귀족들 사이에서는 자녀가 사회에 나가기 전 이탈리아와 프랑스를 돌아보게 하고 세상 공부를 시키는 '그랜드 투어(Grand Tour)'가 유행이었다. 대부분의 경우 로마는 그 여행의 최종 목적지였다. 상대적으로 문화의 변방이었던 영국과 독일의 귀족들이 더 적극적으로 고전주의 문화가 찬란했던 이탈리아와 그리스, 프랑스로 자녀를 보내곤 하였다. 그랜드 투어라는 말은 리처드 라셀의 저서 「이탈리아 여행(The Voyage of Italy)」에서 처음 등장하였는데, "프랑스와 이탈리아를 도는 그랜드투어를 다녀온 사람만이 리비우스와 카이사르를 이해할 수 있다."고 말을 하고 있었다.

괴테가 여행을 떠났던 18세기 후반에는 이런 열풍이 유럽 예술가들에게도 이어져 책이나 판화를 통해 보았던 풍경을 자기 눈으로 직접 확인하려는 운동이 일어났다. 특히 알프스 이북 국가에 살고 있던 사람들은 이탈리아의 그림 같은 풍경과 고대 로마 문화 유적에 매료되어 그 땅에 가보는 것을 필생의 과업으로 생각할 정도였다. 고대 유적 때문이기도 하였지만 또 다른 한편으로는 당시의 로마가 파리와 더불어 현대미술의 중심지로 부각되고 있었던 점이 화가들에게는 매력적으로 다가왔던 듯싶다. 친구 티슈바인을 통해 괴테도 조금씩 미술과 예술

전반에 대해 눈을 떠가기 시작한다.

"티슈바인의 재능과 예술관, 그리고 화가로서의 목표 등에 관해 점점 더 많은 것을 알게 되었고, 그것을 높이 평가하게 되었다. 그는 내게 자신의 데생과 스케치를 보여주었는데 그것들은 충분히 장래성을 보여주는 작품들이었다."

이때까지 티슈바인은 아직 유명해지기 전의 화가였다. 유명한 〈로마 캄파니아에 앉아 있는 괴테〉를 비롯해 로마 괴테의 집 박물관에 걸려 있는 그림들은 대부분 진품은 아니다. 진품은 국립 바이마르 괴테 박물관에 있기 때문에 이곳에 걸려 있는 것들은 관람자의 이해를 돕기 위한 복제본들이다. 만약 티슈바인이 아니었다면 우리는 지금 로마 시절 괴테의 생생한 모습을 알지 못할 것이다.

"나는 티슈바인이 자주 나를 주의 깊게 관찰하고 있다는 것을 알아차렸다. 그가 나의 초상화를 그릴 생각을 하고 있다는 것이 이제야 드러났다. 구상은 다 되어 있었고, 캔버스도 이미 준비되어 있었다.
 나는 등신대의 여행자 모습으로 하얀 망토를 걸치고 무너져 내린 방첨탑(方尖塔) 위에 걸터앉은 자세로, 저 멀리 배경으로 그려질 로마의 캄파니아 지역의 폐허를 바라보고 있는 모습으로 그려질 예정이었다. 이것은 아름다운 그림이 될 것이지만 우리 북쪽 나라의 집안에 걸기에는 너무 클 것 같다. 고향에 돌아가면 나는 다시 그곳으로 기어들게 될 것이지만 이 초상화가 놓일 자리는 없을 것이다."

괴테의 예상과 달리 캄파니아에 앉아있는 초상화는 그가 태어난 프랑크푸르트의 미술관에 걸려 있다. 바이마르 박물관과 로마 괴테의 집에도 하나씩 더 걸려있는데 이 그림들은 후대의 다른 화가들이 다시 그린 그림이다.

2층 괴테의 방에는 창밖으로 거리를 내려다보는 괴테를 그

린 티슈바인의 또 다른 유명한 스케치가 걸려 있다. 30대의 괴테는 이 창문을 통해 무엇을 바라보고 있었을까? 바이마르가 아닌 로마의 창밖으로 보이는 세상은 어떻게 달라보였을까? 창문으로 다가가 괴테처럼 나도 바깥을 내려다보았다. 지금은 괴테가 내려다보는 창문 밑으로 레스토랑들이 몰려 있었고 때마침 점심 무렵이어서 구수한 냄새가 올라왔다.

괴테는 티슈바인과 함께 살았을 뿐 아니라 로마 시내와 교외 지역까지 구석구석 함께 다니면서 고대 미술을 연구할 수 있었다. 괴테는 이 아파트에서 티슈바인과 약 8개월여를 함께 지냈다. 다음해 7월 티슈바인이 먼저 떠나가야 할 때가 되자 진한 아쉬움을 토로하고 있다.

"그의 서재는 제가 그 속에서 기거하고 싶을 정도로 먼지를 털고 닦아내는 등 깨끗이 청소되어 있습니다. 지금 이 시기에 아늑한 집을 갖는다는 게 얼마나 절실히 필요한 일이겠습니까?"

평생을 함께 할 친구를 만났다는 것은 분명 행운임에 틀림없다. 티슈바인이 알프스 넘어 멀리 고국에 도착한 이후에도 괴테는 편지를 주고받으며 친구의 부재(不在)에서 오는 아쉬움을 달래고 있었다.

"우리가 티슈바인의 존재와 영향을 그리워할 때마다 그는 아주 활기에 넘치는 편지를 보냄으로써 우리의 그리움을 보상해 주었다."

 친구가 있다는 것은 분명 성공한 인생이다. 나이가 들수록 소중한 게 친구이고 떨어져 나가기 쉬운 것 또한 친구다. 가짜 우정에 상처 입은 사람들도 적지 않게 목격한다. 우리 사회는 친구라는 말을 남발한다. 그저 같은 학교를 졸업했다는 이유만으로 친구로 부르거나 나이가 같다며 보자마자 친구로 하자는 사람도 많다. 그들은 그냥 동창생이고 동년배일 뿐이다.
 진짜 친구와 그렇지 않은 것의 차이는 간단하고도 분명하다. 대가의 유무다. 어떤 행동을 할 때 뭔가 바라고 한다면 그것은 우정도 아니고 친구도 아니다. 영향력 있는 자리에서 내려왔을 때 전화 한 번 없다면 그 역시 친구가 아니다. 친구를 가장한 비즈니스 파트너였을 뿐이다.

관능의 도시 로마,
관능의 여인 파우스티나

_ 코르소 거리

• 로마의 태양은 뜨겁다. 날씨도 뜨겁고 사람들도 뜨겁다. 집집마다 두꺼운 블라인드로 창문을 가리고 있는 것을 보면 이 도시를 내려쬐는 태양의 열기가 얼마나 강렬한지 짐작할 수 있다. 아무리 아름다운 로마라 하더라도 여름철 이글거리는 태양 아래 유적지를 돌아다니는 것은 쉽지 않은 일이다. 너무 지치다보면 콜로세움이나 포로 로마노 일대 조차 한낱 '부서진 돌덩어리'일 뿐이다. 빨리 뜨거운 태양을 피해 시원한 곳에서 쉬고 싶어질 것이다. 고향의 기후와 완전히 다른 로마에서 괴테는 서서히 로마식으로 사는 법에 익숙해져 가는 듯하다.

"코르소 거리에서도 지금은 밤에 산책과 마차 드라이브를 한답니다. 낮에 외출을 하지 않기 때문이지요."

해가 지고 나면 로마의 날씨는 관능적으로 변한다. 어디선가 시원한 바람이 불어와 살을 스치고 이때쯤이면 사람들은 거리로 쏟아져 나오기 시작한다. 지중해성 기후를 지닌 곳이면 대개 그러하듯 낮에 보던 사람과 밤에 만나는 사람들은 완전히 다르다. 저녁 무렵 테라스가 있는 야외 카페에 앉아 거리를 지나는 사람들을 바라보며 마시는 와인 한 잔의 맛은 로마가 아니면 느끼기 어려운 풍류이다. 천국이 따로 없다. 잠깐 왔다가 가야하는 관광객들은 로마의 낮 모습만 각인되어 있겠지만 저녁때 걷는 로마는 완전 별미다. 괴테는 그 별미에 푹 빠졌던 듯 싶다.

"만월의 달빛을 가득 받으며 로마를 두루 산책하는 멋에 대해서는 그것을 직접 체험해보지 않은 사람은 도저히 상상도 할 수 없을 것이다. 빛과 그림자의 거대한 덩어리가 모든 개체를 삼켜버리고, 가장 평범한 형상들만이 눈앞에 드러난다.

사흘 전부터 우리는 그지없이 맑고 장엄한 밤 풍경을 충분히 만끽해 왔다. 콜로세움은 특히 아름다운 광경을 제공해준다."

"오늘은 저녁 때 팔라티노 언덕에 올라 절벽처럼 솟아오른 왕궁의 폐허 위에 섰다. 그런 광경에 대해서는 물론 어떠한 말로도 전달이 불가능하다. 대체로 로마에서는 자질구레한 것이 하나도 없다."

밤의 아름다움은 사랑을 잉태하기 마련이다. 오드리 햅번과 그레고리 팩이 주인공으로 나왔던 〈로마의 휴일〉에서 우디 앨런의 영화 〈To Rome with love〉에 이르기까지 로마는 언제나 사랑이 싹트는 곳이었다. 이 도시에서는 누구나 주인공이 될 자격이 있을 테니까.

로마에서 괴테는 밤의 순례자가 되기 시작했다. 와인을 탐닉하고 사람을 좋아하고 예술을 사랑하는 괴테였기에 로마의 밤을 마다할 까닭이 없었다. 로마에 체류 중이던 1월 19일의 기록에서는 포도주에 기분 좋게 취했다는 내용도 나온다.

"테베레 강을 건너가 막 도착한 배 위에서 스페인 포도주를 마셨다. 이 근방에서 로물루스와 레무스를 발견했다고 한다. 그래서 우리는 2중, 3중의 성신 강림제 때처럼 거룩한 예술정신과 아주 부드러운 분위기, 아련한 회상과 달콤한 포도주 등으로 동시에 흠뻑 취할 수 있었다."

밤의 괴테. 어감만으로도 흥미롭다. 로마의 선술집이란 선술집은 구석구석까지 다 알고 있다고 괴테 스스로 말할 정도였다. 「이탈리아 기행」에는 나와 있지 않지만 괴테는 말년에 자신이 로마에서 드나들었던 선술집을 슬쩍 언급하고 있다. 로마를 찾는 예술가들에게 많은 영감을 주기에 충분한 테마였다. 전문가들에 따르면 괴테의 로마 체류 당시 독일 예술가들이 자주 찾던 선술집은 세 곳으로 나란히 붙어있다시피 했다고 한다. 특히 사랑을 받던 곳은 '빈첸초네 선술집'이라 불리던 곳이다. 원래는 '빈첸츠 뢰슬러의 선술집 겸 여관'이었는데, 이곳이 로마인 까닭에 빈첸츠라는 독일어식 이름보다 이탈리아식으로 빈첸초라 불렀다고 한다.

괴테도 이곳의 단골이었다. 괴테가 남긴 지출장부를 보면 알 수 있는데, 1787년 1월에 얼마나 부지런히 드나들었는지 짐작하게 만든다. 1월 17일에는 식사비로 8빠올로를 지불했고, 1월 28일에는 2스쿠도 5빠올로를 지불한 것으로 적혀 있다. 당시 화폐단위이기에 정확한 추산은 어렵지만, 이날 유독 지출이 많았던 것은 사람 좋아하는 괴테가 친구들을 초대했었던 까닭으로 추산된다. 그러니까 빈첸초네 선술집은 예술가들의 밥집이자 술집, 그리고 사랑방이었던 것이다. 괴테는 여기서 일하던 젊은 아가씨 콘스탄차에게 분홍빛 마음을 가졌지만 결과적으로 실패로 돌아간다. 지금 빈첸초네 선술집은 남아있지 않다.

훗날 그가 떠난 뒤에도 유명작가였던 괴테의 발자취를 찾아 로마 구석구석을 뒤지고 다니는 괴테 마니아들이 적지 않았다. 독일 시인 빌헬름 뮐러도 그중 한 명인데, 1820년 괴테의 단골

술집에 대해 상세히 적고 있다.

"괴테가 15번째 비가에서 묘사했던 기품 있는 모험의 현장인 그 선술집의 이름을 길이 간직하는 것은 우리 독일 화가들의 전통이다. 그 선술집은 '황금종' 문양이 있으며, 유대인 거리에서 멀지 않은 마르첼로 극장 광장에 있다."

밀러가 말한 전통은 오래도록 이어져, 괴테의 생일날인 8월 28일이면 로마에 거주하는 독일 화가들이 선술집에 모여 축하 파티를 열었다고 한다. 1866년 이곳을 방문한 바이에른의 왕 칼 루드비히 1세의 뜻에 따라 그 선술집 앞에 '괴테가 로마의 비가에서 노래했던 사랑의 현장'이란 표시판도 설치했을 정도였단다. 칼 루드비히 왕은 괴테와 자주 편지를 내왕할 정도로 절친한 사이인데, 먼 훗날 괴테가 노인이 되었을 때 편지를 보내 로마에 체류하고 있는 본인의 소회를 전해왔다. 그는 "마치 사랑하는 연인을 그리워하듯 로마를 그리워했다."고 하면서 12년 만에 다시 찾은 로마에 대한 소회를 이렇게 전하고 있다.

"이곳 로마에서 권좌의 근심거리에서 벗어나 재충전하고 있소. 예술과 자연을 날마다 만끽하고 있고, 예술가들이 나의 식사 친구들이오."

루드비히 1세는 괴테가 로마에 묵었던 집을 자주 지나칠 때마다 괴테를 생각한다고 하면서 훗날 괴테가 펴낸「로마의 비가」에 나오는 몇 구절을 인용하기도 했다.「이탈리아 기행」에는 전혀 언급되어 있지 않지만, 여기에는 한 여인과의 정열적인 사랑이 등장한다. 이 작품 제2 비가의 마지막 2개의 행은 다음과 같다.

"어머니와 딸이 북방의 손님을 기꺼이 맞이하는구나
 야만인이 로마인의 가슴과 육체를 지배하는도다."

여기서 말하는 '야만인'이란 물론 괴테를 뜻한다. 흔히 괴테를 가리켜 연애박사라고 말을 하는데, 절반만의 진실이다. 무슨 말이냐 하면 로마여행 이전까지 괴테는 많은 여성을 사귀고 심지어 약혼도 했다가 파혼한 경력도 있지만 모두 정신적 연애였다. 샤로테 폰 슈타인 부인과의 연애는 잘 알려져 있고 그녀에게 보낸 괴테의 편지는 1,500통이 넘지만 철저히 플라토닉 러브였다. 괴테는 심지어 결혼제도조차 경멸했다.

괴테는 젊었을 때 짝사랑했던 여자 샤로테 부프와의 실연으로 마음의 큰 상처를 받았고, 그래서 탄생한 작품이 유명한「젊은 베르테르의 슬픔」이었다. 이러저러한 연애에도 불구하고 그때까지 아직 육체적 연애를 하지 못했을 것이라는 게 괴테를

연구하는 사람들의 대체적인 견해다. 아프니까 청춘이라는 말이 있지만, 괴테만큼 크게 아파본 청춘도 드물 것이다.

그런데 로마에서 뭔가 다른 차원의 일이 벌어졌을 것이라는 냄새를 강하게 풍기고 있다. 「로마의 비가」 제18 비가에서는 파우스티네라는 여자 이름이 등장한다. 괴테의 다른 작품인 「베네치아 에피그램」에서 또다시 같은 이름이 나오는데, 여기서 괴테는 뭔가 진한, 그러면서도 뭔가 핑크빛 느낌을 전하고 있다.

"이 나라는 얼마나 아름다운가 / 하지만 아…! / 파우스티네를 다시 볼 수 없다니/
고통을 안고 떠나는 이곳은 이제 이탈리아가 아니로구나."

창작품이기 때문에 어디까지 사실이고 어디까지 허구인지는 지금까지 논란이다. 파우스티네가 실재의 인물인지, 누구였는지 미스터리이다. 당연히 흥미로운 주제가 되었다. 괴테의 모국 독일에서는 물론이고 영국, 이탈리아, 미국의 학자와 저널리스트들이 제각기 다른 학설과 주장을 하고 있다. 그 가운데 집념어린 추적을 시도했던 영국과 이탈리아의 작가와 기자들이 있었다. 그들의 주장은 대충 이렇다. 괴테가 로마에서 한 여인과 뜨겁게 사랑한 것은 사실이고 그 여인의 이름은 파우스티나 디 지오반니, 24살의 육감적인 젊은 미망인이었다고 한다.

스무 살에 결혼했다가 같은 해 남편과 사별해 아들 하나를 키우던 로마의 평민 여성이었다. 1778년 1월의 어느 날 괴테는 평민인 그녀를 알게 되었고 관능적인 사랑에 빠졌다. 그러던 어느 날 괴테는 불가피하게 귀국길에 오르게 되었고 쓰라린 마음을 작품으로 남겼다는 것이다.

로마를 떠나기 직전인 1788년 3월 14일 보낸 편지에서 괴테는 로마체류를 끝내야 하는 아쉬움을 토로하면서, 자신과 헤어지는 것을 진심으로 슬퍼하는 사람이 세 명 있다고 말하고 있다. 그 세 명 가운데 친구이자 작가였던 칼 필립 모리츠, 그리고 괴테의 불타오르는 지적 호기심을 채워준 안겔리카 카우프만, 이렇게 두 명은 확실하다. 나머지 한 명은 누구인가. 아마도 파우스티나를 의미하지 않았을까.

괴테는 인생의 황혼기에 자기의 이야기들을 대부분 털어놓는다. 그럼에도 불구하고 로마에서의 사랑 이야기를 들려달라는 간청에 대해서는 끝내 입을 다물었다. 절친한 친구였던 헤르더가 이탈리아 여행을 떠나면서 이탈리아에서 쓴 일기의 원본 복사본을 부쳐달라고 부탁하지만 괴테는 이 기록을 불 속에 던져버릴 생각이라며 거절했었다. 두 사람의 각별한 우정을 감안하면 대단히 이례적인 일이었다. 무엇인가 남들에게 공개하고 싶지 않은 일이 벌어졌음이 분명하다.

무슨 말 못할 사연이 있었던 것일까. 괴테의 여성문제라면 뒤지고 다니던 당대의 파파라치들에게 질렸던 때문일까. 아니면 마음 속 영원한 여인으로 남기고 싶었던 것일까. 로마 생활에서 괴테의 가장 로맨틱한 일화는 세상에 알려지지 않았다. 그 비밀은 아마도 그의 여행 가방만이 알고 있을 것이다.

노년이 되어 젊은 시인 에커만과 나눈 대담을 통해 괴테가 했던 말에서 혹 어떤 실마리를 찾을 수 있을지 모르겠다.

"로마는 우리 같은 외국인이 장기 체류할 곳이 못 되네. 로마에 눌러앉아 정착하려는 사람은 결혼을 해서 가톨릭으로 개종해야만 하니까 말일세. 그렇지 않고서는 배겨낼 수가 없고, 불편한 생활을 면하기 어렵다네."

샘물을 뱀이 마시면 독이 되고 벌이 마시면 꿀이 된다는 말이 있다. 연애도 그렇다. 누군가에게 그것은 유치한 치정과 바람기로 끝나지만 또 다른 누군가에게는 새로운 활력과 세상에 기여하는 에너지가 되기도 한다. 여인과의 사랑, 그것은 괴테에게 언제나 마르지 않는 창조의 원천이었다. 괴테가 새로운 여자를 만났다는 것은 곧 새로운 작품의 탄생을 의미했다. 노년의 괴테를 가까이서 지켜본 에커만도 존경하는 거장의 사생활에 대해 조심스러워하면서도 몇몇의 일화는 인정하고 있을 정도였다.

로마에서 괴테가 만난 여인이 파우스티나였는지 혹은 다른 이름의 여인이었는지 확실치 않다. 분명한 것은 로마 이후 괴테의 인생은 확 달라졌다는 사실이다. 로마에서 바이마르로 돌아온 지 불과 3주일 만에 괴테는 23살의 평민 여인 크리스티아네 불피우스를 만나 한눈에 반하고 곧바로 동거에 들어간다. 쇼킹한 뉴스가 아닐 수 없었다. 천재였으며 유명인사인데다 귀족이었고 사회적 지위를 갖춘 괴테가 수많은 여인을 물리치고 지극히 평범한 여인을 선택했으니까. 귀족도 아니고 "나의 작품 중에 그녀가 읽은 것은 단 한 줄도 없다."고 괴테가 고백할 정도로 교양이 부족했던 여자지만, 그녀에겐 분명한 매력이 있었던 모양이다. 귀족 여인들에게서 발견하기 힘들었던 뭔가 다른 생명력을 발견한 것이다. 그토록 결혼제도에 대해 부정적이었던 괴테였지만 동거생활 18년이 지나 마침내 결혼식까지 올렸다. 혹시 크리스티아네 불피우스에게서 괴테는 파우스티나의 이미지를 발견한 것일까. 괴테 연구가들이 궁금해하는 점이다. 우연인지 괴테는 말년에 대작 「파우스트」에서 파우스트 박사의 입을 빌어 이렇게 말하고 있다.

"영원한 여성적인 것이 우리를 이끄는구나!"

(Das Ewige-Weibliche zieht uns hinan.)

그 어느 도시보다 사랑했던 로마, 만끽했던 자유의 시간. 괴테에게 많은 변화가 일어났던 공간과 시간이었다. 괴테에게 있어 로마를 떠난다는 것은 두 가지 의미였다. 오랫동안 갈망해왔던 자유와 고별을 하는 것이자 동시에 사랑하는 여인과의 이별이기도 하였다. 로마는 괴테에게 인생의 혁명을 가져다주는 곳이었다. 괴테는 참된 여행자였다.

집시를 만나다

_ 로마 지하철

• **갑**자기 내린 비를 피해 서 있을 때 어디선가 〈치고이너바이젠〉을 연주하는 바이올린 소리가 들린다. 건너편 건물 지붕 밑에 있던 중절모를 쓴 늙은 집시였다. 비는 아랑곳하지 않고 집시는 연주를 계속하고 있었다. 앞에 놓인 악기 상자에는 얼마 안 되는 동전만 놓여있었다. '치고이너(Zigeuner)'란 독일어로 집시를 가리키는 말이고, '치고이너바이젠'은 집시들의 전통 선율 방식으로 연주하는 곡을 말한다. 이번 여행에서 유독 많은 집시들을 목격한다. 여행 첫날 프랑크푸르트 슈테델 미술관에 가느라 홀바인 다리 위에 섰을 때 마주친 것은 아코디언을 연주하던 집시 남자였다. 레겐스부르크의 석조 다리 위에서는 2인조 집시가 〈다뉴브 강의 잔물결〉을 연주하고 있었다. 뮌헨 지하철 역 입구, 피렌체 시뇨리아 광장 뒷골목에서도 음악을 들려주던 집시가 있었다. 영원히 방랑하는 민족, 늘 어디론가 떠돌이 삶을 살아야 하는 집시는 예술가들에게 자유영혼의 상징이기도 했다.

　이번 여행에서 나와 집시의 끈질긴 인연은 로마 지하철에서 하이라이트를 맞았다. 이번에는 낭만적 인연이 아니라 스트레스를 잔뜩 유발시키는 악연이었다. 로마의 지하철 노선은 단순해서 A와 B, 이렇게 딱 2개 노선뿐이다. 이것은 여행자에게나 방문자에게 편리함이자 동시에 문제점이기도 하다. 로마의 악명 높은 소매치기들의 주요 표적이기 때문이다. 특히 두 개의 노선이 만나는 환승역이자 기차역이 위치한 테르미니 역 주변이 아주 위험하다. 바로 그곳에서 나도 소매치기의 표적이 되었다.

　환승을 위해 에스컬레이트를 타고 올라갈 무렵 한 사내가 갑자기 내 등 뒤로 바짝 붙었다. 그러더니 지도를 활짝 펼친다. 직감이 이상해 어깨 뒤로 매고 있던 배낭을 살펴보았더니 이미 반쯤 열려있는 게 아닌가. 어느 사이에선가 2인조 소매치기는 사라진 뒤였다. 백인들과는 확연히 차이가 나는 얼굴색과 검은색 머리로 보아 집시들로 보였다. 나는 이런 경우를 대비해 지갑과 여권 등 중요한 것은 아파트 안에 안전하게 보관해두고 외출했기 때문에 그 집시 소매치기들이 배낭 안에서 발견한 것이라고는 바나나 한 개와 마시다 반쯤 남은 생수병 하나, 그것이 전부였을 것이다.

나는 로마에 체류하는 동안 모두 세 차례나 소매치기의 공격을 당해야 했다. 이번에는 혼잡한 지하철 구내였는데 각각 남녀 한 쌍과 남자 2인조로 이뤄진 소매치기 조직이었다. 유럽에서 살았던 덕분에 나는 집시 혹은 소매치기를 조심해야 한다는 것을 잘 알고 있었다. 별다른 피해는 없었지만 누군가에게 집중적인 먹이로 인식된다는 것은 기분 좋은 일이 아니다. 정말이지 로마에서는 소매치기를 조심해야 한다. 로마에서 돈 잃고 가방 털리고 핸드백을 강탈당했다는 한국 관광객의 하소연은 거의 매일 일어나기 때문이다.

오래전에 나왔던 〈집시의 시간〉이라는 영화가 생각났다. 유고슬라비아 출신의 소년이 범죄조직의 꼬임에 속아 로마로 건너왔다가 결국 비극으로 끝나는 이야기인데, 아마도 나를 공격한 집시도 분명 범죄조직에 속해 있을 것이다. 물론 로마의 소매치기에는 집시 족 이외에도 다양한 다른 조직들도 있지만 어찌하였든 집시들에 대한 환상이 깨지는 것은 분명하다.

유럽에서 집시 족은 뜨거운 감자다. 내가 로마에 체류하고 있을 때만 하더라도 프랑스에서 집시 족 여고생 레오나르다 디 브라니가 학교 현장학습 도중에 경찰에 연행되어 코소보로 강제 출국된 사건이 벌어져 유럽 전체가 시끄러웠다. 그녀의 부모는 코소보 출신 집시 족으로 5명의 자녀를 데리고 프랑스로 불법 입국한 뒤 여러 차례 난민 신청을 했지만 기각 당했고, 결국 강제 추방조치에 이른 것이다.

쳇바퀴처럼 살아가는 직장인들에게 어디론가 떠나가는 집시들의 삶은 종종 먼 곳에 대한 향수를 불러일으킨다. 반면에 유럽 정치인과 행정가들에게는 골치 아픈 존재이기도 하다. 유럽 연합이 구 동구권과 남유럽으로 확대되면서 자연스레 그 나라에 거주하던 집시들이 상대적으로 잘사는 나라와 주요 관광지로 몰려들고 있기 때문이다.

내가 집시들을 처음 목격한 것은 모스크바에서였다. 아직 고르바초프가 서기장으로 있었던 1990년이었다. 냉전의 한 축을 지탱하던 소련이라는 제국의 운명이 경각에 달려있어 나는 격

동기의 상황을 취재하느라 모스크바 시내를 바삐 움직이고 있을 때였다. 어디선가 울긋불긋 원색의 옷을 입은 검은 머리의 여인들이 떼 지어 다가오고 있었다. 한눈에 러시아 사람들과 구분되기에 관심을 보였더니 러시아인 현지 가이드가 조심하라고 경고했다. 그러면서 '치간'이라고 했다. 치간? 러시아어로 집시를 의미했다.

알함브라 궁전이 있는 스페인 안달루시아에 갔을 때 나는 그곳에서 집시들의 거대한 거주지를 보았다. 그곳에서는 집시를 '히타노(Gitano)'라 불렀다. 잉글리드 버그만과 게리 쿠퍼가 주인공으로 나온 영화로도 만들어졌던 헤밍웨이의 소설「누구를 위하여 종은 울리나」에서도 안젤모라는 이름의 늙은 집시 두목과 그의 아내이자 영적인 능력을 가진 필라가 주요 인물로 등장한다. 그만큼 스페인에 집시가 많다는 뜻이다. 플라멩고는 집시들의 음악이자 춤이다. 심지어 브라질 상파울루에 출장 갔다가 그곳 시내 한복판에서도 적지 않은 집시들이 몰려다니는 모습을 보고 깜짝 놀라지 않을 수 없었다. 식민주의 시절 종주국 포르투갈이 자국 내에 거주하던 집시들을 브라질로 강제 추방시킨 결과라고 하는데, 브라질에만 현재 80만 명의 집시 족이 있다. 미국에도 약 100만 명의 집시가 거주하는 것으로 추산되고 있단다. 독일 최고의 집시 전문가인 카트린 렘츠마가 쓴「신티와 로마(Sinti und Roma)」라는 책을 보면 이렇게 분석되어 있다.

"현재 유럽 전체의 집시는 약 8백만 명, 그 가운데 대부분은 남동 유럽, 동유럽, 그리고 스페인에 살고 있고, 아메리카 대륙과 비유럽 국가들에도 일부 건너가서 살고 있다. 집시들은 스스로를 가리켜 '로마'라 부르며, 신티는 인도 출신 여러 집시 중 하나로 수세기 동안 독일어권에서 살면서 독일 문화와 언어, 역사와 관련 있는 집시를 지칭한다."

우리는 나치에 의해 희생된 사람들이 유대인만 있는 것으로 흔히 잘못 알고 있다. 그것은 할리우드를 지배하고 있는 유대인 영화가들 때문이다. 히틀러 시대 유대인 이외에도 집시 족과 동성애자들도 아우슈비츠 수용소로 끌려갔다. 미국 텍사스 대학 집시연구소에 따르면 대략 50만 명에서 20만 명 사이의 유대인이 이때 학살되었을 것이란 추정이다.

유럽에서 집시 혹은 치고이너란 호칭은 차별적 의미를 담고 있기 때문에 공식적인 문서나 발표에서는 다른 표현을 사용한다. 바로 로마(Roma), 혹은 로마니(Romany)라는 표현인데, 집시들은 스스로들을 그렇게 부르기 때문이다. 그 어원에 해당하는

롬(Rom)은 사람을 뜻한단다. 그러니 나는 로마에서 다른 로마를 만난 셈이다.

집시들은 도대체 어디서 온 걸까. 집시들은 기록을 하지 않고 역사적 자료도 없다. 본인들도 어디서 온 것인지 뿌리를 알지 못한다. 영국의 집시전문가인 앵거스 프레이저는 「집시(The Gypsies)」라는 책에서 이렇게 말하고 있다.

"집시들이 성지순례를 가장하여 처음 서유럽의 문을 두드렸을 때 그들의 기원과 관련해 커다란 호기심과 이론들이 난무하였다. 한창 지나서야 집시의 디아스포라가 시작된 곳의 언어를 통해 추론이 가능해졌을 뿐이다."

집시들이 사용하는 언어는 인도-이란어군에 속하며 유럽 현지 언어와 섞여 복잡하게 변용된 형태의 인도어라는 주장이다. 최근 유전학 검사 결과 이들의 혈통이 인도 북서부에서 유래되었을 것이라 추정하고 있다. 그런데 왜 이들은 집시라 불리는 것일까?

중세시대에 집시들이 가장 먼저 몰려온 곳은 지금의 발칸 반도 지역인데 이들을 제일 먼저 만났던 그리스 사람들은 그들의 피부색을 보고 이집트에서 건너왔다고 착각했다. 그래서 이들을 가리켜 이집트 사람이라 불렀고, 중세시대 영어권에서 이집시언(Egipcien)이라 부르다가 나중에 압축되고 압축되어서 집시라는 이름이 된 것이다. 늘 떠돌이 삶을 살아야 했기에 마땅한 직업은 얻기가 힘들었고, 말과 마차에 관련된 직업이나 손금이나 운명을 예측하는 점쟁이, 그리고 음악에 뛰어난 재능을 보였다.

집시는 예술가들에게 최고의 소재였다. 한국에서 한때 〈집시여인〉이라는 노래가 유행했던 것처럼 집시는 낭만적인 이미지였다. 먼 길을 떠나는 집시처럼 상상력을 제공하기에 멋진 존재가 또 있을까. 로마의 나이든 집시 악사가 연주하였던 사라사테의 명곡 〈치고이너바이젠〉을 비롯해 비제의 오페라 〈카르멘〉, 베르디의 오페라 〈라트라비아타〉, 〈일 트로바토레〉에 이르기까지 소재는 하나같이 집시였다.

1970년대 한국에서 번안 가요로 인기 있었던 〈마음은 집시〉라는 노래의 원곡 역시 이탈리아 가수 나다와 니콜라 디 바리가 산레모 가요제에서 불렀던 〈Il Cuore E′ Uno Zingaro〉라는 노래였는데, 사랑의 상처를 떠돌이 집시에 빗대어 표현하고 있었다. 헨리 만시니의 영화음악 〈집시 바이올린〉, 영국 가수 메리 홉킨이 불렀던 〈Those were the days〉, 호세 펠리치아노의 〈집시〉, 한국의 코리아나가 번안했던 러시아 민요 〈검은 눈동자〉

역시 원곡 혹은 소재가 집시와 관련되어 있다. 영화로도 유명했던 빅토르 위고의 소설 「노트르담 드 파리」는 집시 여인 에스메랄다를 사랑했던 콰지모도의 슬픈 이야기였다.

피카소의 친한 친구이자 파리 몽마르트 시절 방을 내주기도 하였던 이시드레 노넬은 더 특별한 예술가였다. 집시 여인을 아내로 맞고 평생 집시 족을 대상으로 그림을 그린 화가였다. 바르셀로나에 있는 그의 미술관은 그런 점에서 아주 유별나다.

나에겐 좋아하는 그림 하나가 있다. 빈센트 반 고흐가 그린 〈포장마차를 치고 있는 집시 캠프(Les Roulottes)〉라는 이름의 그림이다. 이 그림과의 인연은 베를린으로 거슬러 올라간다. 괴테가 로마로 훌쩍 떠났을 때와 비슷한 30대 중후반의 나이였다. 나는 설명하기 힘든 어떤 바람에 이끌려 회사에 휴직원을 제출하고 무작정 그 도시로 날아갔다. 특파원도 아니고 이렇다 할 수입도 없었기에 나의 자취방은 초라하기 짝이 없었다. 어느 날 신문사의 특파원 한 명이 나의 자취방을 방문하면서 방문 기념으로 선물로 놓고 간 복사본 그림이었다. 고흐는 1888년 프랑스 프로방스 지방에 있는 아를 근교에서 말과 마차를 몰고 다니던 떠돌이 집시 가족을 발견하고 이를 그림으로 그렸다. 떠돌이처럼 방랑자의 삶을 살아야했던 예술가로서의 자기 정체성을 말하고 싶었던 것 같다.

그가 떠나고 나서 포장지를 벗겨낸 뒤 고흐의 이 그림을 발

견하고 난 뒤 한동안 뭐라 표현하기 어려운 격한 감정에 휩싸였었다. 그림 속에서 내가 본 것은 집시가 아니었다. 나와 내 가족의 모습이었다. 나는 도대체 왜 떠돌이처럼 이곳으로 떠나와 있는 것일까?

이때부터 나는 집시와 집시들의 삶에 대해 본격적인 관심을 갖고 자료를 모으기 시작했다. 파리에 갈 때마다 오르세 미술관에 들러 그곳에 전시되어 있는 고흐의 그림을 보는 것은 내게는 일종의 순례 비슷한 행위가 되어 버렸다. 내가 베를린에서 「디지털 엘리트 노마드」란 책을 쓰게 된 계기도 바로 이 그림이었다.

완전히 나를 다시
태어나게 하는 도시 로마

_ 로마

• 　　　　　만약 로마에 와서 재미없다고 말한다면 그는 분명 인생이 지루한 사람이다. 2천 년이 넘는 장대한 제국의 역사만큼이나 볼 것이 많고 스토리로 넘쳐나는 곳이 로마다. 언제나 관광객으로 붐비는 스페인 계단과 트레비 분수, 고대 로마의 상징인 거대한 콜로세움, 로마의 심장부인 베네치아 광장, 거장들의 조각이 아름다운 보르게제 정원, 베르니니의 명작 4대강 분수가 아름다운 나보나 광장, 미켈란젤로가 설계한 캄피돌리오 광장에서 시작해 팔라티노 언덕을 거쳐 포로 로마노까지 가는 고대의 길, 로마의 명동이라는 베네토 거리, 영원한 도시 바티칸에 이르기까지 체력이 모자라면 모자랐지 결코 볼 것이 부족하지는 않은 도시가 바로 로마다. 그런가하면 세계적인 명품 거리로 유명한 콘도티 거리도 있다. 멋진 레스토랑과 팬시한 카페도 지천에 깔렸다. 거리를 지나는 남녀의 모습은 또 어떠한가. 하나같이 영화의 주인공처럼 자기 연출의 천재들이다.

처음 올 때 설레고, 두 번째 올 때는 궁금해지고, 세 번째 올 때는 완전히 빠지는 도시가 바로 로마다. 괴테는 지식인 여행자, 정확히 말하면 인문 여행자였다. 나는 로마에 와서 괴테의 지적(知的) 탐식성에 다시 한 번 놀라지 않을 수 없었다. 괴테는 흡사 오랫동안 밥을 굶었던 사람처럼, 혹은 몇 년 동안의 가뭄 끝에 장마를 만난 대지처럼 거대한 로마를 받아들이기 시작했다. "너무 많은 것을 보고 너무 많이 감탄한 나머지 저녁이 되면 피곤해져서 기진맥진한 상태"라고 토로할 정도였다. 11월 7일의 기록을 보면 그가 이 도시에서 어떻게 지내고 있는지 짐작할 수 있다.

"로마에 오니까 마치 아주 커다란 학교에 온 것 같아서, 하루 중에 본 것이 어찌나 많은지 그것에 대해 감히 이야기할 엄두조차 나지 않을 정도이다. 그러니 몇 해 동안 이곳에 체류한다 하더라도 피타고라스 식의 침묵을 지키며 지내는 것이 가장 현명한 방법일 것이다."

흔히 '아는 만큼 보이고, 보는 만큼 안다'는 여행의 격언이 있는데, 이 말이 가장 잘 들어맞는 곳이 로마다. 현장을 직접 가서 보아야 직성이 풀리는 사람들을 가리켜 독일에서는 'Augen Mensch'라 부르는데, 직역하면 '눈 인간', 의역하면 '육안으로

확인하는 인간'이다. 괴테는 그런 유형이었다.

특히 인문여행자에게 로마만큼 자신의 실력이 드러나는 곳도 흔치 않다. 주변을 돌아보면 보이는 곳이 전부 박물관이나 다름없는 로마이기에 이 도시를 처음 찾은 사람들은 도대체 어디서부터 시작해야 할지 가늠조차 하기 어렵다. 괴테는 역시 정직한 지식인이었다. 로마에서 자기가 알고 있던 지식이 얼마나 보잘것없었는지 처참하게 깨닫기 시작한다. 스스로를 탑을 세우려 했던 건축가에 비유하면서, 그러나 그 기초가 불안해서 완전히 다시 헐어낸 뒤 이제 다시 기초를 다지는 중이라 말하고 있다.

"나를 내부로부터 개조하여 다시 태어나게 하는 작용이 계속되고 있다. 이곳에서 뭔가 제대로 된 것을 배우려는 생각은 벌써부터 하고 있었다. 하지만 이렇게까지 근본으로 돌아가서 많은 것을 잊어버리고 완전히 다시 배우리라고는 상상도 못했다.(…) 그래서 내가 나 자신을 부정하지 않으면 안 될수록 더욱 더 즐겁다."

영어에 'Honest is best policy(정직한 것이 최선의 방안이다)'이라는 표현이 있다. 모르는 것을 고백하고 불완전한 것을 인정하는데서 참 배움이 시작된다는 뜻이기도 하다. 무릇 모든 공부는 모르는 것을 모른다고 인정하는데서 시작된다. 괴테는 훌륭한 학습자의 자세를 갖췄다. 체류가 길어지고, 공부가 깊어지면서 괴테는 로마라는 도시, 로마라는 문명 앞에 한없이 겸손해진다.

"이제는 나의 로마 체류에 대해 적절히 설명하기가 더욱 어려워진다. 왜냐하면 이 도시를 관찰하는데 있어서 내 생각은 바다 멀리로 나가면 나갈수록 더욱더 깊어진다는 사실을 발견하게 되는 것과 똑같기 때문이다."

'가능한 한 멀리 가고 오래 머물며, 깊이 보라'는 여행의 3원칙에 가장 충실한 여행자답게 괴테는 로마 체류 후반기에는 특정한 장소와 대상에 집중하기 시작했다.

"2주일 전부터 나는 아침부터 밤중까지 계속 돌아다니고 있다. 아직 보지 못한 것들을 찾아다니는 것이다. 아주 훌륭한 유적은 두 번 세 번씩이나 관찰하고 나서야 어느 정도 정리가 된다."

로마와 이탈리아에서 괴테는 생전 처음 하는 경험이 적지 않았다. 큰 바다를 본 것도 처음이었고, 바다에 나가 낚시질을 하면서 물고기와 게를 비롯한 다양한 어종을 잡아보고 놀라워 한다. "그중에는 전기를 옮게 하는 물고기도 있었다."고 신기해하고 있는데, 아마도 전기장어가 아니었을까.

"나는 대양을 두 번 보았다. 첫 번째는 아드리아 해이고, 두 번째는 지중해였는데 그저 지나가는 길에 방문한 것에 지나지 않았다."

로마에서 괴테가 집중적으로 관찰하기 시작한 물질은 대리석이었다. 벨베데레의 아폴로 상, 론다니니 궁전의 메두사 가면을 시작으로 미술관마다 박물관마다 제작된 조각품을 보면서 그 재료인 대리석이란 물질에 감탄하고 있다.

"대리석은 특이한 물질이다. 그렇기 때문에 벨베데레의 아폴로 상은 실물로 보면 무한한 기쁨을 안겨준다. 애송이 티를 벗어나서 생생하고 영원한 젊음이 활짝 피어난 기색도 석고상이 되면 아무리 잘 만들어져도 그 생기가 사라져버린다."

인문여행이 주축이었지만 과학자, 지질학자, 식물학자로서의 기질도 유감없이 발휘하는 사람이 괴테였다. 마치 진공청소기처럼 로마에서 궁금한 것들을 모두 빨아들이고 있었다.

"이제까지는 아무런 흥미도 느껴지지 않았던 역사, 비문, 동전 등에도 관심이 쏠린다. 내가 자연사 분야에서 주워들은 것이 여기서도 반복되고 있다. 세계의 전 역사가 이 도시와 연관되어 있기 때문이다. 내가 로마 땅을 밟게 된 그날이야말로 나의 제2의 탄생일이자 나의 진정한 삶이 다시 시작된 날이라고 생각한다."

스스로 로마 땅을 밟게 된 그날이 제2의 탄생일이며 진정한 삶이 시작된 날이라고 말하는 괴테, 그의 자취를 따라가는 후배 인문여행자에게는 너무도 부러울 따름이다. 한 가지 재미있는 사실은 전천후 인문 여행자이면서도 괴테는 단 하나 예외가 있었다. 그것은 음악이었다. 괴테는 "음악은 내 영역에 속하지 않기 때문"이라고 실토하고 있다.

로마를 알기 위해 괴테가 의존한 책은 크게 보면 세 가지이다. 하나는 로마에 대한 종합적 안내 서적이라 할 수 있는 독일인 폴크만의 이탈리아 가이드북이었다. 폴크만(Volkmann)은 정확한 이름이 요한 야콥 폴크만으로 1770년과 1771년 사이에 「이탈리아에 관한 역사적이고 비평적인 소식(Historisch-Kritische Nachrichten von Italien)」이란 3권짜리 책을 펴냈는데, 이 책을 괴테가 기초적인 가이드북으로 이용하였다. 두 번째 로마와 이탈리아 건축에 대해서는 앞서 설명한대로 팔라디오의 책 두 권을 소중하게 참조하였다. 마지막으로 로마의 예술 전반과 고전에 대해서는 빙켈만이 쓴 저작물에 의존했다.

빙켈만은 괴테보다 한 세대 빠른 독일의 미술 역사가이자 미학자였다. 1755년부터 13년 동안 로마에 체류하면서 고대 로마문명을 연구하였다. 아직 모든 것이 열악하고 체계가 잡혀있지 않던 시대에 그가 이룩한 학문적 성과는 실로 거대하다. 고대 로마와 고대 그리스 문화에 대해 우리가 알고 있는 상당 부분은 그가 세운 뼈대 위에서 살을 채워나갔다고 해도 과언이 아닐 정도다. 괴테는 그 위대한 빙켈만에 감동하고 있다.

"빙켈만이 이탈리아에서 쓴 서한집이 오늘 아침에 우연히 내 손에 잡혔다. 내가 그 글을 얼마나 감동적으로 읽어 내려갔을지 한번 상상해보라! 31년 전의 바로 지금과 같은 계절에 그는 나보다 더 측은하고 무지한 상태로 이곳에 도착했던 것이다. 그러나 그는 독일인다운 진지한 자세로 고대 유물과 미술에 대해 철저하고 정확하게 연구를 했다. 그는 자신의 일을 얼마나 성실하고 훌륭하게 수행해냈던가!"

재미있지 않은가. 괴테는 자기보다 31년 전 로마에 와서 연

구하며 그가 남긴 편지의 글들을 보면서 감격해하고 있고, 나는 다시 200년이 훌쩍 지나 괴테가 남긴 글을 로마에서 읽으며 감동하고 있다. 여기서 하나 주목되는 것은 괴테가 빙켈만을 가리켜 '독일인다운 진지한 자세'라 표현했다는 점이다. 괴테는 빙켈만이 보낸 편지 한 구절을 소개하고 있는데 이번에는 빙켈만이 스스로 프랑스와의 차별성을 강조하고 있는 점도 눈에 뜨인다.

"로마에서는 모든 것을 어느 정도 냉담하게 대해야 합니다. 그렇지 않으면 우리는 프랑스 사람으로 오인당할 겁니다. 나는 로마가 전 세계에 대한 최고 학교라 믿고 있으며, 나 역시 정화되고 시험당하고 있습니다."

여행은 자기 자신을 객관화시켜 보는 거울이다. 「이탈리아 기행」에서 괴테는 종종 '독일적' 혹은 '진정한 독일인'이라는 표현을 하곤 했는데 하나같이 강한 자부심이 배어있기도 하지만 다른 문화와 차별성을 의미하기도 한다. 친구이자 화가인 티슈바인과의 여행을 묘사할 때도 마찬가지였다.

"예술에 대해서와 마찬가지로 자연에 대해서도 뛰어난 안목을 갖고 있는 티슈바인과 함께 여행을 한다는 것이 내게는 매우 뜻깊은 일이다. 하지만 우리는 진정한 독일인으로서 일에 대한 계획과 전망을 세우지 않을 수 없다. 아주 좋은 도화지를 사두었으며 그 위에다 그림을 그릴 계획을 세운다."

과연 '독일적'이라는 것은 무엇을 뜻할까? 벤츠, BMW 같은 자동차와 밀레 세탁기로 대변되는 기계적 완벽주의를 말할까? 칸트, 헤겔처럼 이성적인 철학자를 말하려는가? 아니면 나치의 인종차별주의인가? 2차 세계대전의 후유증으로 독일적이라는 표현에서는 부정적인 측면도 적지 않게 내포하고 있다.

여행자로서의 괴테를 지켜보면 '진지함', '철저함', '준비성'이 아주 강한 것을 알 수 있는데, 그런 면에서 본다면 괴테에게서는 '전형적인 독일인'이라는 말이 절로 나오게 된다. 하지만 다행스럽게도 괴테는 국수주의적인 독일주의자는 아니었다. 맥주보다는 와인을 좋아했고, 여행 내내 다른 민족과 다른 문화에 대해 이해하려고 하는 열린 마음, 포용적인 태도를 취하고 있었다. 동시에 자기 민족과 자기 문화를 솔직하고 객관적으로 바라보려 하고 있었다. 매일매일 자기 학습의 모범생이긴 했지만 그렇다고 괴테가 창작을 게을리 한 것도 아니다. 로마에서도 그는 부지런한 작가였다.

"밤이 되어 잠자리에 들 때 다음날의 집필 일정을 세워놓았다가 잠에서 깨면 곧바로 착수했다. 나의 집필 방식은 아주 간단한 것이었다. 다시 말해 나는 그 작품을 조용히 써내려간 다음 한 줄 한 줄, 한 단락 한 단락 규칙적인 운율을 밟게 했다."

평생학습은 사람을 젊게 만든다고 말했던 사람은 피터 드러커였다. 스스로 90대까지 손에서 책을 놓지 않았던 거장의 말, 그는 나중에 미국에 귀화한 경영학의 구루였지만 독일에서 공부한 게르만족의 후예였다.

천재란 집중력의 또 다른 이름이라는 말이 있다. 괴테는 그 누구보다 학습속도가 빨랐지만 그 이면에는 일의 효율성을 정확히 꿰뚫고 있었다. 미리 계획을 세우고 곧바로 몰입하는 것, 그것은 일이나 인문여행에서도 마찬가지인 것 같다.

카페 그레코와
난다랑(蘭茶廊)

_ 카페 그레코

• 여행은 체력이다. 로마에서는 특히 그렇다. 처음엔 눈으로 시작하다가 머리로 이어진 뒤 결국은 다리 싸움으로 끝나는 것이 로마 여행이다. 그럴 때는 잠시 쉬었다 가야 한다.

나는 콘도티 거리(Via dei Condoti)로 발길을 돌렸다. 이 거리는 스페인 계단에서 코르소 거리로 이어지는 옆길이다. 샤넬, 구찌, 불가리, 베르사체, 루이뷔통 같은 세계적인 럭셔리 브랜드 상점들로 가득한 명품족들에게는 너무도 유명한 거리다. 엄청난 임대료에도 불구하고 좀처럼 빈 상점이 나지 않을뿐더러, 자본이 많다고 해도 이 거리에 입점하는 게 쉽지 않다고 한다. 소위 물관리가 철저히 이뤄지는 곳이 바로 콘도티 거리다.

콘도티 거리 86번지에 카페 그레코(Cafe Greco)가 있다. 로마에서 가장 오래된, 그리고 가장 유명한 카페이다. 1760년 처음으로 문을 연 이래 로마 카페 문화의 랜드마크처럼 여겨지는 곳이다. 처음 이 카페를 만든 주인이 그리스 사람이이어서 그레코라는 이름이 붙여졌단다. 문에 들어서자마자 퍼져오는 에스프레소의 매혹적인 향기, 이 분위기 때문에 사람들은 카페를 찾는지 모른다. 안쪽 좌석은 이미 만석이고 바깥 입구의 바에서도 서서 마시는 사람들로 가득하다. 한참 기다린 끝에 간신히 자리 하나를 얻었다. 카페 벽에는 온통 이곳을 다녀간 저명인사들의 사진과 기념물로 진열되어 있었다. 바이런, 키츠, 스탕달, 입센, 안데르센 같은 작가와 바그너, 멘델스존, 리스트, 비제 같은 음악가, 그리고 플레이보이의 대명사 카사노바도 이 카페의 고객이었단다.

콘도티 거리는 괴테가 살던 코르소 거리에서 걸어가면 넉넉 잡아 20분이면 충분하다. 괴테는 친구들과 자주 이 거리를 찾았다. 그가 술을 마시던 단골 선술집도 이곳에 있었고 그가 차를 마시던 카페도 이 거리에 있었다. 선술집들은 모두 없어졌지만 오직 이 카페 하나만은 아직도 남아 있다. 너무 많은 유명 인사 사진들로 도배되어 있다시피 해서 괴테의 사진을 찾기 힘들었다. 종업원에게 물어보니 입구에서 안쪽으로 바라보며 왼쪽 벽에 반가운 괴테의 얼굴이 걸려있었다.

나는 괴테를 찾아왔지만 이 카페에서 가장 인기 있는 사람은 따로 있다. 오드리 햅번이다. 영화 〈로마의 휴일〉에서 앤 공주(오드리 햅번)가 미국인 기자 조(그레고리 펙)와 데이트 장소로 처음 들린 곳도 바로 이 카페였다. 덕분에 로마를 찾는 관광객들

에게도 인기 높은 명소가 되어버렸다. 옆자리에 앉은 남녀가 사진촬영을 부탁하기에 대화를 나눠보니 신혼여행 온 커플이었다. 신랑은 사우디아라비아 출신의 핫산, 신부는 이집트 출신의 벨라. 그들에게도 이 카페는 로마에서 반드시 방문해야 할 Must Do List에 포함되어 있다고 하는데 이유는 물론 영화 때문이다. 남편 핫산은 직업이 엔지니어라고 했는데 그래서인지 엄지손가락을 치켜세우며 한국 기술력의 우수성을 힘줘 말하고 있다. 아름다움을 뜻하는 이름 그대로 신부 벨라를 바라보는 남편의 눈 속에서는 오드리 햅번을 바라보는 그레고리 펙이 연상되었다.

주문한 지 한참이 지나서야 에스프레소 한 잔이 나왔다. 유명세 탓에 이곳의 커피값은 다른 곳에 비해 훨씬 비싸지만 모든 것이 늦다. 좌석이 날 때까지 기다리는데 오래 걸리고, 커피 주문하는데도 적지 않은 시간을 기다려야 한다. 아무리 바깥 거리는 현대적으로 변했다 하더라도 여기만큼은 모든 것이 옛날식으로 진행되고 있으니까. 카페 그레코에서는 절대로 서두르면 안 된다, 여기서는 느긋함을 사랑해야 한다던 누군가의 말이 떠올랐다.

되돌아보면 나의 삶은 너무도 오랫동안 느긋함과 다른 방향에 서있었다. 느린 것은 악, 더 나아가 죽음을 의미하는 직업을 살아왔다. 오죽하면 기사의 마감시간을 가리켜 데드라인이라고 표현할까. 이제부터 나는 다른 식으로 사는 법을 배워야 한다. 그 출발점이 바로 이곳 카페 그레코일지도 모른다.

카페는 삶의 콤마, 쉼표다. 갈증이 나고 피곤한 이들이 잠시 쉬어가는 곳이다. 커피는 샘물이다. 에스프레소 한 잔 마시며 몇 시간이고 떠들 수 있다. 커피와 바(Bar)가 없는 로마를 상상할 수 있을까. 로마 사람들은 출근할 때 들러 가볍게 한 잔 마시는 것을 시작으로 하루 두세 번 바에 들러 목을 축이곤 한다. 커피를 사이에 두고 가볍게 담소 나누는 풍경은 보는 것만으로도 삶의 활력소가 된다. 카페 그레코는 오랫동안 로마의 작가, 예술가, 기자들에게 정신적 피난처이자 소통의 장 역할을 해왔다고 한다.

 나와 커피의 인연은 제법 오래되었지만, 에스프레소와 본격적으로 친하게 된 것은 괴테를 따라가는 이번 이탈리아 기행 기간 동안이다. 에스프레소가 한약처럼 쓰기만 하고 독하다는 편견을 깬 것도 이탈리아에 와서부터다. 이탈리아의 유명 커피 브랜드인 일리(illy)가 아니더라도 이름 없는 동네 바에서 마시는 에스프레소도 나쁠 것은 없다. 무엇보다 1유로 남짓한 가격이 부담스럽지 않아서 좋다. 이곳에 와서 안 사실이지만 이탈리아 사람들은 카푸치노는 아침에는 마시지만 푸짐한 식사를 마친 점심 혹은 저녁 때는 잘 마시지 않는다. 그냥 깔끔하게 에스프레소 한 잔!

 미국의 스타벅스가 세계 주요 도시들을 석권하고 있지만 유독 로마에서만큼은 고전하고 있다. 로마에서는 스타벅스 매장이 단 한 곳뿐이라고 하니 그 분위기를 짐작할 수 있을 거다. 스타벅스는 '커피가 아니라 문화를 팝니다'라는 슬로건을 내걸었는데, 결과적으로 로마에서는 먹히지 않았다. 로마에서는 역시 로마식으로 살아야 하고, 로마식으로 마셔야 한다.

 에스프레소 기술이 이탈리아에서 시작된 것이 백년쯤 전이라 하니 괴테는 아마도 다른 식으로 제조된 커피를 마셨을 듯싶다. 괴테가 이곳 카페 그레코에서 무슨 음료를 마셨는지는 잘 알지 못한다. 다만 그는 에스프레소가 순간적 빠른 속도를 이용해 커피의 엑기스를 추출해내는 것처럼, 예술가들도 사물의 핵심을 파악하는데 속도가 아주 빠르다고 언급하고 있다.

"우리는 올바른 것을 잡는 것이 아니라 우리가 잡는 데에 익숙해져 있는 것을 잡고 있다. (…)
뭔가를 재빨리 파악하는 것은 정신적 특성이지만 뭔가를 올바르게 행하는 데에는 일생에 걸친 연습이 필요한 것이다."

카페 그레코에 앉아 있다 보니 아주 오래전 서울 대학로에 있었던 카페 '난다랑(蘭茶廊)'이 생각난다. 건축가 김수근의 붉은 벽돌 건물로 유명한 샘터사 건물 1층과 2층 복층이 난다랑이었다. 대형 유리창으로 투명하게 보이던 이 찻집은 문을 열자마자 일약 동숭동의 명소가 되었다. 이전까지 한국에서 커피를 마신다고 하면 어두침침한 다방을 의미했는데, 이곳은 투명하고 오픈되어 있으며 단정한 복장을 한 종업원이 손님의 정면을 응시하며 주문을 받고 있었다. 난다랑은 국내 원두커피 체인점의 원조였다.

내가 태어나 커피 맛을 처음 배운 곳이 그곳이었으며 입사 시험을 치른 곳도 그곳이었다. MBC에 입사하기 전, 나는 잠깐씩 두 군데 직장을 거쳤는데 첫 번째 직장이 바로 샘터였던 까

닮이다. 나는 아직도 그날을 생생히 기억한다. 난다랑 2층 조용한 자리에 최종 과정에 오른 응시생들을 앉혀놓고 커피 한 잔씩 주면서 B4 용지에 작문시험을 치르게 하였다. 그런 식의 입사시험이 있었다는 얘기는 그 이후 다른 곳에서도 전혀 들어보지 못했다.

그곳에서는 종종 편집 기획회의도 있었다. 일찍이 파격적인 소통방식을 택한 곳이다. 가끔씩 원고를 전달하기 위해 유명 저자들이 오곤 했다. 법정스님, 이해인 수녀, 소설가 김승옥, 유명 언론인과 예술가의 얼굴을 처음 본 것도 바로 그 곳이었다.

"자료를 개더링(Gathering)하는 능력이 아주 좋아요. 첫 문장 시작하는 모양새도 맘에 들구요. 한번 소설 써 봐요, 손형!"

작가 최인호의 말이었다. 나는 안다. 그것은 그저 이름 없는 편집부 막내에게 꿈을 심어주기 위한 격려의 말에 불과했다는 것을. 그의 키는 작지만 눈빛만큼은 아주 강렬하다는 것을 처음 목격한 곳도 바로 난다랑이었다. 그때 함께했던 선배들의 얼굴이 떠오른다. 나중에 저명한 동화작가로 유명해진 정채봉, 한겨레 편집국장과 경향신문 사장이 되는 고영재, 시인 김형영, 편집부 선배들과 함께 월요일 아침이면 김재순 발행인의 시가 냄새 가득한 방에서 함께 편집회의를 하곤 했다.

그들은 모두 만개할 시간을 기다리고 있었다. 난다랑은 때가 오기만을 간절하게 기다리던 대합실이었던 셈이다. 하나같이 아직 오지 않은 자기의 르네상스 시대를 기다리며 무엇인가를 꿈꾸고 있었던 라운지이기도 하였다.

  로마의 카페 그레코보다 나에게 더 멋진 곳은 난다랑이다. 이제 동숭동 대학로 그 자리에 난다랑은 없다. 낭만도 없다. 보존해야 할 것은 남대문과 경복궁만이 아니다. 괴테의 자취가 묻어있는 곳이 중요하듯이 법정, 최인호, 정채봉의 온기가 남아있는 공간도 중요하다. 사람을 키우는 것은 학교만이 아니다. 세대를 이어가며 따스한 공감대를 남길 수 있는 카페에서 우리는 어쩌면 더 멋진 영감을 얻고 자극을 받으며 에너지를 공급받지 않던가. 카페 그레코가 괴테를 키웠듯이, 난다랑도 많은 작가와 예술가를 키웠다. 하나는 여전히 살아남아 로마의 명소가 되었고, 다른 하나는 이제 존재하지 않는다. 그것이 로마와 서울의 차이다.

라파엘로와
미켈란젤로

_ 바티칸 & 시스티나 성당

• 　　　　　공부를 잘하려면 우등생 친구를 두어야 한다. 연애에 관심이 많다면 연애에 재능있는 친구를 사귀어야 한다. 돈을 벌고 싶다면 돈 버는 재주가 많은 친구가 옆에 있어야 한다. 그렇듯 예술과 미술에 눈을 뜨고 싶으면 그 방면에 심미안이 있는 사람들과 친해야 한다. 괴테는 로마에서 화가와 예술가 그룹과 친교를 다져나갔다.

숙소를 함께 썼던 절친한 친구이자 화가인 티슈바인을 필두로 작가 모리츠, 로마에서 사귀기 시작한 안겔리카 카우프만과 그녀의 남편인 베네치아의 화가 안토니오 추키의 살롱에 단골 손님으로 드나들면서 예술에 남다른 안목을 지니고 있던 프리스 백작 같은 사람도 사귀게 된다. 특히 안겔리카 카우프만은 스위스 출신의 여류화가로 괴테보다 여덟 살 위인데, 친절하고 총명하며 로마 지식인 사회에 명성이 높아서 괴테의 로마 생활에 큰 도움을 주었던 여인이다. 칼 아우구스트 공작에게 보낸 편지에서도 그녀를 언급하고 있다. 나중에 로마를 떠나 고향땅으로 가게 될 때 괴테는 로마에 잊지 못할 3명의 사람을 두고 간다고 아쉬움을 토로하는데, 그 중의 한 명이 그녀였다.

"그녀는 정말 부드럽고 똑똑하며 마음씨 착한 여인입니다. 여기 로마에서 만난 최고의 지인이지요."

괴테는 로마에서 정치인이나 작가들과는 의도적으로 거리를 두었다. 신분도 숨기고 이름도 바꿔서 다른 사람인 것처럼 처신했다. 베스트셀러 작가라는 명성, 바이마르 공국의 고위 공직자, 멋진 수식어였지만 그에겐 편하지 않았다. 주로 사귄 사람들이 화가와 예술가 그룹이다. 미술에 점차 안목이 트이기 시작한 괴테는 이렇게 말할 정도로 발전하였다.

"화가는 자기 앞에 보이는 것만 그려서는 안 되고 자기 안에 보이는 것도 그릴 줄 알아야 한다. 만약 자기 안에 보이는 것을 그릴 줄 모른다면 자기 앞에 보이는 것을 그린 것 역시 그만둬야 한다."

사물을 정확하게 모사하기만 하면 그는 기술자다. 자기 마음 속의 감정과 특색을 읽어내는 자기만의 눈이 있어야 하고, 자기만의 방식으로 풀어내는 스토리텔링 능력이 있어야 비로소 예술가라 부를 수 있다. 미술이든 음악이든 문학이든 결국은 같다.

괴테가 로마에서 그토록 염원한 것은 자기 자신의 눈을 훈련시키고, 자기 방식으로 생각하고, 자기 방식으로 사는 것이었다. 남의 방식, 남의 평가, 과거의 명성에 더 이상 의존하고 싶지 않았다. 세상에 비참한 것이 오래전의 히트곡 하나로 근근이 무대에 서는 가수다. 괴테는 로마에 오기 이전과 이후, 즉 Before와 After로 자기 인생을 확실히 구분하고자 했다. 그러려면 확실하게 과거와 선을 긋고 단절된 모습을 보여줘야 하는데, 괴테는 그런 면에서 아주 철저하였다. 완전히 다른 사람이 되고자 부단히 노력하고 탐구하며, 스스로에게 근면한 지식인의 모습을 보게 된다.

미술에 눈을 뜨면서 그가 자주 찾았던 곳이 시스티나 성당이었다. 로마 한복판을 흐르는 강이 티베르 강이다. 로마 사람들은 강의 왼쪽을 가리켜 '시타 델 바티카노'라 부른다. 이곳이 바티칸 자치지역이다. 강을 사이에 두고 성(聖)과 속(俗)의 세계로 완연히 나눠진다. 시스티나 성당은 베드로 성당과 바티칸 박물관과 함께 이 지역에 있다. 시스티나 성당은 교황이 유고일 때 추기경들이 모여서 새로운 교황을 선출하기 위한 투표를 하는 신성한 곳으로도 유명하다. 괴테는 플라토닉 연애 대상이었던 샤를로테 폰 슈타인 부인에게 보낸 편지에서도 이 성당에 대해 극찬을 하고 있다.

"시스티나 성당을 보지 않고서는, 한 인간이 무엇을 할 수 있는가를 이해할 수 없습니다. 우리는 위대하고 훌륭한 사람들에 대해 많은 것을 듣고 읽습니다. 이곳에는 그들이 우리의 머리 위나 눈앞에서 살아 숨쉬고 있습니다."

같은 로마에 있긴 하지만 바티칸은 확실히 다르다. 로마의

거의 모든 유적이 강의 반대쪽인 티베르강 오른쪽에 몰려있는 것과는 대조적으로 이곳은 가톨릭의 중심지다. 괴테는 가톨릭에 대해 그렇게 좋은 감정을 갖고 있지는 않았지만 시스티나 성당을 자주 찾았다. 이유는 단 하나, 걸작 중의 걸작들이 모여 있기 때문이다. 특히 높이 17미터, 폭 13미터, 시스티나 성당 천장에 그려진 미켈란젤로의 〈최후의 심판〉을 처음 만난 괴테의 감상기가 인상적이다.

"시스티나 성당으로 들어갔다. 그곳은 밝고 쾌청하며 그림들도 충분한 빛을 받고 있었다. 미켈란젤로의 〈최후의 심판〉과 천장에 그려진 다양한 그림들은 우리의 경탄을 자아냈다. 나는 그것들을 보고 그저 놀랄 뿐이었다. 그 거장의 내면적인 확고함과 남성다움, 그 위대함은 어떠한 표현으로도 충분히 설명될 수 없었다."

미켈란젤로의 화려한 프레스코 그림에 반한 괴테는 일주일 뒤 다시 시스티나 성당으로 향한다. 인물은 인물을 알아본다는 말이 있는 것처럼 괴테는 미켈란젤로라는 이름 앞에 한없이 겸손해지고 한없이 작아지고 있다.

"11월 28일 우리는 시스티나 성당을 다시 방문하여 천장을 좀 더 가까이서 볼 수 있는 낭하의 문을 열어주도록 부탁했다. 낭하는 무척 좁았기 때문에 다소 힘들고 위험한 것 같기는 했지만 철제 난간을 붙잡으면서 비좁은 길을 나아갔다. 그래서 현기증이 있는 사람은 뒤쳐져야 했지만 그 모든 애로사항은 위대한 걸작을 바라보는 것으로 보상하고도 남았다. 나는 그 순간 미켈란젤로에게 반했으며 자연조차도 그 거장만큼의 취향을 갖지 못했을 것 같다는 생각이 들었다. 아무래도 나는 그런 거장만큼 위대한 눈으로 자연을 볼 수 없기 때문이다."

미켈란젤로에 대한 괴테의 애정과 존경은 지인이었던 프리스 백작과 함께 스위스 화가 한 명을 데리고 시스티나 성당의 비밀스런 곳까지 들어가 원본을 모사하는 데까지 이르렀다. 물론 당시는 사진기나 복사기가 없었으니까 유일한 방법은 화가를 대동해 그대로 그리게 하는 것이었다.

지금이야 매일 구름처럼 몰려드는 엄청난 관람객에 시달리는 곳이 시스티나 성당이고 미켈란젤로의 대작이지만 괴테가 방문하던 당시에는 사정이 많이 달랐던 것 같다. 괴테 일행이 성당 관리인에게 슬쩍 뒷돈을 주고 은밀한 장소에서 거장의 작품을 즐기는 장면도 이색적이다.

"관리인은 두둑한 돈을 받았다. 우리는 제단 옆으로 나 있는

뒷문을 통해 들어가, 원하는 데로 그 안에 앉아 있었다. 약간의 음식물도 준비되어 있었다. 나는 무더위에 지쳤기 때문에 교황의 의자에 앉아 낮잠을 즐겼던 일이 기억난다."

 시스티나 성당 안에는 미켈란젤로와 함께 또 한 명의 위대한 이름이 있으니 바로 라파엘로이다. 교황 율리우스 2세가 집무실로 사용하던 방을 라파엘로가 프레스코 벽화로 장식해서 흔히 '라파엘로의 방'이라 부른다. 이 방안에 라파엘로가 그린

〈아테네 학당〉이 특히 유명하다. 성모의 대관식이나 예수의 승천을 묘사한 회화관 〈피나코테카〉에서 그의 천재적 면모가 잘 들어나 있다. 괴테는 로마에 오기 전부터 라파엘로를 좋아했었다. 그의 작품 〈변용〉을 보고나서는 "마치 멀리 떨어진 곳에서 오랫동안 편지를 주고받다가 이제야 처음으로 대면하게 되는 친구 같다."고 말할 정도였다.

재미있는 것은 괴테의 생각과 평가가 조금씩 바뀌어 간다는 점이다. 괴테는 「8월의 보고」라는 글을 통해서 미켈란젤로가 새삼 예술가들의 존경을 한 몸에 받게 되었다고 전하면서 그의 뛰어난 채색을 언급하고 있다. 로마에서는 미켈란젤로와 라파엘로 사이에 과연 누가 더 천재인지를 놓고 논쟁이 유행이라는 사실도 들려주고 있다. 마치 아이돌 연예인을 두고 벌어지는 팬덤 현상을 보는 듯하다. 연예인을 소재로 수다를 떠는 평범한 사람처럼 괴테도 사람들과 흥미로운 논쟁을 벌이고 있다. 7월 31일의 기록이다.

"저녁 때는 한 동향인과 산책을 하면서 미켈란젤로와 라파엘로 가운데 누가 더 뛰어난가를 놓고 논쟁을 벌였습니다. 저는 미켈란젤로 편이었고, 그는 라파엘로 편이었습니다. 우리는 결국 레오나르도 다빈치에 대한 공통된 칭찬과 함께 논쟁을 끝냈습니다."

미켈란젤로, 라파엘로, 레오나르도 다빈치. 르네상스 시대의 3대 거장 이름이 다 등장하고, 괴테는 다른 동료들과 논쟁을 하는 위대한 광경이다. 이와 관련해 에커만이 정리한 「괴테와의 대화」에 나오는 화가 마이어가 들려주는 화가들의 일화가 흥미롭다. 마이어는 괴테의 친구로 역시 로마를 방문했었다.

"라파엘로와 미켈란젤로를 화제로 한 논쟁은 거의 날마다 벌어지는 단골 메뉴였습니다. 양편으로 나뉘질만큼 화가가 모였다 싶으면 곧바로 논쟁이 불붙곤 했습니다. 아주 싼값으로도 질 좋은 포도주를 마실 수 있었던 선술집이 주된 논쟁 장소가 되곤 했죠. 그림 자체나 그 그림의 세부적인 면에 관한 얘기가 오가다가 상대방이 이런저런 문제점을 거론하며 반박이라도 할라치면 그림을 직접 봐야 할 필요성이 생기곤 했답니다. 그럴 때면 화가들은 논쟁을 계속하는 가운데 술집을 떠나 곧장 시스티나 성당으로 달려가곤 했지요. 그 근처에 있는 구두수선공이 성당 열쇠를 갖고 있었는데, 문을 열어줄 때마다 4그로센을 받곤 했답니다. 그리고는 이제 그림 앞에서 신랄한 논증이 벌어졌죠. 그리고 논쟁이 끝난 뒤에는 다시 술집으로 돌아가 포도주 한 병을 나눠 마시며 화해하고 모든 언짢은 감정을 씻어버리곤 했습니다. 매일같이 그런 식이었으니 시스티나 성당의 구두 수선공은 꽤 많은 입장료 수입을 챙긴 셈이죠."

아무리 예술의 세계에서는 1등과 2등이라는 순위가 없다고 하고 작품을 해석하는 심미안이 다르다고는 하지만, 호감도의 차이는 분명히 존재한다. 화가들끼리도 그러했던 것 같다. 결정적인 것은 라파엘로를 보고난 뒤 했던 괴테의 품평이다.

"우리는 예배당에서 나와 라파엘로의 화랑으로 갔는데, 말하기는 뭐하지만 미켈란젤로의 그림을 보지 말았어야 했을 거라는 생각이 들 정도였다. 내 눈은 미켈란젤로 작품의 위대한 형식과 뛰어난 완성도에 의해 확대되고 까다로워져서 아라베스크의 교묘한 유희성을 차마 눈 뜨고 볼 수가 없었다."

아, 불쌍한 남자! 괴테는 언젠가 독일화가 뒤러가 엉터리 같은 사기꾼들에게 속아서 귀중한 작품을 값싸게 넘겨주던 모습을 회상하며 그렇게 말했었는데, 그 표현을 이제는 라파엘로에게 들려주어야 할 것 같다. 그 자체로 위대한 이름인 거장 라파엘로가 괴테의 눈과 마음에서 조금씩 멀어지기 시작한 것이다.

유명세란 그런 것이다. 지금도 미켈란젤로의 작품에 비해 라파엘로의 작품 앞에는 상대적으로 적은 인파가 몰려있다. 오랫동안 올려다보느라 목도 아프고 엄청난 관람객들에 치여 시스티나 성당을 나와 바로 옆 베드로 대성당을 지날 때 한 무리의 한국 단체 관광객들과 마주쳤다. 어려운 서양 예술에 소화불량

걸린 표정의 한 아주머니가 잔뜩 지친 얼굴로 던지는 한 마디가 나의 폐부를 쿡 찌른다.

"교황 어디 있어? 그 사람 얼굴이나 한번 보고 그냥 가자구… 힘들어 죽겠는데!"

우리는 모두 검투사

_콜로세움과 팔라티노 언덕

• 콜로세움 입구를 지키고 있던 젊은 직원이 '로마 패스'가 있느냐고 묻는다. 배낭 안에 있던 빨간색 패스를 보여줬더니 긴 줄 서지 말고 다른 줄로 가서 그냥 들어가라고 한다. 익스프레스 라인이었다. 덕분에 콜로세움의 지루하게 긴 줄에서 면제되었다.

나는 로마패스를 '카사 디 괴테'에서 근무하던 안경 낀 여직원의 추천을 받아 구입했다. 그녀는 로마를 여행하는 여행자라면 반드시 챙겨야 할 것이 바로 로마패스라며 강력히 추천하였다. 32유로를 주고 로마패스를 구입하면 3일 동안 로마시내 지하철과 버스, 트램을 무제한 탈 수 있다. 로마의 수많은 박물관 가운데 2곳을 선택해 무료입장이 가능하고 줄을 서지 않아도 되는 특권이 있고, 나머지 박물관을 관람할 경우에도 입장료가 적지 않게 할인되는 특전이 있다. 그만큼 경제적이라는 얘기다. 시간은 돈이라는 말이 있는데, 제한된 시간 안에 움직여야 하는 여행자의 처지에 일석이조인 셈이다.

높이 48미터, 둘레 500미터의 크기에 4만 명에서 7만 명까지 관중을 수용할 수 있었다고 하는 원형극장은 고대 로마제국 시대에 가장 큰 건축물이었고 동시에 로마를 상징하는 랜드마크이기도 하다. 로마를 찾는 사람들이라면 누구나 이 배경으로 사진 한 장쯤 찍고 가는 곳이기도 한 이 원형극장은 고대 로마제국의 위용을 과시하기에 충분했을 것 같다. 현대의 경기장들도 콜로세움의 구조에서 크게 벗어나지 않는 것을 보면, 지금으로부터 거의 2천 년 전에 이처럼 엄청난 건물을 지었다는 사실이 믿어지지 않는다.

괴테는 고대 로마제국의 상징인 콜로세움을 즐겨 방문했다. 특히 로마의 뜨거운 열기가 식어지는 밤 시간을 이용해 달빛을 받아가며 걸으면서 콜로세움을 바라보는 묘미가 각별하다고 적고 있다.

나는 가파른 계단을 올라 관중석에 섰다. 37도나 되는 객석의 경사도가 아찔하다. 전체 관객들에게 보다 넓은 시야를 제공하기 위해 이렇게 설계되었다고 한다. 내려다보이는 아래 경기장에서는 오전부터 경기가 열렸다. 오전에는 사람과 야수의 피 튀기는 대결이 벌어지고 점심시간에는 막간으로 죄를 저지른 사람에 대한 공개처형이 이뤄졌다. 처형이 없는 날에는 곡예와 묘기로 흥을 돋았다. 원래 사람과 맹수의 싸움은 로마 족의 전통이 아니라 에트루리아 사람들에게서 넘어온 문화유산

이라고 한다. 기원후 247년 로마 건국일 행사 때의 기록을 보면 코끼리 32마리, 엘크 10마리, 호랑이 10마리, 사자 60마리, 표범 30마리, 하이에나 10마리, 하마 6마리, 코뿔소 1마리, 얼룩말 10마리, 기린 10마리, 야생마 40마리가 동원되었다. 티투스 황제가 콜로세움 완공을 기념하기 위한 행사를 벌였을 때는 5천 마리의 동물이 희생되었다는 기록도 남아있다. 그러나 하이라이트는 글래디에이터, 즉 검투사들끼리의 맞대결이었다. 전쟁에서 패한 나라의 포로들은 로마로 끌려와 일단 노예로 팔려나간다. 팔리지 못한 노예들은 콜로세움 원형 경기장에서 검투사로 싸워야 했다. 검투사들끼리의 경기는 오후의 마지막 경기로 벌어졌다. 목숨을 걸고 싸우는 단발승부였다. 목숨을 건다고 했지만 좀 더 정확하게 말하면 자유를 걸고 싸우는 경기였다. 이 시대를 사는 우리는 자유를 쉽게 말하지만 로마시대의 자유는 이렇듯 목숨을 걸어야 얻어지는 것이었다. 자유를 얻기 위한 비용이 너무도 컸다. 이기면 자유와 명예를 한 몸에 얻지만 지면 한순간 저승의 세계로 간다.

러셀 크로가 주인공으로 나왔던 영화 〈글래디에이터〉의 한 장면이 떠오른다. 검투사들의 입에서 나왔을 기합소리와 상대방을 압도하기 위한 위협, 그리고 무릎 꿇으며 내뱉는 절망어린 탄식 소리, 그리고 관중들의 함성, 피비린내, 이 모든 것이 아직도 생생하게 전해져 오는 듯해서 전율이 인다.

로마시대 벌어졌던 잔인한 검투사 경기는 이제 더 이상 없다. 하지만 보이지 않는 곳에서는 검투사 경기가 여전하다. 현대를 사는 우리는 어떤 면에서 모두 검투사들이다. 아바(ABBA)의 〈승자가 모든 것을 차지한다(The winner takes it all)〉란 노래처럼 이긴 자가 모든 것을 차지하는 비정한 게임을 치르고 있으니까. 정치도 그렇고 직장에서도 그렇다. 차가운 도시의 빌딩 속에서 살아남기 위해 오늘도 고통스런 비명을 지르고 있다. 칼과 방패대신 넥타이와 노트북 컴퓨터로 무장한 것이 다를 뿐이다.

스스로에게 묻는다. 30년의 직장을 마친 나는 과연 자유를 얻었는가? 검투사는 승부에서 이기면 학수고대하던 자유인이 되었는데, 나는 지금 자유인이라 말할 수 있을까? 아니면 앞으로도 얼마나 더 많은 게임을 치러야 비로소 진정한 자유를 얻을 수 있는 건가? 수많은 경기를 통해 나의 몸과 마음에도 보이지 않는 상처, 보이지 않는 아픔이 있으리라.

콜로세움 계단을 내려와 이웃한 팔라티노 언덕(Colle Palatino)을 향한다. 영어로 팔라틴 언덕이라 부르는 곳이다. 오늘은 콜로세움에서 팔라티노 언덕을 거쳐 카피톨리니 언덕까지 '고대 로마의 코스'를 밟기로 했다.

누군가 내게 가장 로마다운 느낌을 받을 수 있는 단 한 곳의 장소를 추천하라고 하면 나는 서슴지 않고 팔라티노 언덕을 말하겠다. 문명의 성쇠, 역사, 제국, 파워, 시간, 그리고 인간, 이런 단어들이 모두 뭉뚱그려져 먼 우주에 던져지는 기분이라고 할까. 역시 이곳을 즐겨 찾았던 괴테는 지난 문명에 대해 깊은 회고에 젖곤 했다.

"저녁 때에는 팔라티노 언덕에 올라 절벽처럼 솟아오른 황궁의 폐허 위에 섰다. 그런 광경에 대해서는 물론 어떠한 말로도 전달이 불가능하다."

전설에 따르면 로마가 시작된 곳이 바로 이 언덕이라고 하고, 늑대의 젖을 먹고 자랐다는 쌍둥이 형제 중 왕이 된 로물루스가 택한 곳도 이 언덕이었다고 한다. 결국 그의 이름을 따서 로마라는 도시와 국가, 그리고 문명이 탄생했다. 로마제국의 초대 황제가 되는 아우구스투스가 옥타비아노라는 이름으로 태어난 곳도 이곳이었다. 아우구스투스를 비롯해 세베리우스, 카라칼라, 티베리우스, 도미치니아누스, 그리고 악명 높은 네로 황제에 이르기까지 경쟁적으로 이 언덕 위에 화려한 황궁과 신전을 지었다.

그러나 지금 보이는 것은 대부분 부서진 돌무더기 잔해뿐이다. 야만족이 침략했을 때 로마는 파괴되었고, 교황군대와 신성로마제국 사이에 전쟁이 벌어졌을 때 '사코 디 로마(Sacco di Roma)'라는 이름으로 잘 알려진 로마의 약탈이 벌어져 완전히 쑥대밭이 되었다. 그나마 남아있던 건축물들은 훗날 로마의 명문대가들이 대리석과 돌기둥을 자기 집의 건축자재로 빼내가는 바람에 더 심각한 타격을 주었다. 이웃한 콜로세움 역시 한때는 교회와 유력인사의 저택용 건설을 위한 건자재 공급처로 전락한 적도 있다. 괴테는 이 잔해 앞에서 우울해 하고 있다.

"현재의 로마에서 고대의 로마를 분리해낸다는 것은 어렵고도 우울한 일이라는 것을 솔직히 인정해야겠다. (……) 야만인들이 파괴하지 않고 놔둔 것을 현대 로마의 건설자들이 파괴해 버린 것이다."

한때 아프리카 사막에서부터 잉글랜드 북쪽에 이르기까지 광대한 영토를 다스리고 있었기에 당시 세계인구의 약 4분의 1이 로마 황제의 지배 아래 있었다. 막강한 위세를 과시하던 황제의 집터는 이제 내 발 아래 있다. 천년 제국 로마는 옛 모습을 완전히 잃었다.

팔라티노 언덕에서 바라보는 로마는 여전히 아름답다. 베니치아 광장의 빗토리아노, 베드로 대성당, 콜로세움과 개선문이

두루 보이고, 로마의 또 다른 풍경인 오토바이 소음까지 들려온다. 그러나 괴테는 무척 아쉬워하고 있다.

"나는 영원히 존속하는 로마를 보고자 하는 것이지, 10년마다 변해가는 로마를 보려는 것이 아니다."

팔라티노 언덕에서 나는 스마트폰으로 사진을 찍고 기록에 남기고 있지만 괴테는 가방 안에 필기도구를 휴대하고서 메모하고 스케치로 남겨두곤 하였다. 사진이 없던 시절이니 스케치가 최선의 방법이었으리라.

"궁정과 폐허, 정원과 황야, 집들과 마구간, 개선문과 기둥 등이 모두 아주 근접해 있는 경우가 많아서 한 장의 종이에 다 그려 넣을 수 있을 정도이다. 그런 것들에 관해 쓰려면 1천 개의 철필은 필요할 텐데, 여기서 한 자루의 펜으로 무슨 묘사를 할 수 있겠는가!"

정말이지 영원한 것은 없다. 인생은 소유가 아니라 잠시 점유하다 가는 것뿐이다. 내가 힘들게 성취했던 것들도 궁극적으로는 영원히 내 것은 아니다. 행운의 여신이 지금껏 내편이었다고 해서 앞으로도 계속 그러리라는 보장은 없는 것이다. 오랫동안 올라가는 법을 배워왔다면 이제부터는 내려가는 법을 이곳 폐허에서 배워야 할 것이다. 그것도 멋지고 안전하게 말이다. 로마의 철학자 키케로는 이렇게 말하지 않았던가.

"나이를 들어서도 욕심을 부리는 것은 여행길이 끝나가는 데 다시금 준비물을 챙기는 것과 같다."

아우렐리우스에게서
배우는 인생 2막

_ 카피톨리니 박물관

• 카피톨리니 언덕을 오르려는데 시위 진압 경찰이 진을 치고 있었다. 그 앞에서는 여기저기 붉은 깃발을 흔드는 트럭 운전사들의 시위가 벌어졌다. 왜 이 앞에서 시위가 벌어지느냐는 질문에 경찰관 한 명은 이 언덕 위에 로마 시장 집무실이 있기 때문이지 왜 그렇겠느냐며 퉁명스럽게 답변한다.

카피톨리니 언덕은 고대 로마를 구성하던 일곱 개의 언덕 가운데 하나다. 일곱 개의 언덕은 모두 테베레 강 동쪽에 모여 있다. 언덕이라지만 모두 그리 높은 것은 아니어서 가장 높다는 카피톨리니 언덕조차 해발 50미터에 불과하다. 아마도 삼면이 벼랑으로 되어 있어서 방어에 적합한 지형인 탓에 고대 로마시절부터 거점으로 활용했던 것 같다. 그러나 괴테는 "고대 민족의 정착지로서 로마보다 더 위치가 나빴던 곳은 없었다고 확신한다."고 언급했다.

언덕을 올라서니 뒤편으로 포로 로마노, 콜로세움, 팔라티노 언덕이 모두 보인다. 광장 쪽으로 나아가니 시계탑이 멋있는 건물이 있는데 캄피돌리오라는 옛 시청 자리다. 과거에는 의회 역할을 하던 원로원이 이 자리에 있었다. 미국 워싱턴 의회가 있는 언덕을 가리켜 캐피톨 힐(Capitol Hill)이라 부르는데, 그것의 모태가 된 것이 바로 이 자리다. 지금은 로마시장 집무실이다. 이곳에서 오늘날 유럽연합의 모태가 되는 '로마조약'이 체결되었다고 하니 여러모로 유서 깊은 곳이다.

시청을 사이에 두고 광장에는 콘세르바토리 궁전과 카피톨리니 궁전이 마주보고 있다. 이 건물들 사이의 멋진 광장이 미켈란젤로가 설계한 캄피돌리오 광장이다. 대리석으로 아름답게 디자인되어 있어서 그 자체로 훌륭한 예술품이다. 광장의 모든 시각적 초점은 단 하나에 맞춰져 있는데 바로 거대한 청동 기마상이다. 기마상의 주인공은 현명하고 어진 황제였으며 철학자였다고 하는 마르쿠스 아우렐리우스, 로마제국 16대 황제다. 중국 역사책인 『후한서』에 '대진국왕 안돈(大秦國王 安敦)'으로 소개되었을 정도로 명성이 널리 알려진 주인공이다. 원래 진품이 있었지만 1997년 카피톨리니 박물관 개조 계획안의 일환으로 위해 진품은 카피톨리니 박물관 안으로 옮겨졌고, 야외 광장에는 복제품이 자리 잡고 있다.

괴테는 로마 체류 마지막 날 밤에 친한 친구들과 로마의 유적지를 다시 한 번 밟으며 아쉬움을 달래는데 포폴로 광장에서

시작해 코르소 거리를 거쳐 이곳 캄피돌리오 광장에 이른다. 고요함 속에 달빛을 받은 카피톨리니 궁전은 "황야에 서있는 요정의 궁전처럼 보인다."고 기록하고 있다. 괴테는 이 기마상을 보자 모차르트의 오페라 〈돈 조반니〉에 나오는 기사 수도회 관구장이 떠올랐고, 그 관구장이 무언가 심상치 않은 일을 꾸미고 있는 듯한 생각이 들었다고 말하고 있다. 모차르트의 열광적인 팬인 괴테는 나중에 바이마르로 돌아가 바이마르 극장장도 겸임하게 되자마자 〈돈 조반니〉를 무대에 올려 무려 68회나 상연하기에 이른다. 어렸을 때 괴테가 모차르트를 직접 보았던 인연 때문인지도 모른다. 에커만이 들려주는 괴테의 회고담이다.

"나는 그가 일곱 살 소년이었을 때 본 적이 있네. 그가 여행 중에 연주회를 가졌을 때였지. 나는 열네 살쯤 되었을 텐데, 머리를 땋아 내리고 칼을 찬 그의 어린 모습이 지금도 눈에 선하네."

마르쿠스 아우렐리우스의 진품 기마상을 보기 위해 나는 카피톨리니 박물관으로 들어갔다. 콘세르바토리 궁전과 카피톨리니 궁전, 이 두 개의 건물이 지하로 통할 수 있게 되어 있어서 카피톨리니 박물관이라는 이름으로 통합 운영되고 있다. 헤아리기 힘들 정도로 박물관과 미술관이 홍수를 이루고 있는 로마에서 카피톨리니 박물관은 바티칸 박물관과 더불어 반드시 방문해야 할 핵심 코스가 아닌가 한다. 원래는 교황 식스투스 4세 때부터 이 건물에 많은 유물을 전시하기 시작해 1734년 일반에게 공개되었다. 사실상 일반인을 대상으로 한 최초의 박물관인 셈이다. 일반인에게 공개가 될 무렵 때마침 로마 고적지에 대한 대대적인 유적 발굴 작업이 진행되면서 발굴된 유물들이 바로 이 박물관으로 옮겨 전시되었다. 〈죽어가는 갈라디아인〉, 〈가시 뽑는 소년〉, 〈늑대 젖을 먹는 로물루스와 레무스〉 같은 귀중한 작품들이 대표적이다.

마르쿠스 아우렐리우스의 기마상은 카피톨리니 박물관 안의 독립적인 파빌리온에 전시되고 있었다. 이 박물관의 보물 중의 보물이란 뜻이다. 막상 눈앞에 보이는 기마상은 실제의 말과 사람보다 훨씬 큰 크기였다. 이처럼 실물보다 더 크게 제작된 기마상을 가리켜 '에퀴마니(equimagni)'라 부르는데 로마시대에 유행했던 방식이었다고 한다.

로마에는 청동 기마상 이외에도 마르쿠스 아우렐리우스를 기리는 또 하나의 대형 기념물이 있는데, 바로 마르쿠스 아우렐리우스의 원형기둥이다. 높이가 30미터나 되는 이 대형 조형물은 콘도티 거리 옆 콜론나 광장 한가운데 우뚝 서있다. 현재 이탈리아의 최고 권력자인 총리 집무실이 눈앞에 있는 위치다.

예술품은 그것이 서있는 위치가 곧 상징이자 권력이다. 마르쿠스 아우렐리우스를 기념하는 조형물 중 하나는 현직 총리 집무실 앞, 또 다른 하나는 로마시장 집무실 앞에 서 있으니 최고의 장소이자 최고의 예찬이 아닐 수 없다. 왜 로마인들은 그를 그렇게 위대하게 받들었을까.

마르쿠스 아우렐리우스와 관련된 대형 기념 조형물을 보면서 나는 다섯 가지의 역사적 아이러니와 인간의 모순을 느끼게 된다. 그 첫번째는 철학하는 황제로 알려진 그가 사실은 재위기간 그 누구보다 많은 전쟁을 치러야 했다는 사실이다. 마흔 살의 나이에 시작된 황제로서 그의 재위기간은 모두 19년인데, 대부분의 시간을 화려한 로마의 궁전이 아니라 최전선의 험한 천막에서 보냈다. 역대 황제 가운데 그만큼 많은 시간을 전쟁터에서 보내야 했던 로마 황제는 없었다. 점차 제국의 북쪽에 위치한 게르만족의 파워가 커지면서 로마제국이 위협을 받았기 때문이다. 인생의 마지막 순간도 수도 로마가 아닌 도나우 강변의 시르미움에서 병에 걸려 급사했다. 영화 〈글래디에이터〉는 바로 그 장면부터 시작하고 있다. 물론 영화의 적지 않은 내용이 역사적 사실과는 다른 창작이다. 게르만족의 위협으로부터 로마제국을 지켜낸 영웅으로, 그의 위대한 업적을 기리기 위해 두 개의 대형 기념물이 로마시내에 건조된 것이다. 콜론나 광장의 원형기둥에는 게르만 원정 당시의 전투 모습이 생생하게 돋을새김 조각으로 새겨져 당시의 정황을 말해주고 있다. 원래는 원형기둥 위에 아우렐리우스의 조각이 서있었지만 중세시대 로마의 기독교인들이 사도 바울로 바꾸어 놓았다.

두 번째 아이러니는 왜 다른 로마의 다른 영웅들의 동상은 모두 찾아볼 수 없고 오직 마르쿠스 아우렐리우스의 기마상만 존재하느냐는 점이다. 앞서 얘기한대로 평생 로마제국에 헌신했고 출중한 능력을 가진 황제였던 것은 맞지만 천년 제국 로마에는 그 이외에도 유명한 영웅들로 넘쳐났다. 그런데 왜 그의 동상만 홀로 남아 있는 걸까.

역사 기록에 남아있는 것만 해도 로마에는 에퀴마니 형태로 제작된 것이 22개나 된다. 카이사르나 아우구스투스 같은 위대한 황제들의 기마상도 제작되었다. 그런데 나머지 것은 모두 사라졌고, 오직 마르쿠스 아우렐리우스의 것만 존재하는 것이다. 도대체 다른 인물들의 에퀴마니 기마상은 어디로 사라진 걸까. 그것은 중세시대를 휩쓸고 간 종교의 광기 때문이었다. 중세시대 기독교로 개종한 로마인들은 조상들의 모습을 새겨 놓은 조각이나 조형물을 우상숭배라 간주해서 가차 없이 떼어 내고 부숴버렸다. 지금 로마의 박물관을 구경하다보면 로마시

대 조각품들 가운데 코가 떨어져나가고 눈이 파여진 끔직한 모습이 많이 목격되는 것은 그런 연유였다. 광신자들에게는 예술품이 아니라 다신교의 우상숭배의 대상이었을 뿐이었다. 탈레반이 아프카니스탄 최대의 불교유적인 바미안 석불을 다이너마이트와 로켓포를 이용해 산산조각내는 것과 비슷한 만행이었다.

여기에 역사의 세 번째 아이러니가 등장한다. 이 기마상은 원래 아우렐리우스가 유년 시기를 보냈던 집 앞, 현재는 산 조반니 대성당이 있는 라테라노에 있었다. 476년 서로마제국이 멸망한 뒤 한동안 이 지역은 사람이 살지 않았고 폐허로 변해 있었다. 그러던 중세시대의 어느 날 나무와 잡초 속에서 엄청난 크기의 기마상을 발견했다. 사람들은 콘스탄티누스의 것이라 믿었다. 다른 기마상들은 모조리 우상숭배로 파괴해버렸지만 이 기마상만은 보존되어야 했었다. 왜냐하면 이곳은 기독교를 최초로 공인한 콘스탄티누스 황제가 처음으로 교황에게 기부한 바실리카 부근이기 때문에 종교적 의미가 남달랐기 때문이다. 더욱이 콘스탄티누스는 기독교를 공인해준 위대한 황제가 아니던가. 기마상은 무조건 보존해야 했다.

시대가 지나 광기의 중세에서 르네상스로 접어들 무렵인 1475년 바티칸의 한 학자가 고대 동전을 비교하다가 이 기마상이 마르쿠스 아우렐리우스의 것이라는 사실을 밝혀냈다. 이 무렵은 이교에 대한 증오나 파괴는 사라지고 관용이 그 자리를 대신할 때였다. 1538년 교황 파울루스 3세는 이 기마상을 카피톨리니 언덕으로 옮기자고 했고, 미켈란젤로가 기마상의 받침대인 좌대(座臺)를 조각했다. 미켈란젤로 자신은 이 기마상이 캄피돌리오 언덕으로 옮겨지는 것을 반대했다는 얘기도 전해져오는데, 기마상이 원래 있어야 할 자리인 라테란 성당 앞에 있어야 한다는 고대인들의 의도에 충실하기 위해서였다.

하지만 유일하게 살아남은 기마상의 주인공 마르쿠스 아우렐리우스는 재임기간 동안 기독교를 용납하지 않았고 탄압했던 황제였다. 중세시대 로마인들은 다른 인물로 크게 착각했지만 문화재 보호라는 측면에서 보면 그것은 '위대한 착각'이었다. 역사의 위대한 아이러니이기도 하다. 그 덕분에 나는 지금 위대한 작품을 두 눈으로 볼 수 있으니 말이다. 아무튼 이 청동 기마상은 살아남아서 르네상스 시대 이후 모든 기념 기마상의 범례가 되었다.

네 번째 아이러니는 가장 어질고 현명한 황제라고 칭송받았던 그가 죽고 난 뒤에 후계자로 흔히 '검투사 황제'로 알려진 어리석은 아들 콤모두스를 지명한 것이다. 이전까지 로마 황제는 혈연이 아니라 능력 있고 검증된 젊은이를 양자로 키워 정치적 소양을 쌓게 한 뒤 후계자 법통을 잇도록 했었다. 그것이 로마식 전통이었다. 하지만 아우렐리우스는 이 전통에 처음으

로 반기를 든 황제였다. 아우렐리우스 역시 가난한 집안에서 태어났다가 막강한 정치인에 입양되어 그 후견으로 황제까지 올랐지만 그의 선택은 달랐다. 생전에 그는 소박하였고 데리고 있던 노예가 철학에 탁월함을 알고 그를 스승으로 모실 정도로 어진 사람이었지만 그는 막판에 핏줄을 너무 챙겼다. 영화 〈글래디에이터〉는 바로 이 점에 착안해 음모론을 넣은 창작물이다. 어찌되었든 후계자 콤모두스는 흔히 '검투사 황제'라는 별명 그대로 검투사 게임을 너무 즐겼으며 로마제국을 내리막길로 내몰았던 능력 없는 후계자라는 게 역사의 엄정한 평가다.

결국 로마제국의 전성기는 끝나고 이제부터는 내리막길이 이어진다. 인간에게는 이해되지 않는 것이 너무도 많은 법이다.

마지막 다섯 번째 아이러니는 아우렐리우스의 빛나는 철학적 사색들이 하나같이 피 튀기는 전쟁의 한복판에서 나왔다는 점이다. 영화 〈글래디에이터〉에 나오는 "죽음이 우리에게 미소 짓고 다가오면 미소로 답하라."는 명대사 역시 마르쿠스 아우렐리우스의 말이었다. 노예를 상품으로, 또 일하는 기계로 간주하던 시대에 그는 노예였던 에픽테토스를 스승으로 모셔 그의 스토아 철학을 받아들였고 만민평등 사상을 익혔다.

"당신이 가지고 있는 오이가 쓴가? 그렇다면 버려라
당신이 가는 길 위에 가시덤불이 가로놓여 있는가?
그렇다면 그 가시덤불을 비켜가라
그렇게 하기만 하면 되는 것이다
'세상에는 왜 그런 것들이 존재하는가?'라고 불평하지 말라."

그가 틈틈이 쓴 『자성록』 12편은 로마 스토아 철학의 대표적인 책으로 손꼽힌다. 스토아 철학과 만민법을 기초로 해서 생겨난 것이 로마법이라고 한다. 그의 사색과 철학을 담은 『명상록』은 지금까지 널리 읽힌다.

"지나온 날을 헤아리지 말며, 그 짧음을 한탄하지 말라.
너를 데려온 것은 자연이다. 그러니 가라.
배우가 연출가의 명에 따라 무대를 떠나듯이.
아직 연극의 5막을 다 끝내지 못했다고 말하는가?
그러나 인생에서는 3막으로 극이 끝나는 수가 있다.
그것은 작가의 소관이지 네가 관여할 일은 아니다."

죽음을 자연의 한 과정으로 받아들이는 달관의 메시지이다. 황제라는 격무에 시달리면서도, 격전지의 한복판에 늘 서있었으면서도 그는 인생의 모순을 고민하고 또 고민하였다. 나이 때문인가? 아니면 오랜 직장생활에 마침표를 찍고 온 까닭인가? 과거에는 읽히지 않고 들리지 않던 그의 글과 말들이 다가오기 시작한다.

오벨리스크,
혹은 두 얼굴의 로마

_ 로마

● 걷다가 지쳐 테베레 강가의 카페에 들렀다. 날씨도 더워 커피가 아닌 생수 한 병을 주문했다. 산 펠레그리노(S Pellegrino) 탄산수였다. 매력적인 초록색 병을 딴 뒤에 한 모금 넘기자 부드러운 기포가 목을 타고 넘어온다. 스위스와 가까운 이탈리아의 알프스 산맥에 위치한 산 펠레그리노 지방 700미터 지하에서 솟아오른 광천수다. 나는 유럽에 체류할 때 이 물을 참으로 많이 마셨다. 나는 어떤 점에서 보면 이탈리아 사람들만큼 민족적 의식이 강한 사람들도 드문 것 같다고 생각하는데, 세상 어느 도시를 방문하더라도 이탈리아인이 운영하는 식당에서는 반드시 산 펠레그리노 물이 있기 때문이다. 심지어 미네랄워터를 주문하려는데 이 물밖에 팔지 않는 식당도 허다하다. 문화 뿐 아니라 음식, 와인, 커피 더 나아가 물까지 '메이드 인 이탈리아'에 집착하는 이들이 이탈리아 사람들이다.

괴테도 탄산수를 즐겨 마셨다. 로마에 체류하는 동안 아침에

해가 뜰 때마다 숙소에서 약 30분 거리인 아쿠아 아체토사의 탄산천으로 가서 그곳에서 나오는 물맛이 자기 고향에서 가까운 타우누스 산 계곡 슈발바흐에서 퍼 올린 광천수 맛과 비슷하다고 적고 있다. 독일인들은 특히 기포가 강한 생수를 즐겨 마시는데, 천연사이다처럼 소화도 잘 되기 때문에 나도 즐겨 마시곤 했다. 하지만 처음 접한 한국인들은 질겁하곤 했다.

괴테는 독일 사람답게 걷는 것을 좋아해서 친구 티슈바인과 함께 바티칸의 베드로 광장으로 가서 이리저리 구경하곤 했다. 베드로 성당의 지붕까지 올라가 로마 시내와 드넓은 평야까지 굽어보는 특전을 누리기도 했다. 그리고는 내려와서 광장을 서성거렸다.

"너무 더워지면 커다란 오벨리스크의 그늘 속으로 들어갔다. 그 그늘은 우리 두 사람이 충분히 들어설 수 있을 만한 넓이였다. 거기서 서성거리며 우리는 근처에서 사온 포도를 먹었다."

괴테는 여기서 오벨리스크를 언급하고 있는데, 내가 로마에 처음 왔을 때 가장 특이하게 생각한 것도 오벨리스크였다. 약간 과장해서 말하면 큰 광장 하나마다 하늘을 찌를 듯 오벨리스크가 반드시 서 있었으니까. 세계에서 가장 많은 오벨리스크

가 있는 곳은 카이로가 아니고 룩소르도 아니다. 바로 로마다.

고대 로마시대 이집트에서 가져온 오벨리스크는 8개, 그리고 고대 로마인들이 스스로 세운 오벨리스크가 5개, 그리고 에티오피아의 악숨 지역에서 가져온 오벨리스크가 1개, 이렇게 모두 14개의 오벨리스크가 있었다. 악숨 지역의 것은 오랜 외교적 분쟁 끝에 2005년에 반환해서 지금은 모두 13개의 오벨리스크가 로마에 있다.

세계에서 가장 큰 오벨리스크도 로마에 있다. 라테라노의 산 조반니 광장에 있는 오벨리스크로 높이가 기반까지 합하면 45.70미터나 된다. 무게는 230톤 이상 나간다. 원래는 이집트 카르낙의 아몬 신전에 있었다. 파라오 투트모시스 3세가 세웠던 것인데 로마의 콘스탄티우스 2세 황제가 서기 357년 로마로 가져왔다.

잘 알려진 것처럼 오벨리스크의 고향은 이집트다. 고대 이집트에서는 어둠을 정복한 태양의 신 아몬을 기리기 위해 세웠고, 기원전 1,500년경부터 기원전 1,300년대 사이에 대부분 제작되었다. 아스완 지역에서 생산된 붉은 화강암을 재료로 평균 길이 20미터, 무게 200~400톤가량 된다고 한다. 원래는 신전 입구에 한 쌍으로 나란히 세워져 있었다고 하는데, 내가 이집트에 갔을 때 완벽히 한 쌍을 이루고 있는 오벨리스크는 없었다. 카이로, 룩소르, 카르낙 신전에서도 모두 비슷한 양상이었다.

칼스바트를 떠난 지 정확히 1주년이 되던 1787년 9월 3일, 괴테는 그날이 "우리 공작의 생일이며 제 새로운 삶의 생일"이라고 말하면서 그 즈음 자신을 사로잡은 오벨리스크에 대해 언급하고 있다.

"저는 다시 이집트풍의 유적을 접했습니다. 요 며칠 동안 그 거대한 오벨리스크를 몇 번 찾았던 것입니다. 그것은 훼손된 상태로 궁정의 기왓장과 진창 사이에 서있었습니다. 세소스트리스 거리의 오벨리스크로써, 아우구스투스 황제를 기념하기 위해 로마에 건립되었던 것입니다. (……)
그 웅장한 이집트의 기념물은 우리에게 저 거대한 오벨리스크를 상기시켜주었습니다. 그것은 아우구스투스 황제가 연병장에 세운 것으로 해시계의 바늘 노릇을 하는 것이었습니다. 하지만 지금은 만신창이가 된 채 판잣집에 둘러싸인 더러운 구석에서 그를 다시 복원시킬 재주가 있는 뛰어난 건축가를 기다리고 있습니다."

괴테가 여기서 말하는 오벨리스크는 원래 기원전 7세기 이집트에 세워져 있던 것인데, 로마제국 초대 황제였던 아우구스투스가 이집트를 정복한 뒤 이를 기념하기 위해 기원전 30년에 로마로 가져왔다. 아우구스투스만큼 오벨리스크에 집착했던 인물도 드물다. 그는 지금의 카이로 부근인 헬리오폴리스에 서있던 오벨리스크를 무려 4개나 파내어 두 개는 로마로 가져갔고, 다른 두 개는 알렉산드리아로 옮겼다. 괴테의 집 부근 포폴로 광장에 우뚝 서있는 오벨리스크는 바로 이때 가져온 것이다. 원래는 위대한 파라오라고 하던 람세스 2세를 기리기 위한 것이었다.

이 모든 것이 지금부터 2천 년 이상 전에 일어난 사건인데, 아무리 생각해도 불가사의하다. 그렇게 크고 그렇게 무거운 것을 어떻게 먼 육지에서 항구까지 이동시켰으며, 배로는 어떤 방식으로 이탈리아 본토까지 수송해서 다시 항구에서 로마로 갖고 올 수 있었을까. 인간의 거대한 욕망이 불가능한 작업의 솔루션을 개발토록 만들어냈다.

세계에서 가장 오래된 문명 가운데 하나인 이집트에서, 단일 석조물 가운데는 세계에서 가장 큰 것이 바로 오벨리스크다. 아우구스투스는 마지막 파라오였던 클레오파트라의 이집트를 점령함으로써 명실공히 세계의 패권을 쥐었음을 세계만방에 과시하고 싶었다. 위대한 파라오가 만든 상징물이 이제 위대한 황제의 손 안에 있음을 보여주고 싶었던 것이다.

재미있는 사실은 베드로 성당 앞 바티칸 광장에 있는 오벨리스크, 즉 괴테가 친구 티슈바인과 그 그늘에 들어가 포도를 먹었다던 오벨리스크는 높이가 기반까지 합쳐 41미터로 세계에서 두 번째로 큰 것인데, 고대 이집트인들이 제작한 것이 아니라는 점이다. 이것은 아우구스투스가 클레오파트라와 안토니우스 연합군을 완전 제압한 것을 기념해 기원전 30년에서 기원전 28년 사이에 알렉산드리아에 새로 세운 것이었다. 그래서 이 오벨리스크에는 고대 이집트의 신성문자가 새겨져 있지 않다.

"이집트 기념 선물로 오벨리스크 하나를 파리로 가져다주세요!"

이집트 원정을 떠나는 나폴레옹에게 조세핀이 했다고 전해지는 유명한 말이다. 현재 파리 콩코드 광장에 남아있는 오벨리스크는 나폴레옹 때 가져온 것은 아니지만 오벨리스크는 제국주의, 헤게모니 그리고 문화재 약탈로 이어지는 비극을 상징한다. 런던 템스 강변과 뉴욕의 센트럴파크에도 오벨리스크가 있는데, 이는 18대 왕조 파라오였던 투스모스 3세가 세운 한 쌍으로 각각 멀고도 먼 다른 도시에서 이별의 설움을 톡톡히 겪고 있으며 '클레오파트라의 바늘'이라는 별명이 붙어있다.

오벨리스크에서 보듯이 로마는 문화재에 관한한 가해자이자 동시에 피해자다. 이집트, 그리스, 그리고 소아시아 지역을

점령할 때마다 탐욕스러울 정도로 문화재를 약탈해왔다. 특히 유명했던 사람은 로마의 장군이자 독재자였던 루시우스 코르넬리우스 술라였다. 술라는 원정 총사령관으로 필요한 것들이라면 뭐든지 가리지 않고 가져갔다. 리시포스의 헤라클레스 조각품이 대표적인데 이전에 한니발과 알렉산더 대왕이 소유했던 보물 중의 보물이었다. 또 델피 신전에서 가져온 금으로 만든 아폴로 입상도 압수해서 가는 곳마다 수호신처럼 휴대하고 다녔다. 그는 아테네에 있던 아리스토텔레스 도서관을 개인용으로 압수해 버렸다.

공화국 시절 집정관이었던 베레스라는 사람도 유명한데, 시칠리아 총독이 된 뒤 그의 궁전 문은 시라큐스의 미네르바 신전에서 가져온 상아와 금으로 치장했고 현관 벽은 말타와 시라큐스에서 가져온 것들로 장식했다. 오죽했으면 후임 집정관이었던 키케로가 반환할 것을 공식 명령하는 사태에 이르렀을까.

그러나 훗날 이탈리아도 과거의 잘못을 톡톡히 복수 당하게 된다. 로마가 이민족에게 최초로 당한 대규모 약탈은 서고트족 장군인 알라리크에 의해 침략 당했던 408년에서 410년 사이에 이뤄졌고, 이때 소중한 문화재가 금과 은으로 녹여져 사라졌다. 두 번째 약탈은 역사책에 '사코 디 로마(Sacco di Roma)'라 불리는 사건이다. 1527년 5월 6일 합스부르크 가문의 칼 5세 군대가 교황군대를 격파한 뒤 용병들로 하여금 마음껏 약탈하고 만행을 저지른 사건을 말한다. 이 사건은 네로 황제시대의 대화재보다 더 피해가 컸다고 한다.

그러나 최악은 나폴레옹에 의한 대대적인 문화재 약탈이었다. 바티칸 박물관의 대표적인 소장품인 라오콘을 비롯해 벨베데레의 아폴로를 비롯한 엄청난 예술품들이 나폴레옹의 진두지휘 아래 파리로 가는 마차에 실렸다. 나폴레옹은 로마를 송두리째 파리로 옮겨놓고 싶어했고, 문화재 수송을 전문적으로 담당하는 특수부대까지 만들었다. 그것이 오늘날 로지틱스(logistics)라 부르는 물류(物流)의 기원이었다. 나폴레옹은 "이제부터 문화의 수도는 로마가 아니라 파리"라고 선포하기에 이르렀다. 결과적으로 유럽에서 문화의 중심은 로마에서 파리로 이동하게 된다. 역사는 돌고 도는 것이다.

살아가기 위해서
우리는 너무 많은 준비를 한다

_ 로마

● 로마에 왔으니 로마가 낳은 위대한 영화 음악을 듣고 싶어졌다. 아이패드를 꺼내 유튜브로 음악을 찾았다. 영화 〈시네마천국〉의 OST 〈시네마 파라디조〉, 요요마의 첼로와 크리스 보티의 트럼펫 협연이다. 흔히 크로스오버라는 말이 있는데 요요마와 크리스 보티의 이 협연만큼 멋지게 소화하는 듀오를 아직 보지 못했다. 클래식과 팝, 화려하면서도 애틋하고 어딘가 몽환적인 분위기, 이제 곧 영화 같은 도시 로마를 떠나야 하기에 더욱 잘 어울리는 곡이다. 이곡을 만든 엔리오 모리코네는 로마에서 태어나 로마의 유명 음악대학인 산타 체칠리아를 졸업했으며 로마를 기반으로 활동하는 토박이 작곡가이다. 그는 영어가 능숙하지 않지만 그의 음악만큼은 글로벌하다. 〈Once upon a time in America〉, 〈미션〉, 〈언터쳐블〉 같은 영화에서 보여준 그의 음악들은 언어가 달라도 통역이 필요없다.

로마는 언제나 영화의 무대였다. 〈돌체비타〉에서 사람들은 달콤한 인생을 꿈꿨다. 로마에 대한 환상은 누가 뭐래도 〈로마의 휴일〉에서 절정을 이뤘다. 이 영화만큼 한 도시를 멋지게 포장해준 영화가 세상에 또 있을까. 무엇보다 오드리 헵번의 청초하면서도 매력적인 연기가 있었기에 가능했다. 로마에서 누구나 주인공이 될 자격이 있다. 누구나 오드리 헵번처럼 트레비 분수에 동전을 던지며 소원을 빌고, 그레고리 펙처럼 스페인 계단에서 동화 같은 우연을 기대해도 되는 곳이 바로 로마이니까. 영화에서 그레고리 펙은 로마에 주재하는 기자 조 브래들리로 나왔기에 나에겐 더욱 흥미로웠다.

인간의 마음은 다 똑같다. 변화가 없이 매너리즘에 빠진 인생, 꿈이 없는 인생에서 잠시라도 일탈하고 싶으니까. 나는 이번 여행을 떠나기 전, 로마를 배경으로 한 우디 앨런의 영화를 보았다. 네 가지 토핑 맛 피자 같다는 평을 들은 〈To Rome with Love〉이었다. 추억, 명성, 스캔들, 꿈, 이렇게 네 가지 키워드를 4가지 에피소드로 녹였는데 우디 앨런 특유의 풍자와 해학이 구석구석 스며들어 있다.

감독과 대본 그리고 배우까지 1인 3역을 맡은 우디 앨런은 4가지 키워드 가운데 특히 명성의 이중성을 유쾌하게 꼬집었다. 이탈리아의 국민배우라는 로베르토 베니니가 배역을 맡은 레오폴드는 평범한 시민이었다가 어느 날 아침에 깨어보니 갑자기 유명인사가 된다. 그를 쫓아다니는 기자들의 질문은 황색 저널리즘에 시달려온 우디 앨런 아니면 생각해내기 힘들었을

거다.

"속옷은 삼각입니까, 아니면 사각입니까?
그가 아침식사로 토스트를 먹었나요?"

대중과 미디어를 향한 야유와 패러디다. 나는 평생 우디 앨런이 야유했던 미디어 쪽에 서있었으니 영화를 보는 내내 웃음과 함께 얼굴이 화끈거리지 않을 수 없었다. 우디 앨런만큼 유명인사로 산다는 것의 이중성을 경험해본 사람도 드물 것이다. 박제화 된 행복의 속성도 그는 잘 알고 있다.

나는 로마에서 새로운 삶에 도전하는 한 지인과 그녀의 인생을 만났다. 그녀는 유명한 글로벌 회사의 임원으로 소위 '잘 나가는 인생'이었다. 그러던 어느 날 갑자기 회사에 사표를 내고 로마로 훌쩍 건너왔다. 지금까지와는 완전히 다른 삶, 자기 딸 또래의 학생들 틈에 섞여 보석공예 예술학교를 다니고 있었다. 무엇이 그녀를 이곳 로마로 이끌었을까? 그녀도 번아웃(Burn Out) 신드롬에 노출된 것일까. 잘 나가는 중요임원일수록 계속되는 스트레스로 정신적 에너지가 방전되어 재충전이 시급한 상황이라는 미국의 한 조사연구 결과를 읽은 적도 있었다.

"옛날부터 해보고 싶었습니다. 만약 내가 학교 때부터 예술을 했다면 글쎄요. 지금 경제적 자립이 가능했을지 모르겠군요. 꿈도 중요하지만 자립도 중요하지요. 제가 그동안 열심히 사회생활을 해서 돈도 조금 모였고, 제 아이도 이젠 대학교에 갔으니까, 이제부터는 제가 하고 싶은 것을 해보고 싶습니다. 다른 사람에게 의지하지 않고 스스로 학비를 낼 수 있으니까요! 이 일은 재미있고 계속해서 꾸준히 해나갈 수 있으며 직업으로서 전망도 나쁘지 않아서 좋아요."

허름한 뒷골목에 있는, 그러나 로마에서 가장 맛있다는 피자집에서 나는 이 얘기를 들었다. 새로운 인생을 시작하는 사람 특유의 긴장감과 설레는 표정이 저절로 섞여 나왔다. 안정된 궤도를 내려와 도전을 하라는 말, 멋있긴 해도 결코 쉽지 않다. 아마도 수많은 사람들이 만류했으리라. 진정으로 걱정도 했으리라. 하지만 그녀는 행동에 옮겼다.

오랜 꿈을 잊지 않고 실현에 옮기는 그녀, 그 오랜 꿈을 이해해주고 받아들여준 가족들의 포용력이 남다르다. 흔히 인생을 졸업할 때 '껄껄껄'하다가 간다고 한다. 미안하다고 말할걸, 사랑한다고 말할걸, 그때 한번 소신껏 해볼걸, 그렇게 껄껄껄하다 세상을 하직한다는 얘기다. 혹은 문장의 끝 자를 '걸'로 바꿔서 '쓰리 걸'사건이라고도 한다. 우물쭈물하다 끝나는 것이

인생이다. 괴테가 로마에서 했던 말이 떠올랐다.

"수확을 거두기 위해 씨를 뿌린다는 것은 얼마나 아름다운 일인지요!"

그렇다. 남과 다르게 사는 모습은 언제나 아름답다. 박제화되어버린 어제를 버리고 길을 떠나는 것은 늘 어려운 일이니까. 괴테 역시 과거의 기득권을 과감히 벗어던지고 이 도시로 달려오지 않았던가. 그리고 마침내 제 2의 탄생을 선언한 곳이 로마였다. 알프스 북쪽 독일에서는 그토록 우울해했던 괴테가 로마에서 마침내 마음의 안정과 행복감을 찾았다. 3개월 남짓 체류하면서 새로운 에너지도 얻었다. 로마는 그런 도시인가 보다. 괴테의 일기를 다시 읽어본다.

"내일이면 우리는 나폴리로 간다…… 짐을 꾸리는 일은 어렵지 않다. 나는 반 년 전보다 더욱 가벼운 마음으로 짐을 꾸린다. 그때 나는 내게 그토록 사랑스럽고 가치 있었던 모든 것을 뿌리치고 떠나왔다. 그런데 벌써 반년이 지나가버린 것이다. 하지만 나는 로마에서 지낸 4개월 동안 한 순간도 헛되이 보내지 않았다. 허풍을 떠는 것 같지만 이것은 결코 과장된 얘기가 아니다.

(…)

  길을 떠날 때는 언제나 과거의 모든 이별과 미래의 마지막 이별이 무의식적으로 머릿속에 떠오르는 법이다. 살아가기 위해서 우리는 너무 많은 준비를 한다는 말이 이번에는 더욱 절실하게 마음에 와 닿는다."

  로마의 피자집을 나오는데 차가운 비가 내리고 있었다. 나도 이제 로마를 떠나 나폴리로 간다. 어렵게 출발한 이번 여행도 곧 반환점이다. 나의 이번 여행을 앞두고 많은 사람들이 걱정해주었다. 빨리 다음 자리를 잡는 게 어떻겠느냐는 진심어린 충고였다. 모두 고마운 말들이다. 하지만 나의 길은 남들이 대신 걸어줄 수 없다. 내가 선택하고 내가 걸어야 한다. 알 수 없는 내일을 위해 양보하고 기다리기에는 인생의 시간은 그렇게 넉넉하지 않다. 다음이란 없다.

나폴리를
보고 죽자

_ 나폴리 구시가지

• 나폴리로 떠나는 날 아침, 로마의 아파트 임대업체 직원은 역시나 제 시간에 나타나지 않았다. 약 30분 정도 기다리다 탁자에 열쇠와 메모지를 놓고 떠났다. 불과 일주일간의 체류지만 매일매일 파노라마처럼 아슬아슬하고 다채로운 일들이 벌어졌기에 과거 어느 때보다 정이 든 로마였다. 자동차로 시내를 빠져나가며 이탈리아 말로 작별의 인사말을 건넸다. 차오(Cio)!

로마의 숙소를 떠난 지 불과 두 시간 만에 나폴리에 도착했다. 아파트 창밖으로 걸려있는 빨래들, 건물 벽에 아무렇게나 그려진 스프레이 낙서, 아슬아슬하게 자동차 사이를 비집고 나가는 스쿠터, 서민들의 냄새가 물씬했다. 역시 나폴리답다.

예약해둔 '호텔 네아폴리스'를 찾아 구시가지로 들어갔다. 네아폴리스라는 이름은 이탈리아에 앞서 이 지역을 선점했던 그리스 사람들이 지었던 나폴리의 옛 이름이다. 이름처럼 역사의 묵은 때가 골목마다 진득진득 묻어있다. 호텔로 들어가는 골목은 너무도 비좁고 사람들로 가득하다. 진땀을 흘리고 호텔 직원의 도움을 받은 후에야 간신히 유료주차장에 주차할 수 있었다.

"당신은 어떻게 여기까지 자동차를 갖고 올 생각을 했나요? 혹시 미하엘 슈마허 아니에요? 여기까지 차를 몰고 들어오다니 대단해요. 실력도 그렇고 배짱도 그래요. 이탈리아 사람들도 이 동네에서는 차를 갖고 들어오기 힘든데…."

호텔 직원 마르코는 진땀을 흘리고 있는 나에게 키를 다시 건네주며 즐겁게 농담을 건다. 미하엘 슈마허는 독일의 전설적인 F1 카레이서이다. 그 말을 들으니 나폴리의 한복판에 온 실감이 났다. 마치 영화 〈대부〉에 등장하는 마피아의 본거지에 온 것처럼 어딘가 스산한 분위기가 들었다. 이곳까지 내려오는 동안 만난 사람들은 하나같이 나폴리에는 자동차를 갖고 가지 말라고 만류했었, 절대로!

둘러보니 거리를 지나는 자동차 가운데 성한 차를 보기 어려웠다. 창문이 깨지거나 범퍼가 찌그러져 있고, 아니면 라이트가 하나 없는 상태로 달리고 있었다. 아, 공연히 여기까지 온 것은 아닌가? 로마를 종착역으로 해도 누가 뭐라 할 사람은 없을 텐데 너무 멀리까지 온 것은 아닌지 조금 겁도 나기 시작했다. 그래도 기왕 시작했으니 죽더라도 나폴리를 보아야 했다.

나폴리를 보고 죽자(Vedi Napoli e poi muori)!

세상에 이보다 더 멋있고 더 자부심 강한 표현이 또 있을까. 나폴리를 소개할 때면 빼놓지 않고 등장하는 표현이다. 어느 도시보다 동작도 크고 과장이 심한 나폴리 사람들다운 표현이다. 이 말은 전성기 시절 화려한 나폴리의 자부심에서 나온 말이라고 한다. 1861년 나폴리가 통일 이탈리아에 흡수되기 전 황금시기를 구가할 때는 런던, 파리에 이어 유럽에서 세 번째로 큰 도시였다고 하니 그런 말이 나왔을 법하다. 1951년에는 같은 이름으로 영화가 만들어져서 세상에 더 알려지게 되었다. 하지만 얼핏 보이는 나폴리는 아름다움과는 거리가 먼, 지저분하고 시끄럽고 쇠락해가는 항구도시였을 뿐이다. 나폴리 사람들은 참으로 과장법이 심하군! 혼자서 이렇게 되뇌었다.

호텔 앞 트리뷰날리 거리(Via Dei Tribunali)는 구시가지의 핵심 골목이었다. 대낮부터 사람들이 몰려 있기에 가까이 가서 보았더니 피자집이었다. '지노 소르빌로'란 집이었는데, 영어로 'Where Pizza was born'이란 간판이 걸려있었다. 나폴리가 피자가 탄생한 원조 도시라는 것은 알고 있었지만 이 골목이 피자로 유명하다는 것은 전혀 몰랐다. 이 가게는 1935년부터 피자를 구워왔으며 마르게리타 피자 한 판이 테이크아웃 할 경우 3유로라는 안내문이 가게 입구에 써있다. 이곳은 파스타라든가 다른 요리는 일체 하지 않고 오로지 피자만으로 승부를 거는

완전 피자 전문점이다. 옆자리에 앉은 서양 남녀 젊은 커플은 마파람에 게눈 감추듯 앉은 자리에서 각각 두 판씩 해치우고 있었다. 저녁에 이 식당을 또 한 번 지나게 되었는데 중국과 일본의 관광객들의 모습이 눈에 많이 띄었다.

이 골목에는 피자집뿐 아니라 다양한 먹거리가 널려 있다. 전통을 자랑하는 빵가게, 이탈리아 아이스크림인 젤라또, 식재료 상점, 와인과 커피가게, 저마다 예쁘게 차려놓고 멋진 목소리로 호객하고 있었다. 괴테는 1787년 2월말에 나폴리의 이 골목에 들렀던 듯하다.

"나폴리 사람들은 먹는 일 자체를 즐길 뿐 아니라 팔려고 내놓은 상품을 곱게 단장하는 일도 즐긴답니다."

트리뷰날레 거리와 평행선을 달리는 안티카글리아 거리(Via Anticaglia)에는 과거 그리스 사람들이 남긴 유적들이 아직도 많이 남아 있다. 또 다른 거리인 산 비아글리오 거리와 함께 이 세 개의 거리가 구시가지의 핵심지역이었다. 가장 나폴리스럽고 가장 옛 전통에 충실한 음식과 문화가 살아 있는 곳이었다. 고생은 했지만 일단 숙소의 위치는 맘에 들었다. 괴테는 나폴리의 음식 가격이 상대적으로 싼 점에 흡족해하고 있다.

"부드럽고 쫄깃쫄깃한 마카로니 같은 것은 어딜 가나 값싸게 사먹을 수 있습니다. 이 사람들은 대부분 그냥 끓인 물에 삶은 뒤 치즈를 녹여 바른 다음, 향료나 조미료를 치더군요."

트리뷰날레 거리 옆으로 작은 골목길이 나있는데 산 그레고리오 아르메노 거리다. 이곳은 오밀조밀한 인형과 토속품을 파는 상점들로 가득 차 있고, 특히 다른 도시에서 볼 수 없었던 캐릭터가 눈에 많이 띄었다. 풀치넬라(Pullcinella)라는 이름의 광대였다. 나폴리의 전통 가면극에 등장하는 해학적인 바보 같은 인물이어서 나폴리 사람들의 인기를 독차지 하는 캐릭터라고 했다. 극의 대본을 써온 괴테가 풀치넬라에 주목하지 않을 리 없다.

"어제는 시내에서 가장 소란스러운 구석인 몰로 지역에 나갔다가 풀치넬라가 나무 발판 위에 올라서서 작은 원숭이 한 마리와 다투고 있는 광경을 보았다. (…)
풀치넬라는 아주 태연하고 침착하며 어느 정도 무심하고 거의 굼뜰 정도이면서도 유머를 잊지 않는 하인이다."

나폴리 사람들은 하나같이 풀치넬라 같았다. 무슨 얘기냐 하면 대화할 때 손동작이 다양하고 현란했다. 표정도 마치 배우들 같았다. 호텔에 들어올 때 다시 마주친 호텔 직원 마르코에게 그 얘기를 전했더니 크게 웃었다.

"그걸 벌써 알았나요? 우리는 말을 하지 않고 손동작만으로도 30분 심지어 한 시간 정도는 대화를 할 수 있어요. 손동작만을 사용한 대화법을 기록한 교과서와 비디오가 출판되어 있을 정도라니까요, 핫핫핫!"

이탈리아에 와서 처음 이탈리아말을 배우는 학생들은 손동작만으로 이뤄진 비디오를 보면서 이탈리아 특유의 손동작 언어를 배운다고 한다. 쾌활한 마르코 덕분에 나폴리와 나폴리에 대한 무거웠던 인상이 조금씩 풀렸다. 생각해보니 사람의 소통에서 언어가 차지하는 비중보다 대사가 없는 비언어적(Non Verbal) 표현이 더 중요할 때가 많다. 한숨을 쉰다든지 환하게 미소를 짓는다던지, 혹은 말없이 째려본다는 것만으로도 의견이 더 잘 전달될 때가 있다. 요즘 가정에서나 직장, 사회, 국가에서나 가리지 않고 소통을 외치고 있는데 어쩌면 말 잘하는 것보다 진실된 표정 하나가 더 중요한 것 같다. 마르코는 한마디 덧붙였다.

"나폴리는 북쪽 이탈리아 사람들과는 많이 다릅니다. 근세까지 나폴리는 다른 왕국에 속했구요, 여기서 우리가 쓰는 말은 이탈리아 표준어와 많이 다르죠. 이해하기 힘들 겁니다. 우리가 손동작 언어가 발달한 것은 아마도 북쪽 사람들이 우리 나폴리 말을 이해하지 못한 데서 온 결과인지도 몰라요. 북쪽 사람들은 우리를 무시해요. 밀라노, 제노바, 피렌체, 심지어 로마 사람들도요. 하지만 우리는 우리 방식이 좋아요. 우리의 문화, 우리의 음식, 우리 사는 방식까지 말이지요. 이곳 나폴리는 인생이 뭔지 알면서 사는 곳이거든요."

인생이 뭔지 알면서 사는 곳? 이보다 자부심 강한 표현이 있을까? 내가 사는 서울을 가리켜 나는 과연 그런 표현을 쓸 수 있을까?

이탈리아에서도 남과 북의 차이가 이처럼 극명한데, 알프스의 북쪽에서 내려온 괴테는 어떻게 바라보았을까? 괴테는 점차 나폴리의 매력에 빠진 것 같다. 5월 28일 나폴리에서 보낸 편지의 일부다.

"폴크만의 기행문은 내용이 훌륭하고 쓸모가 많지만 때로는 나의 생각과 다른 점이 있습니다. 예를 들면 그는 나폴리에는 일없이 빈둥거리는 사람들이 3~4천 명 된다고 말해 누구나 그렇게만 생각해왔습니다. 그런데 내가 남쪽 지방의 사정을 여러 방면으로 직접 알아본 결과, 그것은 하루 종일 조바심을 내며 애쓰지 않는 자를 모두 게으름뱅이로 간주하는 북부 지방 사람들의 관점에서 나온 말이라는 것을 발견하게 되었습니다."

준비와 태도는 그 누구보다 완벽을 기하는 독일인이지만 괴테의 마음은 누구보다 열려있음을 알 수 있다. 여행자에게 가장 중요한 상대방을 이해하려는 톨레랑스, 관용과 포용의 마음이 두드러진다. 그러면서 상대적으로 자기가 속한 유럽의 북쪽 사람들을 들여다보고 있다.

"북국인들은 날 때부터 어쩔 수 없이 생계유지와 절약생활을 강요당해왔습니다. 주부들은 일 년 내내 식량이 떨어지지 않도록 알뜰히 요리를 해야 하며, 남편들은 땔감 준비와 추수준비, 거기에다 가축을 위한 사료준비마저 게을리해서는 안 됩니다. (…) 수천 년 동안 변함없는 그런 자연의 영향이 여러가지 면에

서 경건한 북방 민족들의 성격을 결정지은 것이 분명합니다."

여행은 낯선 것과의 만남에서 시작해 결국은 자기와의 만남으로 끝난다. 그것이 여행이다. 괴테는 여행자의 정수를 보여주고 있다. 한술 더 떠 이렇게 유머 있는 문장으로 공연한 우월의식의 허점을 꼬집고 있다.

"소위 나폴리의 거지라는 인간들은 노르웨이의 총독 직위쯤은 가볍게 경멸하고, 혹시 러시아의 황제가 통치권을 넘겨주는 영광을 베푼다 해도 일축해버릴 거라는 말입니다."

베수비오 화산은
말없이 웃고 있었다

_ 나폴리 '카스텔 산텔모'

• 도대체 누가 3대 미항을 선정한 거야? 나폴리에 들어올 때 이렇게 투덜거렸다. 나는 이전에 나폴리에 두 번 왔었다. '왔었다'는 말 그대로 다음 행선지로 이동하느라 잠깐 들르기만 하였을 뿐 자세히 볼 기회는 없었다는 뜻이다. 솔직히 말하면 나폴리보다는 화산으로 멸망한 도시 폼페이, 그곳까지 이어지는 환상적인 아말피 해변도로에 더 마음이 끌렸기 때문이었다. 짧은 체류시간이었음에도 불구하고 나폴리가 아름답다는 생각은 전혀 들지 않았다. 나폴리에 대한 나의 소감을 들은 호텔 종업원 마르코는 빙긋이 웃더니 지도에 형광펜을 그려주며 한곳을 가리켰다. '카스텔 산텔모'.

"그곳을 다녀오면 생각이 달라질 겁니다. 성채 꼭대기에서 바라보는 나폴리는 아마도 끝내줄 겁니다. 물론 내려와서 보면 다시 크레이지한 곳으로 변하겠지만... 그런 이중적인 얼굴이 나폴리지요."

　호텔을 나와 지하철과 후니쿨라를 갈아타고 오르막을 한창 걸어 오르고 나서야 비로소 그곳에 도착했다. 이탈리아 말로 '카스텔'은 성(城)을 의미한다는 것에 느껴지듯, 이곳은 거대한 난공불락의 성채였다. 군사적 목적의 요새답게 깎아지른 절벽 위에 있었다. 입장권을 구입해 계단을 올라 성채의 위쪽에 섰다.
　벨라 나폴리! 아름다운 나폴리라는 탄성이 저절로 입에서 터져 나왔다. 무슨 말로 그 아름다움을 표현할 수 있을까. 내가 도착했을 무렵 때마침 석양이 지기 직전이어서 지중해의 아름다운 광경이 파노라마처럼 한눈에 들어왔다. 바다가 육지 쪽으로 길게 들어와 있는 그림 같은 나폴리 만과 그 앞바다를 오고 가는 대형 선박들, 한때 왕국이었던 나폴리 도심의 웅장한 궁전들, 멀리 신비한 카프리 섬, 인근 도시를 잿더미로 만들었던 공포의 화산 베수비오, 그 너머로 사라진 도시 폼페이, 어디선가 파바로티가 부르는 나폴리 민요 〈산타 루치아〉가 들려오는 듯했다.

석양이 지는 나폴리, 그 아름다움을 괴테도 바라보았던 모양이다. 그는 나폴리의 아름다움에 완전히 빠져들고 있다.

"이곳은 모든 것이 이루 다 말할 수 없이 뛰어나다. 해변과 만, 넉넉한 바다, 베수비오 화산, 시내, 교외, 성곽, 유곽, 그 모든 것이 말이다. (…)
때마침 낙조 무렵이어서 맞은편으로 노을이 드리워져 있었다. 나는 넋을 잃었고 나폴리에 매료된 모든 사람들을 이해할 수 있을 것 같았다."

괴테는 그러면서 오래전 나폴리를 방문했던 아버지를 회상하고 있다. 괴테의 아버지는 마치 옛 애인을 잊지 못하듯 오래전에 반한 나폴리를 생각하고 있었던 듯싶다. 집에 가져온 나폴리의 기념품을 보면서 회고하고 또 회고했던 모양이다.

"흔히 말하듯이 유령을 본 사람은 다시는 즐거움을 되찾지 못한다는 말이 있지만, 이것을 바꾸어 말하면 아버지는 계속해서 나폴리를 꿈꾸었기 때문에 결코 불행해질 수 없었던 것이다."

육지에만 있어서는 나폴리의 진가를 모른다. 세계 3대 미항, 나폴리를 보고 죽으라는 표현 모두 선박을 이용해 나폴리에 들어올 때 입에서 자연스레 터져 나오는 말이었다. 먼 바다에서 나폴리 항구로 다가서며 보이는 환상적인 풍경을 찬미하는 뜻이었다. 나는 자동차를 갖고 육지로 들어와서 그 진면목을 몰랐던 거다. 그런데 이제 산텔모 성채에 오르고 나서야 비로소 나폴리의 진가를 알게 되었다. 풍부한 색채와 눈부신 아름다움, 괴테는 이 도시에서 로마와는 다른 분위기에 매료되기 시작한다.

"나폴리는 천국이다. 모든 사람들이 어느 정도 도취된 듯 자기 망각 속에 살고 있다. 나도 마찬가지다. 나 자신을 좀처럼 인식할 수가 없고 완전히 다른 사람이 된 것 같다. 어제는 이런 생각이 들었다. '너는 옛날에 미쳤거나 아니면 지금 미쳐있다'라고."

산텔모 성채에서 베수비오 화산을 바라보니 이곳 출신의 한 친구가 떠올랐다. 1990년대 중반 내가 베를린의 괴테 인스티튜트에서 독일어와 독일 문화를 배우고 있을 때 만났던 클래스메이트였다. 이름은 주세페, 나폴리대학에서 문화 인류학과 고고학 박사과정에 있던 친구였다. 그는 모국어인 이탈리아어 외에 영어와 스페인어에 유창했으며 한창 배우는 독일어 실력도 출중했다. 이탈리아 남자답게 그는 요리를 아주 잘해 동료들에게 인기가 높았다. 주머니 사정에 여유가 없는 학생들이 주축이었기에 주말이면 기숙사에서 간단히 요리하면서 주말을 즐기곤 했는데, 그럴 때면 주방은 늘 그의 차지였다.

"파스타는 말이야, 면을 오래 삶으면 삶을수록 좋은 면이야. 요리를 잘해야 연애도 잘할 수 있어. 안 그래? 크반세웅? 하하하!"

내 이름을 알파벳으로 표기하면 Kwanseung인데, 이를 독일어식으로 '크반세웅'이라 발음하곤 했던 친구였다. 요리를 잘하는 남자답게 그의 옆에는 늘 여자들이 있었다. 스페인에서 온 마리아, 체코의 일리나, 미국 출신 머라이어, 주말마다 옆의 여자가 바뀌었다. 서양인 기준으로 큰 키는 아니었고 미남이라고 할 수 없는 평범한 외모였지만 그는 부드러운 화술에다 특기인 요리로 여성들을 녹이곤 했다. 동료들은 그를 바람둥이라 놀리면서도 한편으로는 남다른 그의 재주를 부러워하곤 했다.

20년 동안 소식이 끊어졌다가 이번 이탈리아 여행 동안 페이스북을 통해 그와 소식이 닿았다. 나폴리대학에서 박사학위를 마치고 지금은 폼페이 유적지에서 문화답사 전문 가이드를 하고 있다고 했는데, 일러준 동영상 사이트에 나타난 그는 나이 때문에 몸이 좀 불었지만 여전히 유쾌하고 입담도 여전했다. 외국어에 유창하고 박사학위 소지를 했음에도 가이드를 할 만큼 나폴리 쪽의 일자리 사정은 여전히 좋지 않은 듯했다. 그와 나는 일정이 맞지 않아 아쉽게도 재회는 하지 못했지만, 그는 메신저를 통해 나폴리와 베수비오 화산이 얼마나 아름다운지 설명하기 바빴다.

"베수비오 화산은 잠자는 악마, 그렇지만 아름다운 악마라구!"

나폴리 만 연안에 우뚝 솟은 원추형 화산 베수비오는 주세페가 표현한 그대로였다. 잠자고 있지만 언제 터질지 모르는 악마, 그러면서도 동시에 아름다운 악마였다. 고대 로마시대 폭발로 인근 도시를 재앙으로 몰아넣었으며 괴테가 방문하기 10년 전에도 또다시 분화구가 폭발했던 무시무시한 화산이었다. 괴테가 나폴리를 방문했을 당시에도 화산에서 뜨거운 연기가 뿜어져 나오고 있었다. 그러나 괴테는 호기심 덩어리, 언제 폭발할지 모른다는 두려움에 모두들 떨고 있었지만 그는 화산에 직접 올라가 보고 싶어 안달이 났다. 친구인 티슈바인이 마지

못해 베수비오 화산 등반에 동행해주고 있는데 그날의 일기를 읽다보면 아슬아슬 오금이 저려온다.

"그때 갑자기 우르릉 소리가 울려오고 무시무시한 돌덩어리가 우리 곁을 스치며 날았다. 우리는 마치 허물어져 내리는 돌더미라도 피하려는 듯 자신도 모르게 몸을 웅크렸다. 어느새 작은 돌멩이들이 떨어져 내리기 시작했다. 우리는 위험한 상황을 넘긴 것을 다행스럽게 생각하면서도 한숨 돌릴 겨를도 없이 내달려, 아직 날리고 있는 화산재를 덮어쓰며 산기슭으로 내려왔다. 모자와 어깨에는 희뿌연 화산재가 잔뜩 쌓여 있었다."

괴테는 천재이기에 앞서 이토록 뭔가 알고 싶다는 열망이 강한 사람이었다. 용암이 분출하는 베수비오 화산을 보면서 도망가야겠다는 생각보다는 그 위험한 곳을 무려 세 번이나 걸어 올라갔던 사람이 바로 괴테였다. 기자들 사이에 기사는 손이 아닌 발로 써야 한다는 말이 있다. 현장정신을 말한다. 아마 괴테가 기자를 했으면 훌륭한 저널리스트가 되지 않았을까 싶다. 탁월한 문장력에 뛰어난 통찰력, 훌륭한 외국어 실력, 누구보다 강력한 호기심, 게다가 위험을 두려워하지 않는 용감함까지 갖췄으니 무엇 하나 부족함이 없다. 괴테를 보면 전설적인 사진기자 로버트 카파가 연상된다. '카파이즘(Capaism)'이라는 말을 낳을 정도로 용감한 종군기자였다. 늘 "한 발짝 더!"를 외쳤던 카파의 명언은 유명하다.

"당신의 사진이 만족스럽지 않다면, 그것은 당신이 충분히 다가가지 않았기 때문이다."

(If your pictures aren't good enough, you're not close enough.)

베수비오 화산을 말할 때면 폼페이라는 이름을 떠올리지 않을 수 없다. 지금은 나폴리에서 자동차나 기차로 30분이면 닿을 가까운 곳이다. 베수비오 화산을 중심으로 서쪽이 나폴리, 폼페이는 남동쪽에 위치해 있다. 관광객들은 흔히 나폴리에서 출발해 베수비오 산을 창밖으로 보고 폼페이에 들렀다가 아름다운 항구인 소렌토와 아말피 해변까지 한 묶음으로 여행하는 것이 일반적이다.

지구상에서 가장 멋진 드라이브 코스라는 평가 그대로, 아말피 해안선을 따라가는 도로는 스릴 만점의 도로다. 추억의 영화 〈페드라〉에서 주인공이 바흐의 음악을 크게 틀어놓고 '페드라!'를 외치다가 반대편에서 오는 트럭을 들이받고 절벽 아래로 굴러 떨어지는 마지막 장면이 촬영된 곳으로 유명하다. 지금도 자동차 회사에서 신형 모델이 나왔을 때, 또 렌터카 회사

의 CF 촬영장소로도 자주 애용된다. 숨막힐 정도로 절경 중의 절경이긴 하지만 이 도로는 비좁고 급커브가 계속되며, 도로 바로 밑으로는 천길 절벽이어서 초행자가 운전하기에는 스트레스가 이만저만이 아니다. 영화의 마지막 장면이 연상되어 등골이 오싹해지지만 이 지역 이탈리아 운전자들은 아랑곳하지 않고 속도를 더 올리라고 경적을 울려댄다.

역사에는 '만약'이란 단어가 따라다닌다. 서기 79년 8월 24일 정오에 베수비오 화산이 대폭발했을 때, 만약 바람이 폼페이 방향이 아닌 나폴리 쪽 방향으로 불었다면 운명은 바뀌었을 것이다. 폼페이는 문명이 피어나는 도시로 더 커졌을 것이고, 반대로 나폴리는 화산 잿더미에 파묻혀 역사의 뒤안길로 사라졌으리라. 지금 나폴리 박물관이나 폼페이 유적지에는 당시의 생생한 광경이 보존되어 있는데, 어떤 사람은 낮잠을 즐기다가 어떤 이는 식사를 하다가 또 어떤 사람은 사랑을 나누다가 삶의 순간이 영원히 정지되어 버렸다. 학자들의 연구 결과에 따라서는 화산 분화 30분 만에 폼페이라는 도시가 완전히 매몰되어 버렸다고 하니 화산의 엄청난 파괴력을 새삼 짐작할 만하다.

무시무시한 베수비오 화산 등정을 마치고 돌아오는 길에 일몰의 장관을 만난 괴테는 자연의 대조를 보면서 나폴리가 신과 악마 사이에 끼어있다고 말하고 있다.

"무시무시한 광경에다 아름다움, 그리고 아름다운 광경에다 무시무시함, 이 상반되는 요소가 서로를 지양하며 아무래도 좋다는 감정을 불러일으켰다. 만일 나폴리 사람이 신과 악마 사이에 끼여 있다고 느끼지 않는다면, 그는 분명히 지금과는 다른 인간이 되어 있을지도 모른다."

야누스의 두 얼굴을 가진 베수비오 화산 앞에서 나는 조용히 물었다. 내 몸 안에 끓어오르던 마그마 같은 열정은 벌써 다 사라져 버린 것일까? 나는 잠시 호흡을 고르며 대폭발을 기다리고 있는 휴화산 같은 처지일까? 아니면 더 이상 에너지가 소진되어 차갑게 식어버린 사화산 같은 존재가 아닐까? 그러다가 저 무서운 화산재에 갇혀서 숨도 못 쉬고 영원히 잠들어 버리는 것은 혹 아닐까? 베수비오는 말없이 그저 웃고 있었다.

나는 나폴리에서
인생의 타이어를 갈아 끼웠다

_ 나폴리 & 고속도로

• 　　　　　　원래 나폴리는 괴테의 최종 목적지였다. 그러나 나폴리 사람들의 자연스런 매력과 자연의 눈부신 풍광에 반해 생각을 바꾸게 된다. 완전히 반했다는 것은 곧 그 대상에 대한 몰입을 뜻한다. 괴테는 나폴리에 완전히 몰입되었다.

"나폴리는 천국이다. 모든 사람들이 어느 정도 도취된 듯한 자기망각 속에 살고 있다. 나도 마찬가지다. 나 자신을 좀처럼 인식할 수가 없고 완전히 다른 사람이 된 것 같다."

남쪽 이탈리아의 매력에 푹 빠진 괴테는 시칠리아 섬까지 배 타고 갔다가 다시 나폴리를 거쳐서 3개월여 만에 로마로 되돌아왔다. 내친 김에 다시 1년 가까운 시간을 로마에서 체류하게 된다. 집중적인 연구로 로마와 이탈리아를 완전히 자기 것으로 만들기 시작했다.

나폴리는 괴테의 여정을 따라가는 나의 대장정에 최남단 터닝 포인트이다. 렌터카 사정도 있고 시간도 허락치 않아서 시칠리아를 포기하고 차를 돌려 다시 북쪽으로 가기로 하였다. 나도 괴테처럼 나폴리의 매력에 완전 몰입한 것일까. 아니면 야누스의 매력을 지닌 베수비오 화산이 나의 발목을 잡아 끈 것일까. 내가 묵었던 네아폴리스 호텔에서 체크아웃 한 뒤 원래는 곧바로 고속도로를 타고 북쪽으로 달려야 했지만 뭔지 모를 아쉬움에 나는 차를 몰고 시내로 향했다. 나폴리의 옛 영화

를 상징하는 왕궁을 거쳐 여객선이 들어오는 페리 항구, 바닷길을 따라 가는 해안도로를 한 바퀴 돌고 나폴리 만 건너에 우뚝 서있는 베수비오 화산을 배경으로 사진도 찍었다.

  아쉽지만 모든 것이 끝났다. 이젠 알프스를 넘어 북쪽으로 올라가는 일만 남았다. 많은 사람들의 우려와 만류에도 불구하고 여기까지 무사히 달려온 것에 감사했다.

  바로 그때였다. 다시 차를 몰고 고속도로에 진입할 무렵, 옆 차선의 운전자가 자꾸만 경적을 울리는 것이 아닌가. 왜 그러지? 내가 못 알아듣는 것 같으니까 손짓으로 뒤를 가리키며 내 차량 앞을 막아섰다. 아뿔싸! 자동차 뒷 타이어 하나가 폭삭 주저앉아 있었다. 망연자실한 나는 고맙다는 표현도 못했고, 그는 떠나 버렸다. 비상등을 켜고 간신히 갓길로 차를 옮겨놓았다. 어디서 이런 일이 벌어진 걸까? 분명 오늘 호텔에서 출발하기 전에 확인했을 때는 아무런 문제가 없었는데, 나폴리 시내를 달리다 무언가 날카로운 것에 타이어가 찔린 걸까? 아니면 아까 신호등에 대기하고 있을 때 다가와 유리창을 닦아준다며 돈을 요구하던 홈리스족의 소행일까? 외국 차량을 대상으로 의도적으로 펑크를 낸 뒤 타이어 교체를 위해 짐을 꺼내면 훔쳐 달아난다는 얘기를 전에 들은 적도 있었다. 왕궁 쪽으로 갔을 때 시위대와 맞닥뜨렸는데 혹시 그들이 외국 차량에 괘씸한 마음이 들어 그런 것일까?

정말이지 이런 일은 피하고 싶었다. 국내 고속도로에서도 그렇겠지만 외국 땅에서 그것도 영어가 잘 통하지 않고 길도 잘 모르는 이탈리아, 더욱이 범죄가 들끓는다는 나폴리의 으슥한 외곽에서 이런 일이 벌어진다는 것은 악몽이었다. 게다가 나는 자동차 정비는 물론이고 내손으로 직접 타이어를 교체해본 적이 단 한 번도 없는, 기계에 관한한 완전 백치였다.

비상등을 켜고 최대한 저속 주행하면서 메인 도로를 빠져나와 이곳저곳을 뒤지고 다니다가 간신히 타이어 교체하는 곳을 찾았다. 하지만 나의 렌터카 차량 트렁크에 비치된 예비용 타이어는 정상타이어가 아닌 스페어타이어였다. 일단 크기와 모양도 달랐다. 말도 통하지 않는 이 타이어 수리공장에서 간신히 스페어타이어로 교체하는 데에만 성공했다. 하지만 스페어타이어는 역시 스페어용으로만 써야한다. 임시로는 한계가 있다. 고속도로를 달리기 시작하는데 뭔가 이상해 갓길에 세워놓고 보니 '역시나'였다. 차량 내에 비치된 자동차 매뉴얼을 확인해보니 스페어타이어는 비상시 저속으로만 사용하고 절대로 고속도로를 달려서는 안 된다고 쓰여 있는 것이 아닌가? 만일 계속 고속도로를 더 달렸더라면 타이어가 터졌을 것이고 그렇게 되면, 생각만 해도 끔찍한 일이 있어났을 것이다. 다시 식은

땀이 났다.

 서둘러 고속도로에서 빠져나와 다시 타이어 교체하는 곳을 찾기 시작했다. 저속주행하며 몇 군데 들렸지만 말이 통하지 않거나 점심시간이라고 문을 닫은 곳도 있었다. 호랑이에게 물려가도 정신만 차리면 산다는 옛말이 떠올라 잠시 주차해놓고 생각을 가다듬고 있자니 하늘을 나는 항공기가 보였다. 그때서야 떠올랐다. 이럴 때는 내가 차를 빌린 렌터카 회사, 특히 공항으로 가는 게 가장 효율적이었다. 규모로나 외국어 소통문제로나 그것이 가장 효율적일 듯싶었다. 다시 비상등을 켜고 설설 기어가다시피해서 나폴리 공항의 허츠 렌터카 지점에 도착했다.

 "헬로우, 마이 프렌드! 무언가 문제가 있어서 왔구먼! 괜찮아! 우리가 있잖아. 걱정하지 말고 뭐가 문제인지 천천히 말해봐!"

 역시 나폴리였다. 당황해 하는 상대방을 우선 진정시켜줄 줄 알았다. 그들이 사랑한다는 희극광대이자 수호신 풀치넬라의 표정을 지어가며 농담도 섞으면서 차분해지도록 유도했다. 그렇다. 그것은 의사와 변호사도 마찬가지다. 뭔가 큰일을 당한 사람에게는 당장의 치료나 법적인 조치도 중요하지만 그에 못지않게 심리적 안정을 시켜주는 것이 급선무다. 회사나 집안에서도 무슨 상황이 벌어졌을 때 우선 흥분을 가라앉혀주는 게 먼저다. 회사에서도 직원들에게 어떤 큰일이 벌어졌을 때 그렇게 했어야 했는데, 나는 문제점을 따지기 바빴었던 것 같다.

전후 사정을 듣고 차량을 살피더니 컴퓨터로 서류를 작성하기 시작했다. 그런데 나의 계약서는 독일어로 되어 있는 게 아닌가. 이를 영어로 설명하고 그가 다시 확인하느라 적지 않은 시간이 흘렀다. 그러는 사이에도 젊은 여성이 지나가기라도 하면 휘파람을 불면서 입술에 키스 날리는 것을 잊지 않았다. 짜증난 표정을 감추지 못하는 나의 얼굴을 흘낏 보더니 "Don't worry!"라는 말을 반복한다.

렌터카 공항 사무실에는 간단한 정비가 되기 때문에 근처의 타이어 정비업소로 가야한다고 했다. 그러면 비용이 얼마나 될까? 렌터카 직원은 씨익 웃더니 "수퍼 커버에 가입되어 있는데 무얼 걱정해요?"라고 안심시켜 주는 게 아닌가. 사고가 날 경우 전액 처리되는 보험이었다. 그동안 공연히 돈만 낭비한다는 느낌만 들었던 보험이지만, 외국에서 사고를 당해보니 천군만마처럼 든든했다.

결국 나폴리 만이 내려다보이는 허름한 자동차 수리소에서 타이어 교체작업이 완료된 것은 석양이 어둑어둑해지기 시작할 때였다. 오늘 예약해둔 숙소까지 가려면 다섯 시간 정도 달려야 하기에 마음은 급했지만 할 수 없었다. 여기는 내가 사는 서울이 아니다. 삶과 시간이 여유만만하게 흘러가는 나폴리다. 렌터카 직원 말대로 맘을 편하게 먹어야 한다. 일이 벌어졌다고 달달 볶는다고 해결될 일이 아니다.

하나의 직업세계를 졸업하는 것을 가리켜 영어로 리타이어(retire)라 한다. 그 말은 동시에 타이어를 갈아 끼운다(re-tire)는 뜻이기도 하다. 나는 나폴리에서 자동차 타이어를 갈아 끼웠으며 동시에 마음의 타이어도 갈아 끼웠다. 조급증이라는 이름의 타이어를 버리고 여유와 유머라는 이름의 타이어로 교체하기로 한 것이다.

그렇다. 위기는 말없이 찾아온다. 자동차도 그렇고 인생도 그렇다. 당황하면 더 큰 사고를 당할 수 있다. 어쩌면 회사를 그만둔 뒤 지금까지 나의 모습은 푹 찌그러져 있는 자동차 타이어 같았는지도 모른다. 누군가 일부러 날카로운 것으로 찔렀든, 나의 부주의로 인해 그러했든 상관없다. 화를 내거나 남탓을 하거나 누군가에게 서운해할 일은 더더욱 아니다. 나는 더 이상 CEO가 아니고 기자도 아니다. 겸손하게 세상을 다시 시작해야 한다.

이제 안전하다는 정비소 책임자의 설명을 듣고 키를 건네받은 뒤 다시 시동을 걸었다. 나폴리가 사랑하는 풀치넬라의 손동작을 따라하며 인사를 건넨 뒤, 차를 움직이기 시작했다. 멀리 베수비오 화산이 다시 웃고 있었다. 당황과 분노, 그리고 얼어붙었던 마음이 봄눈 녹듯 조금씩 녹고 있었다. 눈에서 뜨거운 무엇이 올라오고 있었다.

나폴리에서 나는 인생의 타이어를 갈아 끼웠다. 타이어 펑크 사고는 어쩌면 이번 여행이 내게 준 최고의 선물이었던 것 같다.

볼로냐가 아니라
본론이야

_ 볼로냐

• 나폴리를 떠나기 전 볼로냐에 숙소를 예약해두었다. 특별한 의도가 있었던 것은 아니고 괴테가 이 도시를 들렀던 데다, 이탈리아 지도를 펼치면 중간지점에 있어서 상행길에 하룻밤 쉬기에 적당한 거리라 판단했기 때문이다. 이미 시간이 늦어져 가까운 곳으로 변경할까 잠시 고민했지만 예약할 때 이미 방값을 선불로 지불했기 때문에 강행하기로 했다.

두 도시까지의 거리는 600킬로나 된다. 이미 타이어 펑크 사고로 시간이 오래 지체된 데다 이미 길은 어두워졌다. 특히 나폴리에서 로마까지는 그런대로 괜찮았지만 로마 이후의 구간이 험한 난코스였다. 계곡과 산악지대가 겹쳤고 곳곳이 공사구간이었다.

엎친데 덮친 격으로 안개가 겹치고 폭우까지 쏟아졌다. 앞이 거의 보이지 않는 상황이었지만 이탈리아 운전자들은 마치 곡예하듯 나를 추월해가며 앞으로 나아갔다. 그나마 한 가지 위안은 타이어 교체를 할 때 차량에 대한 전반적인 정비를 끝낸 뒤라 자동차 고장에 대한 걱정을 덜었다는 점이다.

운전이 길어지면서 피곤도 엄습해왔다. 자동차 타이어 교체 하느라 거의 반나절을 소비한 데다 여기저기 뛰어다니며 신경 소모도 많았던 듯싶다. 악천후가 계속되면서 운전이 힘들어지기 시작했다. 하지만 폭우가 계속 내려 마땅히 쉴 때도 없고, 자정 전에는 호텔에 도착해야 했다. 여행길에 괴테가 날씨를 걱정하곤 했던 모습이 이제야 이해가 되었다. 여행의 절반은 날씨가 쥐고 있다고 해도 과언이 아닌 것 같다.

언제쯤 이 난코스가 끝나려나. 캄캄한 밤에 폭우가 퍼붓는 산악도로를 달리는 것은 실로 위험한 일이다. 오늘 왜 나에게 이런 시련이 계속되는 걸까? 이러다 정말 큰일 당하는 것은 아닐까? 나의 수호신 괴테의 이름을 부르며 조심조심 앞으로 나아갔다.

얼마를 더 갔을까. 도무지 끝나지 않을 것 같았던 산악지대 터널은 마침내 끝났다. 그리고 멀리 볼로냐를 가리키는 안내판이 보인다. 고개를 넘으니 억수로 퍼붓던 비도 거짓말처럼 잦아들었다. 아, 이제 살았구나! 안도의 한숨이 절로 나왔다. 악몽이라는 이름의 터널이 드디어 끝난 것이다.

밤 11시가 되어서야 볼로냐의 미켈리노 호텔에 도착했다. 부담스럽지 않은 가격에 현대적 시설을 갖춘 호텔이었다. 다 그런 것은 아니겠지만 확실히 남쪽에 비해 북쪽 호텔들이 현대적이고 설비도 잘 갖춰져 있다. 창문도 독일제여서 아래뿐 아니라 위로도 열리게 되어 있었고 방음이 아주 잘되었다. 객실에 비치된 안내 자료를 보니 볼로냐가 국제적으로 널리 알려진 컨벤션 도시라고 설명되어 있었다.

생각해보니 나는 볼로냐에 대해 별로 아는 게 없었다. 토마토 소스와 다진 고기를 이용해 만드는 스파게티 볼로네제, 서양에서 가장 오래되었으며 「장미의 이름으로」의 저자이자 위대한 학자인 움베르토 에코가 볼로냐 대학에서 재직했으며, 이 대학은 세계에서 가장 오래된 대학이라는, 고작 그 정도였다. 하지만 하루 종일 너무 피곤한 하루였기에 우선 푹 쉬어야 했다. 맥주 한 잔 들이키고 깊은 잠 속으로 빠져들었다.

다음날 느긋하게 일어나 시내로 향했다. 기왕 왔으니 기념 사진 몇 장이라도 찍자는 마음이었다. 볼로냐 구시가지는 시청 앞에 바다의 신 넵튠을 형상화한 마조레 광장을 중심으로 형성되어 있었다. 다른 도시들에서 볼 수 없었던 형식의 건축양식이 이 광장을 지배하고 있었다. 건물마다 긴 기둥들이 광장 바깥쪽으로 열려 복도를 만들고 있었는데 볼로냐에서만 볼 수 있다고 한다. 그런 양식을 가리켜 로지아(loggia)라고 알고 있었는

데, 여행안내 책자에는 포르티고(Portico)라 표현하고 있었다. 주랑(柱廊) 아케이드가 높이 2.66미터로 통일되어 있는데, 말을 탄 채로 그 안으로 통행할 수 있도록 하기 위해 이런 식으로 설계했다고 한다. 괴테 역시 이 아케이드를 주목하고 있었다.

"저녁 무렵에 나는 마침내 이 고색창연하고 학구적인 도시의 군중 사이를 빠져나왔다. 이곳 사람들은 아치형의 아케이드 아래로 이리저리 돌아다니거나 무심코 구경하거나 물건을 사면서 바쁘게 살아가고 있는데, 대부분의 거리에 있는 아케이드는 햇빛과 비바람으로부터 그들을 안전하게 보호해준다."

괴테는 로마로 내려갈 때와 올라갈 때 두 번 모두 볼로냐를 들렀다. 이 도시에서 알브레히트 뒤러와 라파엘로의 그림 〈세실리아〉를 보고 소감을 남기고 있다. 나는 이미 피렌체와 로마, 베네치아와 비첸차, 그리고 나폴리에서 나의 소화능력을 훨씬 웃도는 예술품들과 마주해야 했기에 이 도시에서만큼은 박물관을 사양하기로 했다.

마침 주말이어서 광장에는 초콜릿과 커피 시장이 섰다. 사자와 고양이, 하이힐, 산타클로스 모양을 한 초콜릿까지 상상을 초월한 디자인이 속출했다. 에스프레소의 나라답게 커피회사들은 경쟁적으로 자기 회사의 커피를 홍보하기에 바빴다. 먹거리의 나라인 이탈리아에서 환상적인 디자인을 결합시켜 놓으니 사지 않고는 못 견디게 만든다. 어제까지 있었던 나폴리에 비해 확연한 차이를 느낀다. 거리를 지나는 자동차나 사람들의 행색, 상점들의 전시품도 크게 차이가 난다. 같은 나라라고 하기에는 그 차이가 너무도 커보인다. 남쪽을 방문한 터라 이탈리아의 심각한 남북문제가 실감난다.

남북으로 길게 뻗어 있는 이탈리아는 사실 그 길이만큼이나 다양한 나라인 것 같다. 이탈리아라고 해서 모두 같은 것은 아니다. 로마와 피렌체는 다르고, 나폴리와 밀라노는 완전히 다른 세계이며 베네치아와 볼로냐는 전혀 다른 얼굴이다.

볼로냐에서 나의 눈길을 확실하게 잡은 것이 있으니 바로 '어반 센터 볼로냐(Urban Center Bologna)'라는 곳이다. '볼로냐 시민청'이다. 시청에 달린 부속 건물은 철저히 시민이, 시민에 의해서, 그리고 시민을 위해 기획되고 운영되는 공공서비스의 혁신적 장소였다. 문화와 쇼핑이 결합된 건물이고 모든 것이 융합된 공간이었다. 열려있고, 자유로우며, 창의력이 느껴지며, 전통과 혁신이 함께 살아있는 공간이었다. 유리바닥 아래 투명하게 보이는 지하에서는 옛 고고학 발굴지가 그대로 살아 있었고, 아이들을 데리고 온 부모들은 아이들에게 자기들의 유산을

자연스레 접하도록 해주고 있었다. 1층부터 2층까지는 살라 보르사(Sala Borsa)도서관이 있는데, 도서 대출부터 컴퓨터 이용, 외국 저널을 손쉽게 이용하도록 하고 있었다. 확실하게 차별화된 것이 하나 있었으니 바로 독서용 의자였다. 나는 이곳처럼 혁신적이고 실용적인 의자를 공공시설에서 본 적이 없었다. 물론 색감과 디자인도 눈에 번쩍 뜨이도록 제작되었다.

전문적인 연구를 하는 사람들을 위한 열람실과 별도로 어린 자녀를 데려와서 책을 읽어주는 아이들 독서방의 분위기는 참으로 따스해 보였다. 이제야 생각이 났다. 볼로냐는 세계적인 아동도서전이 열리는 곳이었다. 그림으로 소통하는 펜업(PENUP)과 창의적인 일러스트레이터들이 많이 참여하는 것으로도 유명한 도서전이다. 책과 멀티미디어의 건강한 조화와 문화 다원주의도 이 도서전이 추구하는 기본 정신이다.

볼로냐 시민청은 이처럼 단단한 지적 토대와 탁월한 창의정신의 바탕 위에 서있었던 것이다. 서울시의 서울청에 적지 않은 아이디어를 제공한 것이 바로 볼로냐의 시민청이다. 사실 볼로냐는 협동조합과 사회적 경제 시스템이 세계에서 가장 잘 운영되는 도시이며, 볼로냐 시장인 비르지니오 메롤라는 이 분야의 열렬한 전도사이기도 하다.

"몇 년 전 금융위기가 전 세계를 덮쳤지만 저희 볼로냐와 볼로냐 시가 주도(州都)로 있는 에밀리아 로마냐 주만큼은 큰 타격이 없었습니다. 왜 그런지 아십니까? 바로 협동조합을 기반으로 한 사회적 경제 덕분입니다."

이탈리아의 전체 실업률은 12% 정도지만 볼로냐는 4%대에 불과한데, 이는 이탈리아에서 가장 실업률이 낮은 편이다. 인구 약 40만 명인 볼로냐는 이탈리아에서 가장 살기 좋은 도시로 이탈리아에서 늘 1위 아니면 2위에 선정되는 곳이란다. 볼로냐가 소속된 에밀리아 로마냐 주는 1인당 소득이 약 4만 유로로 소득수준으로 보면 유럽 안에서 10위 안에 드는 아주 부유한 지역이다. 그 기반이 되는 것이 협동조합으로, 그 수만 8천여 개에 달하고 이곳 경제활동의 약 40%를 차지하고 있으며, 시민 2명 중 1명이 조합원이라고 한다.

협동조합은 조합원이 자본의 크기에 따라 의사결정권을 많이 갖는 것이 아니다. 조합이면 모두 1인1표로 의사결정에 평등하게 참여하는 방식이다. 수익은 일부 주주가 아니라 조합원 전체와 사회에 환원한다. 이 점이 주식회사나 일반 기업과는 확실하게 차별화된 점이다.

뜻과 공익성은 좋지만 경쟁력을 갖추기 힘든 것이 바로 협동조합과 사회적 기업이다. 민주적이고 투명하며 사회적으로도 많은 기여를 해야 하지만 동시에 반드시 수익성을 갖춰야 한다. 좀 더 정확히 말하면 자체경쟁력이다. 그것이 많은 협동조합과 사회적 기업, 그리고 지방 정부의 딜레마였다. 그런데 볼로냐는 불가능하다는 그 세 마리의 토끼를 한꺼번에 잡고 있는 것이다.

그 대표적인 사례 중의 하나가 캄스트(Camst)였다. 원래는 볼로냐 기차역의 간이식당에서 시작되었는데 기업과 병원, 학교의 구내매점의 식당운영과 케이터링 서비스로 점차 영역을 확대해 나갔다. 지방 정부들이 아웃소싱 하는 사업이 늘어난 데 착안한 것이다. 지금은 다국적 기업과의 경쟁을 모두 이겨내고 있다고 한다. 볼로냐는 지금 세라믹, 바이오, 의료기기 같은 분야에서도 협동조합 혹은 사회적 기업형태로 경쟁력을 갖춰가

고 있다.

  고용과 일자리 창출, 양극화 문제, 공동체 복원은 세계 어느 나라, 어느 도시든지 공통적으로 안고 있는 현안이기도 한데, 그 문제를 가장 잘 풀고 있는 곳이 바로 볼로냐이었다. 메롤라 볼로냐 시장은 시민으로부터 시작하는 노력을 지원하는 게 가장 중요하다는 입장이다. 중앙정부나 시정부처럼 위로부터 아래로 업다운 식으로 결정되는 정책은 틀림없이 실패한다고 강조하고 있었다.

  여기 와서야 이해가 되었다. 왜 서울시장을 비롯해 한국의 많은 지방자치 단체장들이 이 도시를 찾거나 찾고 싶어 하는지를. 볼로냐는 삶과 일의 균형을 아는 도시였다. 서로가 서로를 배려하는 곳이었다. 성장과 분배, 시민과 정부가 모두 자기 역할을 충실히, 그리고 잘하고 있었다.

볼로냐 시청 앞 마조레 광장의 건물들은 너무도 아름답다. 그러나 이보다 더 아름답고 매력적인 것은 보이지 않는 곳에 있었다. 도시를 운영하는 소프트웨어였다. 시정부는 시민들에

게 문을 활짝 열어놓고 있고, 시민들은 자발적으로 참여하며, 정보나 프로젝트는 늘 공유하고 있다. 이것이 팀 오라일리(Tim O'Reilly)가 강조한 '웹 2.0' 정신이 아닌가. 공개, 참여, 공유의 3대 정신. 이를 위해서는 기본적으로 '공감'이 있어야 한다. 진정한 의미의 소프트파워가 있는 도시가 볼로냐가 아닌가 한다.

볼로냐의 표기는 Bologna이다. 잠시 스쳐지나가는 도시로 생각했던 볼로냐가 사실은 이 여행의 '본론이야'인 셈이다. 18세기 바이마르의 고위 행정가였던 괴테가 요즘에 살았다면 아마도 이 도시를 다시 찾았을 것 같다. 인문기행이 아닌 행정 연수를 위해서, 사회적 기업의 발전방향을 배우기 위해서 열심히 여기저기 뒤지고 다녔으리라.

나폴리를 떠날 때 호텔 종업원 마르코가 "볼로냐에 가거든 꼭 토르텔리니를 먹어보세요!"라고 했지만 식당은 만원이어서 토르텔리니 반죽하는 모습을 창문 너머로 들여다보는 것으로 만족해야 했다. 토르텔리니는 작은 만두처럼 둥그렇게 구멍을 파서 만든 파스타다. 너무도 매력적인 얼굴을 많이 갖고 있는 곳이었기에 토르텔리니를 못 먹었어도 배가 고프지는 않았다. 배려를 할 줄 아는 도시 볼로냐 덕분에 오랜만에 정신적 허기를 달랠 수 있었기 때문이다.

알프스의 오디세우스

_오스트리아 인스부르크

• 오늘의 목표는 인스부르크. 알프스 산맥의 계곡 한복판에 있는 오스트리아의 도시가 인스부르크다. 동계올림픽이 열렸을 만큼 유럽인들에게는 스키 리조트로 유명한 곳인데, 나는 하루에 달릴 거리로 적당하겠다 싶어 인스부르크를 점찍었다.

볼로냐 대학가 카페에서 간단한 점심식사를 마치고 출발했다. 알프스 밑자락에 위치한 볼차노를 거쳐 22번 고속도로를 타고 계속 북행하면 인스부르크까지 연결된다. 독일 뮌헨에서 알프스를 넘어올 때 자동차 내비게이션 설정 문제로 고생한 것이 떠올라 다시 한 번 확인한 뒤 달렸다. 거대한 알프스 지대를 통과하는 방법은 두 가지 중 하나를 선택하는 수밖에 없다. 내려올 때처럼 구불구불 돌고 도는 산악지대의 지방도를 이용하거나 아니면 고속도로를 이용하는 것인데, 후자의 경우는 빠르긴 한데 터널을 계속 달려야 한다는 걸림돌이 있다.

터널을 달리는 게 뭐 문제가 되겠느냐 생각할지 몰라도 그

길이가 장난이 아니다. 한국의 터널에 비해 그 규모와 길이가 믿어지지 않을 정도로 차이가 나기 때문이다. 기록상 알프스에서 가장 긴 터널은 스위스의 고타드 베이스 터널인데 남북으로 길이가 무려 57킬로미터나 된다. 서울에서 화성을 지나 오산 조금 못 미치는 곳까지의 거리다. 그 먼 길을 계속 터널 속으로 달린다고 생각해보라. 미칠 것이다.

처음으로 알프스 터널을 지나던 기억이 새롭다. 가도가도 끝없이 계속되는 컴컴한 굴 속, 도대체 얼마나 달려야 이 터널을 빠져나갈 수 있을까. 당시만 해도 경험 부족과 사전지식이 없어 나는 알프스의 터널에 대해 전혀 알지 못하고 출발했던 탓이다. 모든 터널 입구에는 길이를 알려주는 표지판이 있게 마련이지만 그때는 그것조차 눈에 들어오지 않았으니까. 내가 경험한 가장 긴 터널은 30킬로미터가 조금 넘었는데, 장시간 그 안을 운전하다보면 간혹 착시현상이 오기도 한다. 앞뒤로 꽉 막힌 곳에 있다는 두려움에 소리를 지르고 싶어지는 상황도 생긴다. 일종의 가벼운 폐쇄 공포증이다.

남미 칠레의 시인 파블로 네루다가 노래한 〈나는 터널처럼 외로웠다〉라는 시를 기억하는가. 다른 작가들에 의해 수없이 인용된 문구지만 알프스의 길고 긴 터널을 지날 때는 정말이지 외롭고 무서웠다. 도대체 나의 탈출구는 언제 나오려나? 과연 출구는 있을까? 하지만 세상에 모든 터널은 출구가 있기 마런이다. 인내하고 달리다보면 반드시 탈출구는 나온다. 차 안에서 음악을 들으며 유쾌한 마음을 유지하도록 애를 쓰는 것이 현명하다. 답답하다고 부정적으로 생각해봐야 스트레스만 더 쌓이기 마련이니까. 터널이 그렇듯 인생살이도 마찬가지인 것 같다. 끝 모르게 이어지는 캄캄한 상황도 언젠가는 출구가 나온다.

오스트리아 브렌너 협곡 구간을 넘어서자 비가 진눈깨비로 변했다. 차량의 계기등에 오렌지색 경고등이 들어오기 시작했다. 놀라서 갓길에 세워놓고 확인했더니 노면이 얼었으니 주의하라는 뜻이었다. 알프스는 산악지대라 날씨 변화가 극심하다. 특히 늦가을이나 이른 봄에는 고도의 차이로 인한 빙판운전을 각오해야 한다. 게다가 사방은 완전 깜깜하다. 만약 산악지대를 내려가다 도로 옆으로 미끄러지기라도 한다면 천 길 낭떠러지일 게 틀림없다. 짙은 안개까지 겹쳐 10미터 앞도 보이지 않는다. 등골이 오싹해 비상등을 키고 설설 기면서 내려왔다.

괴테도 시칠리아를 오고가는 동안 뱃길에 풍랑을 겪으며 적지 않게 고생했던 듯싶다. 그는 육지의 남자였기에 이런 상황에 익숙치 못했다. 그때마다 괴테는 수호신 오디세우스에게 도움을 청하였다고 고백했는데, 나는 이제 나의 수호신 괴테와

괴테의 수호신 오디세우스의 이름을 동시에 부르지 않을 수 없다. 괴테는 친구 헤르더에게 편지를 보내 그때의 심정을 전했다.

"지금에야 비로소 오디세이의 진정한 의미를 깨닫게 되었다."

그리스의 오디세우스는 트로이 전쟁에 징발되어 전쟁이 끝날 때까지 10년, 그리고 고향인 이타카로 돌아오기까지 다시 10년, 모두 20년의 세월을 거친 바다와 낯선 땅에서 방황해야 했다. 전자가 「일리아드」이고 승리한 뒤 10년 동안의 귀향의 기록인 후자가 「오디세이」이다.

「일리아드」에는 수많은 영웅이 등장한다. 말이 좋아 영웅이지 그들은 금은보화가 가득한 트로이를 침략하러 망망대해를 건넌 약탈꾼들이었다. 고대 그리스인들은 바다를 가리켜 '폰토

스'라 불렀는데, 이는 '다리'를 의미한다고 한다. 바다를 보면서 '가슴 아프게'나, 한의 이미지를 떠올렸던 한국인들과 달리 고대 그리스인들은 바다를 다른 영토로 편안하게 건너게 해주는 다리로 생각할 만큼 진취적이고 공격적인 사고방식의 소유자들이었다.

오디세우스는 그 원정대의 한 명이었다. 그는 결코 대장이 아니었다. 아가멤논이 무리 중의 우두머리였으며 가장 용맹한 장군은 '아킬레스의 건'으로 유명한 아킬레스였다. 10년 동안 끝 모르던 전쟁에 마침내 마침표를 찍은 것은 오디세우스의 지략 덕이었다. '트로이의 목마'가 그것이었다. 그러나 오늘날 유럽인들이 오디세우스에 열광하는 까닭은 단지 그런 이유만은 아니다. 그는 신혼의 단꿈에서 아직 깨지도 못한 채 원치 않는 전쟁에 억지로 이끌려 원정대에 합류한다. 그리고 10년이란 세월을 험한 바다에서 보내야 했다. 노획물도 엄청났지만 섬에서 매혹적인 여신 칼립소의 사랑에 포로가 되어 7년 동안 섬에 있어야 했다. 하지만 결국 귀향을 선택한다. 체코 출신 작가 밀란 쿤데라는 그때의 심정을 「향수」라는 책을 통해 이렇게 해석했다.

"오디세우스는 칼립소에게서 진정한 '돌체 비타', 즉 안락한 삶, 기쁨으로 충만한 삶을 얻었다. 그러나 타지에서의 안락한 삶과 집으로의 귀환 사이에 그는 귀환을 택했다."

오디세우스라는 이름은 유럽 정신이다. 온갖 어려움을 모두 이겨낸 강인한 정신의 소유자이자 결국은 자랑스럽게 귀향하는 영웅이 바로 오디세우스다. 그렇기 때문에 유럽인들은 오늘도 오디세우스를 자신들의 영웅이자 롤 모델로 생각하는 것이다.

로마에서 세 번씩이나 소매치기의 표적이 되고 나폴리에서는 자동차 펑크사고를 당했으며, 볼로냐에서는 폭우에 안개 속을 헤매다가, 이번에는 알프스의 산악도로에서 진눈깨비를 만나 아찔한 운전을 하고 있다. 나는 무엇 때문에 이런 위험을 감수하고 있는 것인가. 내 일탈과 방황은 이런 위험을 감수할 만큼 가치가 있는 것일까. 나는 오디세우스의 후예라도 된 걸까.

괴테는 말했었다. "호머는 나의 눈을 열어주는 고전"이라고. 호머는 「일리아드」와 「오디세이」를 지은 그리스의 서사 시인이다. 전해져 내려오는 이야기로는 그는 눈이 먼 사람이었다. 로마와 피렌체의 박물관에서 만난 호머의 동상은 하나같이 눈이 먼 모습이었다. 본인은 눈이 멀었지만 호머 그는 다른 사람들의 눈을 뜨게 해주고 있다. 그 눈이란 인생의 의미에 눈뜨게 해준다는 뜻이다. 한 군데 고여 있지 말고, 안정된 곳에 안주하지 말고, 늘 길을 떠나라는 방랑의 메시지다.

알프스의 험준한 도로를 간신히 내려와 숙소를 예약한 인스부르크 근방 이글스라는 마을을 찾아가기로 했다. 나는 인터넷으로 인스부르크 부근의 호텔을 검색하다가 마침 베스트웨스턴 계열에 적당한 가격에 제시된 호텔이 있어서 이곳으로 예약해두었다. 인터넷으로 예약하다보면 한 가지 잊는 게 있다. 직선거리만 생각했을 뿐 고도의 차이를 감안하지 않은 것이다. 이글스라는 동네가 바로 그 경우였다. 이곳은 인스부르크의 바로 옆 동네이긴 하였지만 고지대에 위치한 산악마을이었다. 호텔이 있는 곳까지 진입하려면 다시 톨게이트를 통과해야 했고 때마침 눈까지 내리고 있었다. 다시 한숨이 절로 나왔다. 파김치가 된 나는 간신히 뢰머호프라는 이름의 호텔에 도착해 짐을 풀자마자 곤한 잠에 빠져들었다. 알프스를 늦가을부터 초봄 사이에, 그것도 야간운전을 해가며 넘어갈 일은 절대로 아니다. 절대로!

다음날 아침, 창문을 열고 나서 나는 깜짝 놀라지 않을 수 없었다. 안개가 서서히 걷히면서 내가 얼마나 높은 곳에 와있는지 비로소 실감할 수 있었다. 주변은 온통 만년설 봉우리로 가득했고 내 머리 위로는 거짓말처럼 푸른 하늘이 빛나고 있는 것이 아닌가. 어디선가 알프스 소녀 하이디가 금방이라도 튀어나올 것 같은 신비로운 풍경이었다.

알고 보니 이글스는 알프스 산자락 깊숙한 곳에 자리 잡고 있는 리조트 마을이었다. 스키장까지 실어 나르는 리프트 정거장이 눈앞에 있고 승마와 골프장까지 갖춰져 있었다. 천신만고 끝에 여기까지 온 보람이 있었다. 나는 온통 만년설인 알프스를 바라보며 뜨거운 모닝커피를 들었다. 뷔페식으로 제공하는 호텔의 아침식사를 들며 창밖의 황홀한 광경을 바라보니 천국이 따로 없었다. 호텔의 실내는 온통 구스타프 클림트의 그림으로 장식하고 있어서 그때서야 내가 오스트리아의 땅에 왔음을 실감했다. 아침식사 메뉴가 아주 간단한 이탈리아와 달리 게르만족의 아침식단은 대부분 풍성하다. 달랑 한 잔만 가져다

주는 이탈리아식 커피와 달리, 이곳에서는 커피를 아예 주전자 채 가져다준다.

바깥을 내다보니 지그재그로 올라왔던 도로는 신기하게도 모두 녹아있었다. 이 지역 도로는 결빙을 방지하는 시설이 내장되어 있는 특수도로였다. 어젯밤의 모든 악몽이 한꺼번에 스르르 녹는 듯하였고, 슈베르트의 가곡 〈겨울 나그네〉의 주인공이 된 기분이었다.

High Risk, High Return. 위험이 많으면 많을수록 얻는 수확도 많다는 서양 격언이 있다. 어젯밤에는 마치 벼랑 끝에 대롱대롱 매달린 것 같은 극한적 기분이었지만 지금은 지상 최고의 아름다움을 만끽하고 있지 않은가. 가장 견디기 힘든 순간이 지나가자 거짓말처럼 가장 큰 희열이 찾아왔다.

라인 강에서 만난
또 다른 기적

_ 독일 뤼데스하임

• 아우토반을 달려 한걸음에 라인 강에 도착했다. 독일인들은 '파터 라인'(Vater Rhein)이라 부르는 강이다. 아버지란 뜻이다. 남성적 강인한 물줄기 때문일까, 아니면 아버지의 든든한 등처럼 대동맥 역할을 하고 있다는 뜻일까. 다양한 국적의 컨테이너를 실은 화물선들이 부지런히 강을 오르내리고 있다. 간혹 한국 이름의 상선들도 보여 반갑다.

내가 처음 독일과 인연을 맺은 것은 라인 강변의 도시 본(Bonn)이었다. MBC 해외 연수자로 선발되어 이 도시에 왔었다. 베를린으로 통일 수도가 옮겨가기 전까지 서독의 수도였던 까닭에 각국 대사관들이 모두 이 도시에 있었고 특파원들도 상당수 본에 주재하고 있었기 때문이다.

라인 강은 내 외로움의 벗이었다. 가족을 서울에 두고 와야 했던 상황이라 수업이 끝나고 나면 나는 할 일이 별로 없었다. 특히 주말이 그러하였다. 베토벤의 고향이었고 아기자기한 문화 공간도 적지 않았지만, 죽은 듯이 조용한 동네였다. 처음, 그리고 홀로 외국생활을 해야 하는 이에게 너무도 힘든 하루하루였다.

그럴 때면 나는 무조건 차를 몰고 라인 강변을 달렸다. 본에서 남쪽 로렐라이 언덕 아래까지 이어지는 9번 국도가 나의 친구였다. 끝없이 이어지는 고성들, 햇볕을 듬뿍 받으며 비스듬한 강변 자락에 심어진 포도밭들, 그 강을 유유히 따라가는 유람선을 보면서 나는 달리고 또 달렸다.

싫증이 나면 페리보트에 차를 싣고 강을 건넜다. 페리 위에서 바라보는 라인 강은 또 다른 묘미였다. 반대쪽 길에는 아데나워의 생가가 있었는데 기념관으로 되어 있는 그의 생가에서 바라다보는 라인은 또 다른 절경이었다. 나치로부터 온갖 고초를 치르다가 권좌에 오른 것이 그의 나이 74세였고 14년간이나 재직했었다는 사실도 처음 알았다. 라인 강의 기적은 그렇게 시작되었다. 이렇듯 라인 강에는 스토리가 있었고 인물이 있었다.

도로 옆은 철길이어서 국제선 기차들이 어디에선가 와서 또 어디론가 떠나곤 했다. 유럽의 모든 땅을 밟아보고 싶다는 꿈을 키우게 해준 것도 바로 9번 도로였다. 라인 강은 스위스의 알프스 쪽에서 발원해 프랑스와 독일, 벨기에를 거쳐 네덜란드의 북해 쪽으로 빠져나가는 1,320킬로미터에 이르는 국제 하천이다. 그중 절대적으로 많은 부분이 독일영토를 지나기에 독일

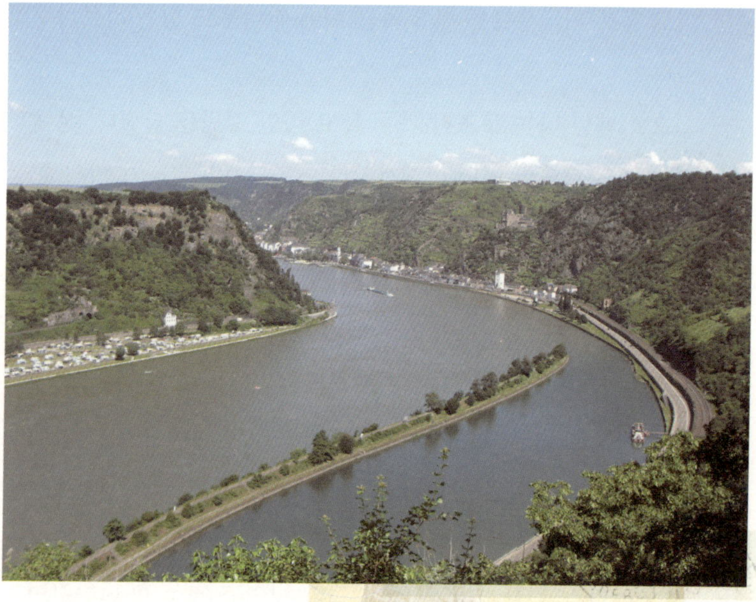

의 상징처럼 여겨져 왔다.

라인 강은 로마제국과 게르만족의 경계이기도 했다. 라인 강에 말뚝을 박아 나무로 연결해서 10일 만에 다리를 만든 것은 카이사르였다. 역사상 최초의 라인 강에 놓인 다리였다고 한다. 왜 그러하였는지 모르겠지만 카이사르는 군사작전을 벌인 뒤 다시 다리를 불태우고 서쪽으로 철수해버렸다. 지금도 쾰른과 본에는 로마군의 방어벽이자 요새인 리메스(limes)의 흔적이 남아있다.

나는 뤼데스하임에 숙소를 정했다. 프랑크푸르트에서 서쪽으로 65킬로미터 떨어진 라인 강변의 작은 도시인데 흔히 라인 강의 진주라 부른다. 내가 이곳을 중간 기착지로 정한 것은 뤼데스하임이 독일의 와인산업으로 이름 높은 라인가우 와인의 핵심도시이기 때문이다.

나의 주인공 괴테는 와인 마니아, 특히 라인가우에서 생산되는 화이트 와인을 즐겨 마셨다. 인생의 말년인 82세가 되어서도 괴테는 아침식사 때 식전 와인인 마데이라 한 잔, 점심식사 때는 가벼운 프랑켄 와인 한 잔, 그리고 저녁 때는 디저트 와인인 '틴토 디 로타'를 마셨을 정도다. 생전에 그가 가장 좋아했던 와인은 프랑켄 와인, 그 다음이 이곳 라인가우와 모젤 와인,

그리고 프랑스 산 보르도 와인도 즐겨했다. 괴테는 라인 강과 인연이 많았는데, 코블렌츠를 거쳐 라인 강 언덕 위의 요새인 에렌스라트슈타인에서 막시밀리아네라는 소녀를 만나 그녀를 소재로 작품을 쓰기도 하였다.

뤼데스하임 부근의 라인 강 지역을 가리켜 중부 라인이라 부른다. 뤼데스하임과 강 건너의 빙겐에서부터 코블렌츠까지 강물이 갑자기 꺾이기 때문에 곳곳이 절경이다. 하이네의 시로 만들어진 유명한 로렐라이 언덕, 그 강변을 따라가면 전원적인 포도밭이 가꿔져 있는데 중간중간 낭만적인 고성(古城)이 있어 세계적인 관광지이며, 특히 일본인들의 사랑을 받는 곳이기도 하다.

호텔에 짐을 풀고 뤼데스하임의 유명한 골목으로 향했다. 드로셀가세(Drosselgasse)이다. 드로셀(Drossel)은 독일에서 흔히 볼 수 있는 새인 지빠귀를 말하고, 가세(Gasse)는 좁은 길을 의미한다. 번역에 따라서는 티티새길이라 나와 있는 곳도 있다. 이 지역이 독일 와인산업의 중심인 덕분에 골목은 모든 것이 와인과 관련되어 있다. 와인을 시음할 수 있는 상점과 카페, 생음악을 연주하는 레스토랑, 예쁜 선물가게, 크리스마스 용품점, 저마다 개성 있고 전통을 살려 가게를 꾸며놓았다.

골목 구석구석을 기웃거리다 비교적 한산한 골목 끝 어귀쯤 도달했을 무렵, 나와서 담배피우고 있던 한 청년이 들어와서 무료로 시음 한번 해보라고 권유한다. '뢰머 스투베', 즉 '로마식 방'이란 뜻의 와인숍 겸 레스토랑이었다. 그 청년은 그 식당의 종업원이었다.

 식당 안 한쪽 테이블에서는 한 무리의 중년 남녀들이 모여서

왁자지껄 포도주를 마시며 텔레비전에서 방영되는 음악프로그램을 즐기고 있었다. 나는 시음용으로 제공한 두 잔의 와인을 마신 뒤 마침 저녁식사도 해결해야 하는 상황이라 간단한 음식을 주문했다. 한 5분쯤 지났을까. 저쪽 테이블의 가장 연장자로 보이는 사람이 투박한 목소리로 나에게 '깐뻬이'를 외쳤다. 나를 중국인으로 생각한 것이다. 옛날에는 일본인 아니냐는 질문을 많이 받았는데 요즘에는 가는 곳마다 중국인으로 취급받는다. 그만큼 차이나 파워가 강해졌음을 실감한다. 그쪽 테이블을 보니 러시아말이 들리는 듯했다. 나에게 건배를 외쳤으니 나도 그쪽을 향해 '나즈드로비에'로 화답했다. 러시아말로 건배라는 뜻이다. 깜짝 놀란 눈치다. 그렇게 해서 우리는 통성명이 시작되고 합석이 이뤄졌다.

알고 보니 그는 이 와인 판매점 겸 레스토랑의 주인 클라우스 아우어, 뤼데스하임의 터줏대감 같은 사람이었다. 일본 NHK와 독일 ARD를 비롯한 여러 곳의 텔레비전에 출연했던 와인전문가였다. 그와 같은 테이블에 있던 사람들은 우크라이나 출신의 부인과 처가 쪽 식구들이라고 했다. 우크라이나어와 러시아말이 비슷해서 내 귀엔 그렇게 들렸던 것이다. 그들이 보고 있던 프로그램은 러시아 출신으로 오스트리아에 귀화한, 요즘 독일어권에서 가장 유명한 가수 헬레나 피셔의 리사이틀이었다. 어쩌면 그렇게도 독일어를 완벽하게 구사하는지 멋진 외모와 완벽에 가까운 무대매너까지 갖춘 요정 같은 가수였다.

"우리 아버지는 능력 있는 남자였나 봐요. 독일 사람인 우리 엄마와 우크라이나 여인인 다른 엄마, 이렇게 두 명씩이나 두었으니까요. 헤헤! 물론 아빠로서는 나빴죠. 저기 주방을 책임지고 있는 사람이 배다른 내 동생이에요. 우크라이나 출신이구요. 그런 인연으로 나도 우크라이나 여자와 결혼했지요. 하하하!"

와인을 좋아하는 사람답게 그는 아주 솔직하고 쾌활했다. 괴테의 발자취를 따라 여행하고 있다는 얘기를 듣더니 괴테와 와인에 얽힌 얘기를 아느냐고 질문해왔다. 괴테가 하루에 두 병씩 와인 병을 비웠다는 사실과 '형편없는 와인을 마시기에 인생은 너무도 짧다'는 말을 독일어로 들려줬더니 그는 너무 놀라는 표정이다. 그러더니 그 문장을 한국어로 번역해달라고 한다. 간직하고 싶다는 것이다. 자세히 보니 중국어와 러시아어, 일본어로 된 와인 설명이 붙어 있었다.

그는 라인가우 지역의 와인 역사에 대해 쉽고도 간략하게 설명해주었다. 이곳의 와인은 1천 년의 재배 기록이 남아있으며 세계적 명품 와인이 적지 않게 생산된다는 것이었다. 언젠가 이건희 회장이 주재하는 삼성의 기념식에 이곳에서 생산된 와인이 올랐다는 기사를 본 적이 있었다. 이곳에서 가까운 에베르바흐(Eberbach) 수도원의 경우 1126년의 와인 경작을 기록한 문서와 장부가 남아있는데 이는 와인과 관련된 세계 최초의 장부라고 하였다. 이 수도원은 영화 〈장미의 이름〉을 촬영한 곳이니 잊지말고 꼭 들러보라는 당부도 잊지 않았다.

라인가우에서 생산되는 와인 가운데 에베르바흐 수도원의 슈타인베르크 와인과 더불어 요하니스베르크 성(Schloss Johannisberg), 펜델(Fendel), 슐로스베르크, 추밀원 이렇게 다섯 곳이 5대 명품와인이라고 가르쳐준다. 이 포도원과 양조장들은 역사적으로 수도원에서 관리해왔으며 지금은 상당수가 이곳을 관장하는 지방 정부인 헤센 주정부에서 관리 및 운영하고 있다고 했다. 그렇게 한참동안 설명하던 그는 부인을 시켜 무엇인가를 가져오게 한다.

"나는 여기서 많을 때는 몇 컨테이너 분량의 와인을 중국에 수출하기도 합니다. 그렇지만 내가 여기서 와인관련 사업을 하는 까닭은 진정 와인을 좋아하기 때문입니다. 진정으로 와인을 좋아하는 사람을 만나면 그것보다 더 기쁜 일이 없지요. 와인을 안다는 것은 곧 인생을 안다는 뜻이니까요. 국적? 나이? 그런 것은 별로 중요치 않아요. 하하! 오늘 나는 먼 곳으로부터 온 와인 친구 한 명을 알게 되어 정말 기뻐요. 가격으로만 보자면 대단한 것은 아니지만 우리의 만남과 우정을 기념하고자 제가 와인 한 병을 선물로 드리겠습니다!"

그가 건넨 와인 병을 살펴보니 '괴테 와인'이란 브랜드가 붙어있었다. '성 요한 수도원'에서 재배한 2011년산 상 로랑(St. Laurent) 레드와인으로 'Goethe Edition'이라는 레이블이 부착되어 있었다. 그는 이 와인 병을 레스토랑 안에 있는 자기 책상 위로 가져가더니 전기장비로 뭔가 새기고 있었다. '우정의 기념으로 이 와인을 드

립니다!'라는 글귀였다. 그 병에 내 이름과 본인의 이름을 함께 새겨놓은 게 아닌가. 너무도 감격스러웠다. 낯선 곳에서 처음 보는 사람으로부터 이런 뜻밖의 선물을 받다니, 믿어지지 않았다. 그냥 스쳐가는 과객에 불과한 나에게 그는 진심어린 선물로 마음을 주었다. 그것은 라인 강에서 발견한 또 하나의 기적이었다. 괴테 덕분에 와인도 얻고 독일 친구도 얻었다.

다음날 아침 나는 클라우스 아우어가 일러준 대로 라인 강 동쪽을 따라 라인가우 지역의 포도밭을 둘러보기로 했다. 라인 강과 평행으로 우뚝 서있는 타우누스 산맥 기슭에서 라인 강변

으로 펼쳐진 3천5백 ha의 포도밭을 가리켜 '라인가우 리슬링 와인 루트(Rheingauer Riesling Rute)'라 부른다. 기후조건에 맞게 이곳에서 심는 포도가 주로 리슬링 품종인 탓에 이런 이름이 붙어졌다. 호흐하임에서 비스바덴을 거쳐 뤼데스하임 롤흐하우젠까지 40킬로미터의 거리다. 좋은 와인을 제조하기 위해서는 일조량이 풍부하고 비가 많이 내리지 않아야 하는데, 독일에서 그 조건을 가장 잘 갖춘 곳이 이 지역이라 한다.

라인 강을 따라 남향의 경사지에 포도밭들이 비스듬히 위치하고 있는 이유는 최대한 태양을 많이 쪼이고 강을 따라 흐르는 따뜻한 기운을 끌어들이기 위해서라고 한다. 라인가우 와인 루트는 산꼭대기 게르마니아 여신상이 있는 곳까지 이어져 있었다. 1877년 프로이센이 프랑스와의 보불전쟁에서 승리한 것을 기념해 세워놓은 거대한 여신상으로 공식적으로는 니더발트 기념물이라 명기되어 있다. 그곳에서 내려다보는 라인 강은 절경이었다. 독일인들이 왜 '아버지 라인 강'이라 했는지 이제야 이해가 될 듯하다. 계절이 좋을 때는 뤼데스하임의 드로셀가세에서 오픈형 케이블카를 타고 그곳까지 올라갈 수 있는데, 비수기여서 나는 차를 몰고 정상까지 가는 수밖에 없었다.

이어서 차를 몰고 에베르바흐의 수도원을 방문했다. 타우누스 숲속에 위치한 고즈넉한 곳이었다. 1135년 창건된 수도원답게 곳곳에 중세시대의 분위기와 고독한 수도자의 삶이 배어있

다. 〈장미의 이름〉의 원작에서 사건이 발생한 장소는 이탈리아 북부에 있는 베네딕트 수도원이지만 영화는 이곳 에베르바흐에서 촬영되었다. 언제라도 프란시스코 수사 윌리엄으로 나왔던 숀 코넬리가 수련중인 제자 아조와 함께 튀어나올 것 같은 분위기다.

이 수도원에서 눈에 띈 것은 수도원 옆의 슈타인베르크 포도밭과 이를 와인으로 만들기 위한 옛 양조장 장비들이었다. 슈타인베르크 와인은 독일 최고의 와인 가운데 하나인데, 포도원 경작으로 자립경제를 유지해야 했던 중세시대의 수도원 시스템을 어렴풋이나마 이해하는데 도움이 되도록 자료를 전시하고 있었다.

클라우스 아우어 덕분에 나는 예상치 않는 좋은 구경을 했다. 와인은 사람들 사이의 엔진오일 같은 것이다. 소통은 생각보다 어렵지 않다. 와인의 코르크 마개를 따듯이 마음을 열면 상대방의 마음도 저절로 따라온다. 나는 라인 강변에서 와인을 배우고 사람을 배우고 또 많은 것을 얻었다. 모두 괴테 덕분이다.

굿 리더십,
굿 팔로워십

_바이마르

• 바이마르로 가는 길은 많이 달라져 있다. 언제 끝나나 싶었던 바이마르 방향 아우토반은 독일인들의 시원한 롱다리처럼 쭉쭉 뻗어 있다. 한국 같으면 후딱 끝났을 공사가 몇 년이 지나도록 계속되어 귀국할 때까지 결국 완공되는 모습을 보지 못하고 왔었는데 이제는 벤츠, BMW, 아우디, 포르셰 같은 명차들이 전속력을 내면서 내 앞을 앞서가고 있다. 독일어에 'langsam, aber sicher'라는 말이 있다. '천천히 그렇지만 확실하게!'라는 뜻이다. 시작 전에 오랫동안 토론하고, 기초 다지는데 한참 걸리는 것이 독일식 일하는 방법이다. 우리 눈에는 답답하게 보이지만 일단 시작이 되면 함부로 바뀌는 법이 없다는 안정성도 있다.

바이마르는 완전히 다른 도시, 아니 원래의 품격으로 되돌아 와 있었다. 동서독 통일이 된지 얼마 지나지 않아 이 도시를 찾았을 때 나를 기다리는 것은 스산한 거리 풍경과 어딘가 표정을 잃어버린 듯한 시민들의 얼굴이었다. 하지만 세월은 모

든 것을 바꿔놓았다. 통일 이후 구동독 지방에서 가장 각광받는 도시 한 곳을 고르라고 하면 아마도 그것은 바이마르일 것이다. 거리는 확실히 활기를 띠고 있었다. 시청 앞 광장에는 재래식 시장이 서있었다. 들녘에서 재배되는 푸성귀며 과일의 향내가 매혹적이다. 어디선가 구수한 냄새가 나기에 돌아보니 소시지를 굽는 가판대였다. 한글로 '튀링겐 소시지'라 표기되어 있는 것을 보니 이곳을 찾는 한국인들이 이제는 제법 많은 듯했다.

광장 옆 시청에서 종소리가 울린다. 흰색 웨딩드레스를 입은 신부와 정장을 한 신랑이 친구 대여섯 명만 대동한 채 시청에 혼인신고를 한 뒤 기념사진을 찍고 있었다. 호화로운 꽃장식도 없고 친구들 몇 명만 참석한 단출한 결혼식이지만 두 사람의 표정은 너무도 사랑스럽다. 세월이 흘러도 게르만족의 검소함과 실용적인 의식은 변치 않는 것 같다.

시청 옆으로 돌길을 천천히 달리는 마차소리가 들린다. 시각, 청각, 후각이 모두 옛 시간으로 되돌아간 느낌이다. 유명 인사들이 투숙했다는 코끼리(Elephant) 호텔을 지나 안나 아말리에 도서관이 있고 조금 더 가면 바이마르 성, 그리고 바이마르 공국의 영주였던 칼 아우구스투스 공작의 동상이 보인다.

바이마르 성을 돌아가면 일름 강이 나온다. 강이라고 하지만 개천이라고 표현하는 것이 더 어울릴 작고도 평화로운 물길이다. 괴테가 처음 바이마르에 와서 살았던 집은 이 일름 강가의 공원에 있다. 일명 '정원집(Gartenhaus)'인데 산책을 좋아했던 괴테의 마음에 쏙 들었을 듯싶다. 인생 후반기에 괴테를 찾아온 젊은 시인 에커만이 전하는 당시의 정원집 풍경이다.

"괴테의 정원집은 일름 강 건너편의 공원 근처, 한 언덕의 서쪽 사면에 위치해 있어서 무척 아늑했다. 북쪽과 동쪽이 막혀 있고 남쪽과 서쪽 하늘이 확 트여 있어서, 따뜻하고 생기에 찬

기류의 영향을 받고 있었다. 특히 봄과 가을에는 살기에 더없이 쾌적한 장소였다."

쌀쌀한 날씨임에도 불구하고 아이들과 애완견을 데리고 나와 공원을 산책하는 사람들이 제법 많다. 어찌 보면 게르만족의 파워는 숲과 숲속을 걷는 버릇에서 나왔는지도 모른다. 유대인의 파워와 유대인의 종교가 사막에서 나왔듯이 게르만족의 신화는 언제나 숲속에서 시작되었다.「헨젤과 그레텔」,「백설공주」같은 그림 동화들은 대부분 숲에서 시작되지 않던가.

나는 바이마르에 올 때마다 이 작은 나라의 군주였던 칼 아우구스트 공작과 그의 어머니인 안나 아말리에를 떠올리지 않을 수 없다. 만약 이들이 없었다면 괴테는 이 작고도 보잘 것 없던 시골까지 오지는 않았을 것이다. 당시의 바이마르를 너무 목가적인 곳으로 상상하지 않았으면 좋겠다. 1775년 11월 7일 화요일 이른 아침에 괴테가 도착했을 당시 바이마르는 돼지와 닭들이 더러운 거리를 활보하고 있던 작센-바이마르 공국의 수도였다. 지금도 바이마르는 인구 6만 명에 불과한 작은 도시지만 당시의 이 도시의 인구는 6천 명 남짓했다. 아직 스물여섯 살에 불과했던 전도양양한 청년 괴테를 불러온 것은 두 모자(母

子)였다.

아들 칼 아우구스트가 이 작은 나라의 군주 자리에 오른 것은 그의 나이 18살. 군주로서 그가 취한 첫 번째 조치가 괴테를 초빙한 일이었다. 법률가였으며「젊은 베르테르의 슬픔」으로 일약 유럽의 스타가 되어 있는 괴테를 바이마르까지 불러들인 장본인이다. 물론 그 뒤에는 어머니 안나 아말리에가 있었다. 그녀는 아들이 불과 생후 9개월이 되던 해에 남편을 잃고 어린 아들 뒤에서 국정을 실제로 이끌어야 했기에 비록 아들이 군주 자리에 올랐다고 해도 후견인 역할을 해줘야 했다. 그녀는 사람을 볼 줄 아는 안목이 뛰어났던 것 같다. 그녀는 이름 높은 시인 크리스토프 비란트를 두 아들의 가정교사로 임명했으며, 부강하지 않은 이 나라의 수도를 '무젠호프(Musenhof)'로 만들고자 심혈을 기울였다. '뮤즈의 궁정'이란 뜻으로 문화로 꽃피는 나라를 만들겠다는 포부였다.

괴테가 1749년생, 칼 아우구스트 공작은 1757년생이니 두 사람 사이에는 8년의 간극이 있다. 신분도 군주와 신하, 하늘과 땅 차이다. 그럼에도 두 사람은 단순한 군주와 신하가 아닌 각별한 친구였다. 슈트름 운트 드랑(Strum und Drang), 폭풍과 노도와 같은 젊은 시절을 함께 보냈다. 훗날 괴테가 기록한 글을 보면 두 사람 관계가 어느 정도였는지 짐작할 수 있다.

"내가 바이마르에 왔을 때 칼 아우구스트 공작은 18세였다. 그러나 이미 대단한 인물이 될 소질을 보여주었다. 내가 그보다 거의 10살이 많았다는 점이 우리 관계에 도움이 되었다. 그는 밤새도록 내 옆에 앉아서 예술과 자연에 대해 또는 좋다고 생각되는 것이면 무엇이든 심오한 대화를 나누곤 했다. 우리는 밤이 깊도록 앉아 있다가 내 소파 위에서 잠이 들었던 적도 드물지 않았다. 그는 격조 높은 포도주 같았지만, 심한 발효를 할 때도 있었다. 그는 자기의 힘을 어디에 발산시켜야 할 지 몰랐다. 공작의 작위를 상속받은 일은 그로서는 아무것도 아니었다. 그가 대단하게 여기는 일이란 한 가지 일을 위하여 질풍과 같은 대단한 노력을 경주하여 성공을 거두는 일이다. 그와 함께 살며 활동하는 것은 이제 하나의 기쁨이 되었다."

이탈리아 여행을 끝내고 괴테가 다시 바이마르에 도착한 것은 1788년, 6월 18일. 로마를 떠난 지 거의 두 달 만이었다. 1786년 9월 3일 칼스바트를 떠났으니 1년 8개월하고도 보름이 지났다. 아무리 생각해도 칼 아우구스트는 대단한 군주였다. 그는 충분히 무례해 보일 수 있는 괴테의 일탈을 눈감아 주었을 뿐 아니라 더 나아가 그 긴 휴가기간 동안 급료를 꼬박꼬박 챙겨주었다. 한술 더 떠 급료를 1,600탈러에서 1,800탈러로 인상해주기까지 했다. 이런 멋진 군주, 이처럼 대범한 보스가 세상에 또 어디 있을까. 괴테의 표현을 빌자면 "저절로 나무에서 떨어진 익은 사과"가 될 때까지 아우구스트 공작은 기다려주었다.

나는 괴테와 아우구스트 공작 두 사람의 관계를 보면서 굿 리더십(Good Leadership)과 굿 팔로워십(Good Followership)을 떠올리

지 않을 수 없다. 한 사람은 기업의 오너이자 회장이고 한 사람은 전문 경영인 CEO에 비유할 수 있다. 보스가 통큰 리더십을 보여주면 괴테는 멋진 부하의 팔로워십으로 화답하고 있다. 아우구스트 공작은 권한과 책임을 과감히 부여하는 임파워먼트(Empowerment)로 괴테의 기를 살려주었다. 물론 괴테는 이를 실망시키지 않고 성과를 내는 멋진 경영자였다고 할 수 있다. 손뼉과 손뼉이 마주쳐야 소리가 나듯, 두 사람이 부딪히는 울림은 바이마르의 문예부흥이라는 전대미문의 빅뱅으로 울려 퍼졌다.

사실 아우구스트 공작에게는 괴테가 죽도록 싫어하는 몇 가지 버릇이 있었다. 우선 그는 손에서 파이프를 떼는 일이 없을 정도로 담배를 좋아하던 체인 스모커였다. 괴테는 매독만큼이나 증오하던 담배연기를 할 수 없이 마셔야 했다. 게다가 괴테는 개 짖는 소리를 좋아하지 않았는데, 아우구스트 공작의 방에는 언제나 여러 마리의 개들이 우글거려 참기 힘들 정도였다. 그러나 그 모든 불편함과 상이함을 이겨낼 정도로 두 사람의 관계는 독특하고도 남달랐다.

아우구스트 공작은 바이마르에 '자유 미술학교'를 설립해서 남녀 관계없이 만 12세 이상이면 누구에게나 문을 개방하였다. 바이마르의 시민이라면 누구든지 학교 입학이 허가되었다. 아우구스트 공작 개인의 금고에서 경제적 지원도 받을 수 있었다. 재능은 있지만 돈이 없어 공부를 할 수 없는 학생들에게는 관련 분야의 아르바이트 자리도 제공되었다. 그는 또 예나 대학을 창립해 당시 독일어권에서 가장 혁신적인 대학으로 키웠으며 1816년에는 독일 최초로 헌법을 제정한 참으로 현명하고도 깨어있는 따뜻한 군주였다. 그의 뒤에 괴테가 있었음은 물론이다. 보스와 2인자의 관계는 아름다운 종말을 찾아보기 힘들다. 하지만 두 사람의 관계는 죽는 순간까지 단 한 번도 깨어진 적이 없었다.

이제 괴테 하우스로 향한다. 이곳이 독일 정신의 심장이다. 괴테가 1782년 이곳으로 이사와 1832년 숨을 거둘 때까지 거의 50년을 살았던 집이다. 괴테는 일름 강가 공원에 있는 정원집에서 잠시 살다가 이 집으로 이전해 세들어 살고 있던 것을 군주인 아우구스트 공작이 매입해 괴테에게 선물로 주었다고 한다. 대저택이라 표현해도 조금도 부족함이 없는 멋진 하우스다. 괴테에 대한 그의 배려심이 어느 정도인지 짐작할 만하다. 괴테의 사후에 손자인 발터 괴테라는 사람이 기증해서 지금은 국립 괴테 박물관이 되어 있다. 괴테가 살았던 흔적을 보여주는 '괴테 하우스'와 방대한 수집물과 전시품목 위주로 되어 있는 '박물관', 이렇게 두 개의 공간으로 나눠져 있다. 역시나 방문객이 많아 30분 정도 기다려야 했다.

내가 제일 먼저 달려간 곳은 마구간이었다. 괴테가 살던 생가로 올라가는 입구의 마당 한구석이 그곳인데 지금은 말은 없고 마차만 달랑 서있다. 근거리 여행용으로 이용했다는 마차와 함께 낡은 여행 가방이 나란히 전시되어 있다. 이탈리아 기행에서 이용했던 마차는 우편마차로 하나의 역에서 다른 역까지 이어 달리는 식이었으니 이 마차와는 조금 달랐다고 하지만 늘 어디론가 떠나길 좋아했던 괴테를 상상해보기에 이보다 더 좋은 전시품이 또 어디 있을까 싶다. 나는 문학가로서의 괴테, 행정가로서의 괴테, 학자로서의 괴테를 알기 위해 여기에 온 것이 아니다. 여행자로서의 괴테를 만나기 위해 바로 여기까지 먼 길을 찾아왔다. 저 가방 안에는 무엇이 들어있었을까. 아마도 저 가방만은 괴테가 털어놓지 않은 진짜 이야기들을 알고 있을 것이다.

나는 마차 바퀴의 크기에 놀랐다. 내가 상상하던 것보다는 훨씬 큰 바퀴였다. 라이프치히 대학 시절 괴테는 진흙탕에 빠진 바퀴를 빼내는 작업을 돕다가 갈비뼈를 다쳐 한동안 고생한 적이 있었다. 그만큼 당시의 마차 여행은 고단했고 길은 험했다는 얘기다.

괴테의 생가 문지방 앞바닥에 유명한 'Salve'라는 인사말이 반긴다. 이탈리아어로 '어서 오세요', '안녕하세요'라는 뜻이라고 했다. 괴테가 1년 8개월여 만에 집에 돌아왔을 때에도 이 문구가 그를 반겼을까. 괴테를 연구하는 사람들은 이 상황을 가리켜 이렇게 표현하곤 한다.

"Die Abwesenheit macht frei!"

직역하면 '부재(不在)가 자유롭게 만든다'는 뜻인데, 의역하면 '사람이 자기가 원래 있던 자리에서 벗어나면 비로소 자유롭게 된다'는 정도로 해석해도 될 듯싶다. 사람들과의 지나친 사회관계에서 오는 독, 이를 가리켜 사회독(社會毒)이라 한다면, 사회독을 빼내기 위해서는 자기가 머물던 공간을 떠나야 한다. 익숙한 것과의 이별이라고 할까. 괴테는 이름도 바꾸고 익명으로 지냈었다. 그런 뒤에야 비로소 혼자 있어도 외롭지 않은 독존의식(獨存意識) 상태에 도달할 수 있었다. 칼스바트에서 야반도주하듯 친구들 몰래 먼 길을 떠난 것은 따지고 보면 다 이런 이유에서다.

괴테는 이탈리아 여행에서 건축에 감명 받은 나머지 바이마르의 집에도 그 개념을 일부 도입하려 했다. 친구이자 화가였던 하인리히 마이어에게 이 프로젝트를 의뢰했었다. 마이어는 스위스 출신으로 로마시절에 마치 "살아있는 백과사전 같다."고 칭찬을 거듭하던 친구다. 공교롭게도 두 사람은 같은 해에 세상을 떠났는데, 그만큼 괴테에게는 그 누구보다 평생 가까웠던 친구여서 그의 초청으로 바이마르에 와서 왕립 미술학교 교

수가 되었다. 하지만 마이어와 함께 추진하던 이탈리아식 건축 도입으로 집의 구조가 망쳐졌다고 에커만과의 대화에서 일화를 털어놓고 있다.

"누구나 떠났을 때와 마찬가지 모습으로 돌아오는 것이 보통이지. 더구나 나중에 자신의 형편에 어울리지 않는 생각을 갖고 돌아오는 일이 없도록 조심해야만 하네. 이를테면 나는 이탈리아에서 아름다운 계단의 개념을 갖고 돌아왔는데, 그 때문에 내 집을 망쳐버린 게 분명하네. 왜냐하면 아름다운 계단에 집착한 나머지 방이란 방이 모두 원래의 크기보다 작아져버렸기 때문일세."

이탈리아에서 돌아온 직후 바이마르에서 괴테는 스스로를 망명자처럼 느꼈다. 이탈리아가 고향처럼 느껴지고 오히려 바이마르가 낯선 타향처럼 다가왔다. 오랜 외국생활을 하다 고향에 돌아온 사람들이면 누구나 한번쯤 경험했을 역(逆)향수 비슷한 감정이다. 괴테의 감정은 더욱 심했던 듯싶다.

"형상이 풍부한 이탈리아에서 형상이 없는 독일로 돌아왔다. 맑은 하늘은 회색빛 하늘로 바뀌었다. 친구들은 나에게 기쁨으로 받아들이기는커녕 오히려 환멸을 일으키게 했다. 거의 알려지지 않은 머나먼 곳에 대해 내가 황홀해하고 또 잃어버린 것을 괴로워하고 서글퍼하는 것이 그들을 모욕한 것 같다. 내가 기어든 것이 잘못이라는 점을 알게 되었다. 내 말을 알아듣는 사람이 하나도 없었으니 말이다."

칼스바트에서 출발할 때 단출했던 여행 가방은 돌아올 때는 엄청난 부피가 되어 돌아온다. 이탈리아에서 바이마르로 돌아올 때 그가 수집해간 그림은 무려 850점이나 된다. 대부분 바이마르 박물관에 전시되어 있다. 여행 중 그가 수집하고 채집한 것들은 참으로 다양하다. 책과 그림은 기본이고 진귀한 광석과 식물에 이르기까지 박물관에는 그의 다채로운 관찰력을 보여주고 있다. 이 하나하나가 작게는 바이마르, 크게는 독일 문화 혁신에 소중한 거름 역할을 하였다. 비워야 채울 수 있다. 괴테 박물관은 이렇게 설명하고 있다.

"괴테는 2년 가까이 이탈리아를 탐구하면서 예술과 자연, 그러나 무엇보다 사람들이 사는 방식을 연구함으로써 다른 세상에 대한 인사이트, 통찰력을 얻을 수 있었다."

괴테는 이 집을 아우구스트 공작으로부터 선물로 받았다. 이탈리아 여행의 후유증으로 우울해하는 괴테의 기분을 간파한 것이다. 괴테는 감격해하면서, 이 집이 "단순히 편안하게 지내기 위한 거처로서의 용도가 아니라 학문과 예술의 확산을 위한 공간으로 활용함으로써 선물에 값하고자 한다."고 했다. 사나이들끼리의 멋진 의기투합이 아닌가.

괴테의 서가에는 6천 권 정도의 장서가 꽂혀있다. 자기 말이 허언이 아니었음을 확인해주는 증거다. 괴테의 집은 바이마르 문화의 중심이 되었고 위대한 시대를 열게 된다. 「로마의 비가」와 「빌헬름 마이스터」, 「파우스트」 같은 대작들도 잇따라 발표되었다.

나는 바이마르 괴테하우스에서 그가 쓴 원고도 생생히 확인할 수 있었다. 죽기 직전까지 놀라울 정도로 그의 필적은 흐트러지지 않았다. 날려 쓴 글을 질색으로 생각했으며 아름답고 깨끗한 글씨를 좋아했다던 괴테답다. 그의 정신적 연인이었던 샤를로테 폰 슈타인 부인과 주고받은 1,700통에 이르는 편지도 물론 남아있다. 괴테보다 일곱 살 연상이자 일곱 명의 아이를 둔 엄마이기도 했던 그녀와의 플라토닉 러브는 여전히 세간의 입방아에 오르기에 좋은 소재다. 괴테가 아무도 모르게 이탈리아로 떠난 이유 가운데 하나는 도무지 해답을 찾기 어려운 그녀와의 관계에서 벗어나기 위한 도피였다는 해석도 있다. 이탈리아에서 돌아온 지 얼마 되지 않아 괴테가 뜻밖의 크리스티안

불피우스라는 이름의 평범한 여인과 동거에 들어가자 누구보다 질투심을 보인 것도 그녀였다고 한다. 훗날 괴테가 폰 슈타인 부인의 지나친 커피중독으로 인한 우울증과 신경쇠약을 걱정하는 기록도 바이마르 괴테하우스에 남아있다.

시인 하인리히 하이네의 표현을 빌자면 괴테는 '어깨에서 발바닥까지 천재'다. 그 천재는 이탈리아 여행 이후 아우구스트 공작의 후원 아래 바이마르의 문화융성에 동력을 달았다. 괴테와 함께 늘 이름이 붙어 다니는 쉴러를 비롯해 헤르더, 피히테, 훔볼트형제, 니체, 헤겔, 슐레겔 형제와 노발리스 같은 낭만주의 작가들, 쇼펜하우어, 덴마크의 동화작가 안데르센, 하나같이 큰 이름들이 바이마르로 몰려들었다.

"매우 좋은 적포도주가 나왔어요. 괴테는 열심히 마시더군요."

바이마르 괴테의 집을 방문한 빌헬름 그림의 증언이다. 그림동화집을 발간한 그림 형제의 동생이다.

거리에서 마주치는 사람들은 대부분 작가 아니면 예술가일 정도였고 사람들은 이 도시를 가리켜 천재들의 도시라 불렀다. 보잘 것 없었던 작은 도시국가 바이마르는 이제 독일 문화융성의 중심지가 되었다. 작지만 강한 나라, 강소국(强小國)이 된 것이다. 인생 만년에 만난 문학청년 에커만에게 괴테는 바이마르에 대한 자부심을 섞어 이렇게 권유하고 있다.

"이렇게 좁으면서 이만큼 좋은 점을 많이 갖춘 곳을 어디서 또 찾을 수 있겠는가! 또한 우리 도시는 우수한 도서관을 갖추고 있네. 독일의 다른 어떤 도시와 비교해도 전혀 손색이 없는 극장도 있네. 그래서 거듭 말하지만 바이마르에 머물도록 하게. 이번 겨울뿐 아니라 그곳을 아예 자네의 정착지로 삼게. 그곳에는 세계의 어느 곳과도 통하는 문이 열려있고, 길이 나 있지. 나는 50년 전부터 그곳에 살고 있는데, 어딘들 가보지 못한 곳이 있겠나! 하지만 어딜 가도 항상 바이마르로 되돌아오고만 싶었지."

1차 대전이 끝나고 독일 최초의 민주주의 공화국이 탄생하고 헌법이 제정되었을 때 그 이름 앞에 바이마르라는 수식어가

들어간 것은 그런 위대한 정신을 기리기 위해서였다. 괴테는 위대하게 돌아왔다. 이 모든 것은 아우구스트라는 이름의 위대한 보스와 괴테라는 이름의 천재가 만나 이룬 합작품이다.

에커만은 거장 괴테와 만난 뒤, "스스로 말을 많이 하기보다는 항상 손님들의 발언을 유도하고 귀 기울이는 것을 좋아하는 듯하다."고 첫 인상을 전하고 있다. 괴테는 이 젊은 작가에게 묵직하지만 무척이나 따스한 목소리로 이렇게 말하고 있다.

"대작에는 손을 대지 말도록 유의하게. 바로 그것 때문에 대가들도 고생하는 거네. 그리고 더없이 뛰어난 재능을 지니고 각고의 노력을 하는 사람들도 고생하는 거라네. 나 역시도 그것 때문에 고생했고, 그것이 나 자신에게 손실을 가져왔다는 것도 깨달았지. 대작에 몰두하느라 얼마나 많은 일이 수포로 돌아가 버렸던가! 만일 내가 제대로 해낼 수 있는 일만 했더라면 아마 백 권의 책도 모자랐을 정도였을 걸세.

당분간은 이른바 작은 대상만을 다루고, 자네에게 날마다 제시되는 모든 것을 언제나 그 즉시 마무리하기만 하게. 그러면 자네는 대개 항상 좋은 성과를 내게 될 거고 하루하루가 즐거울 거네. 또한 그러한 결과물을 일단 문고본이나 잡지에라도 싣게. 하지만 다른 사람의 요구에 따라 그렇게 하지 말고, 항상 자네 자신의 생각에 따라 처리하게."

젊은 작가 에커만에게 들려줬던 충고는 단지 문학에만 해당되는 말이 아니다. 방송프로그램을 하는 이들에게도 해당되고, 회사의 프로젝트를 수행하는 이들, 논문을 쓰는 학생들, 스타트업 비즈니스를 시작하는 사람들에게도 피가 되고 살이 되는 이야기다. Start Small, 우선은 작게 시작해서 자신감부터 갖추라는 말이다.

괴테하우스 문을 나섰다. 바람이 제법 차다. "바람이 부는 2월의 대기를 마시면서도 봄을 예감하는 사람이 있습니다."라던 괴테의 말이 떠오른다. 박물관 앞에는 관광객을 실어 나르는 마차의 말발굽 소리가 들린다. 괴테도 저렇게 생긴 마차를 타고 떠났다가 다시 돌아왔을 것이다. 이탈리아 여행은 괴테에게 분명 찬란하게 돌아오기 위한 여행이었다.

부활의 도시에서 듣는
'인생은 G 장조'

_ 베를린

• 괴테의 여행은 끝났지만 나의 여행은 아직 끝나지 않았다. 내 열정을 바쳤던 도시 베를린으로 간다. 구름은 머리위에 닿을 듯 낮게 깔려있고 안개비마저 내린다. 그토록 싫었던 회색빛 날씨지만 오랜 친구처럼 반갑다.

숙소에 짐을 풀고 글리니케 다리로 차를 몰았다. 하펠 강을 사이로 베를린과 포츠담을 연결하는 다리다. 분단시절 이 다리는 '스파이 교환의 다리'로 유명했다. 포츠담은 옛 동독의 영토, 그 다리를 건너면 서베를린의 땅이었기에 미국의 CIA와 소련의 KGB는 이 다리에서 역사적인 스파이 교환을 했었다. 글리니케 다리는 내 상상력의 물줄기를 키워주던 곳이다. 한 명의 스파이가 된 기분으로 천천히 다리 위를 걸으며 '얼굴 없는 인생'과 '익명의 삶'에 대한 관심을 잉태하기 시작한 것도 바로 글리니케 다리였다. 정보기관과 스파이라는 결코 쉽지 않은 소재로 자료를 모으고 책을 쓸 수 있었던 것은 바로 이 다리 덕분이다.

전쟁과 분단, 냉전과 스파이들의 전쟁, 그리고 베를린 장벽 붕괴, 도미노처럼 잇따라 이어지는 동구권 붕괴, 그리고 마침내 통일이라는 이름의 역사적인 사건. 현대사에 가장 극적인 일들이 일어난 이 도시처럼 저널리스트에게 매력적인 곳이 또 있을까. 나에게 베를린은 살아있는 학교였다. 나는 그 도시에서 30대 후반과 40대 초를 보냈다.

글리니케 다리 건너 포츠담으로 향한다. 포츠담은 강과 호수

를 사이로 베를린과 어깨를 나란히 하고 있는 이웃 도시다. 상수시 궁전과 상수시 공원이 나를 기다리고 있었다. 내가 만나야 할 사람이 바로 이곳에 잠들어 있다. 그 주인공은 프로이센의 프리드리히 대왕이다. 괴테는 그 대왕과 동시대를 살았다. 대왕의 부음을 들은 괴테는 「이탈리아 기행」에서 이렇게 적고 있었다.

"전 세계에 명성을 떨쳤고 그 행적이 가톨릭의 낙원에 비견될 만큼 소중했던 대왕이 결국에는 저승에서 자기와 같은 영웅들과 즐기려고 속세를 하직하고 말았다. 그와 같은 인물을 이 세상에서 떠나보냈다는 사실에 나 자신도 모르게 숙연해졌다."

괴테가 추앙하고 있듯이 프리드리히 대왕은 독일 역사상 최고의 군주였다. 베를린의 세종로라고 할 수 있는 운터 덴 린덴(Unter den Linden), '보리수 아래에서'라는 뜻을 가진 운치 있는 거리 한 중앙에 거대한 기마상이 있는데, 그 주인공이 바로 프리드리히 대왕이다. 독일인들에게 있어 최고의 지식인이 괴테였다면 프리드리히 대왕은 역대 최고의 왕이었다.

당시 독일은 신성로마제국이라는 느슨한 형태의 연방 제국 아래 여러 개의 왕국과 공국으로 나눠져 있었다. 그 가운데 프로이센이 가장 강력했고, 바이마르 공국은 영토도 작고 군사적으로 약했기에 프로이센과 군사적 동맹을 맺어 우호적인 관계를 유지했다. 괴테는 바이마르 공국으로 스카우트 된 직후인 1778년 5월에 군주인 아우구스트 공작을 모시고 외교사절로 베를린을 방문하기도 했다.

프리드리히 대왕은 원래 철학과 문학을 좋아하고 음악에 심취했던 문약한 왕자였다. 하지만 아버지의 강요로 할 수 없이 왕위에 오른 인물이다. 그의 아버지는 역사책에 '군인 왕'이라 부르는 사람으로, 별명 그대로 군대식 문화를 선호하고 국가를 병영처럼 운영했었다. 프로이센을 가리켜 군인나라, 병영국가라 불렀던 것은 대부분 이 사람 때문이다.

재미있는 사실은 아버지 군인 왕은 별명에도 불구하고 평생 한 번도 전쟁을 치른 적이 없었다. 반면에 군사문화를 끔찍이 싫어하고 문약했던 아들은 평생 전쟁터를 누벼야 했다. 그러나 결과는 연전연승, 외적의 침입을 막고 프로이센의 영토를 최대한 넓힌 인물이다. 여기에 역사의 역설이 있다.

프리드리히 대왕은 국제분쟁을 모두 종료시킨 뒤 포츠담에 별궁을 지었다. 그 건물이 유명한 상수시 궁전이다. 본궁은 베를린 운터 덴 린덴 거리에 있었는데 2차 세계대전 때 완전히 파괴되었고 지금은 복원 작업에 한창이다. 이 궁전 이외에도 옆에는 웅장한 신궁전도 있지만 프리드리히는 아담한 이 궁전을 더 선호했다. 이곳에는 아름답고 드넓은 공원이 함께 있어

나는 특파원 시절 휴일이면 아이들과 자주 산책을 하곤 했다.

상수시 궁전은 예술에 조예가 깊었던 사람답게 대왕이 손수 스케치를 했다는 로코코 양식의 대표적 건물로 유명하다. 그는 자신이 작곡한 곡을 플루트로 연주했으며 계몽주의 시대 유명한 철학가 볼테르를 이 궁전으로 불러 3년간 머물게 했다. 고대 그리스를 동경해서 만들어 놓은 계단식 포도 정원도 이곳의 명물이다. 이 궁전은 6단의 계단식 테라스 위로 약 20미터 올라간 곳에 길이 97미터의 단층 건물이다. 왕의 거처치고는 외양이 크지 않은 점도 특색이다.

그에게는 재미있는 일화가 많다. 감자가 지금은 독일의 대표 음식이 되었지만 그의 재임 당시만 해도 이상한 생김새 때문에 국민들이 먹기를 기피했다. 대왕은 틈만 나면 감자 시식회를 열고 감자 보급을 독려했다. 덕분에 독일의 숙원인 식량난 문제를 해결할 수 있게 되는데, 이로 인해 '감자 왕'이란 별명도 얻게 되었다. 독일의 왕이었으면서도 독일어보다 프랑스어에 더 능했으며 궁정의 관료들 가운데 프랑스어 구사 가능자에게는 급료를 더 많이 주었던 사람이기도 했다.

언제나처럼 상수시 궁전에 오면 내가 가장 좋아하는 장소는 궁전 바로 옆에 있는 조그만 곳이다. 땅바닥에는 큰 암석 하나와 열한 개의 작은 암석이 박혀있다. 누군가 놓고 간 장미꽃 한 송이와 감자 몇 개가 아니었다면 무심코 지나치기 쉽다. 바로 프리드리히 대왕의 무덤이다. 그럼 나머지 열한 개의 주인공은 누구인가? 그가 사랑했던 달마시안 개들이었다. 생전에 그는 결혼했지만 단 한 번도 부인을 가까이 한 적이 없었다.

그는 성공한 국왕이었다. 외적을 모두 물리쳤고 최고의 계몽 군주였다. 그래서 독일 역대 왕 가운데 유일하게 위대하다는 의미의 'Grosse'가 이름 앞에 붙어 있는 것이다. 하지만 그는 오랜 궁정생활과 전쟁을 치르면서 사람들에게 상처를 많이 받았다. 그래서 그가 더 가까이 한 것은 애완견들이었다. 권력을 쥐었더라도 그는 외로웠다. 그런 까닭에 영원한 휴식을 취할 때 사람이 아닌 애완견을 택한 것이다.

이곳 궁전 이름을 상수시(Sans souci)로 정한 데에는 그런 배경이 있다. 상수시는 프랑스어로 '근심 없이'라는 뜻이다. 인생의 후반기를 복잡한 국사에서 벗어나 근심 없이 지내겠다는 뜻이었으리라. 상수시 궁전에서는 포츠담 시내가 한눈에 내려다보인다. 이곳에서 나는 엉뚱하게도 프로야구 롯데감독이었던 로이스터 감독의 슬로건이 생각났다. 'No Fear!' 실패와 상대를 두려워말라는 얘기였다. 이 말을 요즘 젊은이들 표현으로 바꾸면 '쫄지 마!'로 바꿀 수 있을 것 같다.

이 여행을 앞두고 설렘과 함께 걱정이 앞섰던 것도 사실이다. 먼 길을 떠난다는 것에 대한 두려움보다는 알 수 없는 미래에 대한 마음 때문이다. 회사 문을 나섰을 때 앞이 캄캄했다.

아무 것도 보이지 않았다. 미리 마음의 준비를 하지 않은 것도 아니었지만 막상 마주친 현실은 달랐다. 그래서 떠나온 이 여행이다. 어쩌면 우리가 두려운 것은 어떤 대상이 아니라 두려움 자체일지 모른다. 긴 여행을 마무리하며 상수시 궁전에서 나는 스스로 이렇게 외칠 수 있을 것 같다.

"두려움을 두려워말자. 근심 말라구, 쫄지 말라구!"

베를린과 포츠담은 부활의 땅이다. 완전히 바닥까지 무너졌다가 완벽히 일어난 곳이니까. 그 부활의 현장 가운데 한 곳이 상수시 궁전에서 가까운 곳에 있다. 나는 체칠리엔 호프(Cecilienhof) 궁전으로 향했다. 이곳은 프로이센의 마지막 황태자였던 빌헬름의 부인인 체칠리엔의 이름을 딴 영국식 작은 궁전이다.

독일 패망 직후인 1945년 7월 포츠담 회담이 이곳에서 개최되어 더 유명해졌다. 전승국인 미국과 소련, 영국의 3개국 대표단이 이곳에서 전후 국제질서를 결정하는 포츠담 선언을 발표했다. 독일의 분단이 결정되었으며 일본은 포츠담 선언을 거부하다가 원자폭탄이 투하된 후에야 받아들였고, 한국은 포츠담 선언에 담겼던 식민지 반환 원칙에 따라 독립을 맞았다.

승전국들로서는 이곳 체칠리엔 호프가 완벽한 승리를 확인한 곳이지만, 패전국 독일로서는 이곳이 명실공히 '그라운드 제로'였다. 처절하게 항복한 패전국이기에 엄청난 크기의 국토가 이웃나라들에게 빼앗겼고, 그나마 나머지 영토도 동서독으로 분단되었다. 건물들은 완전히 파괴되어 잿더미가 되었으며 생산시설은 재건 불능상태였다. 더 이상 떨어질 곳도 없는 완전 바닥 상태였다. 독일은 그러나 바로 그곳에서 기적을 일으켰다. 통일을 이뤘고, 유럽에서 가장 강력한 경제력을 자랑하고 있고, 월드컵 축구까지 우승으로 이끌었다. 완벽히 부활한 것이다. 오늘날 체칠리엔 호프 궁전은 포츠담 회담을 기념하는 박물관과 일부는 호텔 및 레스토랑으로 이용하고 있다.

내가 이곳을 부활의 땅이라고 하는 데는 또 다른 이유도 있다. 김대중 전 대통령이 재기의 의지를 다진 곳이 바로 이곳이기 때문이다. 이미 대선에서 패해 정치은퇴를 선언하고 영국 캠브리지로 가있었던 그는 일본 텔레비전 팀과 함께 체칠리엔 호프를 찾았다. 그의 정치 역정을 담은 다큐멘터리를 찍기 위해서였다. 그는 이곳 레스토랑에서 아직 주둔 중이던 전승국 관련자들을 만나 식사도 했다. 식사의 메뉴에는 회담 대표인 루스벨트, 처칠, 스탈린의 이름을 딴 음식들도 있었다.

식사가 끝나고 김대중 전 대통령은 이 궁전 주위에 있는 숲과 호수를 산책했다고 한다. 얼마를 혼자 걸었을까. 그의 얼굴은 결연한 표정이었다. 무엇인가 중대한 결심을 한 것이다. 얼

마 뒤 측근들은 그 중대결심이 무엇인지 알았다. 영국 생활을 접고 돌아와 한국의 분단 상황을 타개하는 데 혼신의 힘을 다하겠으며, 이를 위해서 예상되는 여론의 돌팔매를 감수하자고 결심한 것이다. 얼마 뒤, 그는 귀국행 비행기에 오른다. '아태재단'을 만들어 임동원씨를 영입하고 여기서 탄력을 받아 국민회의를 만들었다. 속전속결이었다. 그 바탕 위에서 마침내 집권에 성공했다. 베를린 선언을 통해 역사적인 남북정상 회담까지 이뤄냈다. 그리고 노벨 평화상을 받기에 이르렀다. 모두가 불가능이라고 생각했던 일들이다.

그 기적을 이룬 출발점이 바로 포츠담 체칠리엔 호프였다. 훗날 김대중 전 대통령의 측근으로부터 나는 이 같은 내용을 확인할 수 있었다. 완전히 끝났다고 생각한 곳에서 완벽한 재기가 시작되었던 것이다.

베를린 특파원 시절 나는 포츠담을 찾은 어떤 분에게 그 일화를 전했다. 실패를 모르던 그의 인생이 뜻밖의 일로 좌절을 맞아 나를 찾아왔었기에, 의기소침해진 그의 사기를 다소라도 북돋아주기 위해서였다. 그는 숙연해지더니 잠깐 혼자서 그 호수 주변 길을 걷고 오겠다고 했다. 그리고 귀국행 길에 올랐다. 얼마 뒤, 기적처럼 그는 재기에 성공했다. 그 땅은 내가 모를 어떤 지기(地氣)와 마력이라도 갖고 있는 것일까.

이제 베를린과 포츠담은 우중충한 옛 얼굴이 아니다. 역사의 묵은 때를 모두 벗겨내고 활력이 넘치는 도시로 바뀌었다. 현대미술에서 가장 각광받는 도시가 되어 있었으며, IT 혁신 도시로 변모하고 있었다. 유럽연합을 이끌고 있는 곳은 브뤼셀이지만 실질적으로는 베를린이다. 돈이 여기서 나오기 때문이다. 유럽의 금융위기가 발생할 때마다 외신기자들은 브뤼셀보다는 베를린에서 안겔라 메르켈 총리와 주요 정책 결정자의 입에 주목하고 있었다.

내가 베를린에 체류하는 동안 뜻밖의 초대를 받았다. 베를린 국립오페라단의 오페라 작품 리허설에 올 수 있냐는 것이었다. 이곳은 세계적인 피아니스트이자 지휘자인 다니엘 바렌보임이 음악감독으로 이끌고 있었으며 작품은 베르디의 〈일 트로바토레〉라고 했다. 세계 3대 성악가 플라시도 도밍고와 소프라노 안나 네트렙코와 같은 초호화 배역이 동시에 출연해서 화제를 모으고 있다는 공연이다. 안나 네트렙코는 한국에서는 덜 알려져 있지만 러시아 출신의 성악가로 눈부신 미모와 출중한 실력으로 뉴욕과 베를린에서 이 시대 최고의 요정이라는 찬사를 한눈에 받고 있었다.

Warum nicht? 왜 싫다고 하겠는가? 작품이나 출연진이나 마다할 이유가 없었다. 더욱이 관객들이 가득한 실제 공연과는 달리 리허설에서는 지휘자이자 음악감독인 다니엘 바렌보임이 큰 목소리로 잘못된 부분을 지적한다던가, 도밍고의 인간적 면모도 가까이서 확인할 수 있었다. 오페라의 맨살을 들여다볼 수 있는 것이다.

때마침 공연 리허설 당시 지휘자 바렌보임은 71세 생일이었다. 바렌보임은 리허설을 하기 직전 무대 뒤에서 생일축하를 받자, 지인으로부터 생일 축하카드 한 장을 받은 내용을 단원들에게 털어놓았다고 한다. 바렌보임이 소개한 생일카드 내용이 인상적이었다.

"〈인생은 G-dur〉

과거는 Geschicte,
미래는 Geheimnis,

현재는 Geschenk.
그러니 다니엘, 오늘을 즐겨요, G-dur로!"

이 생일축하 카드는 독일어 알파벳 G를 이용한 운율이었다. 독일어로 dur은 음악에서 장조를 의미한다. Geschicte는 역사, Geheimnis는 비밀, Geschenk는 선물을 뜻한다. 따라서 이 생일축하 카드의 내용을 다시 정리하면 다음과 같다.

"〈인생은 G장조〉

과거는 역사
미래는 비밀
현재는 선물
그러니 다니엘, 오늘을 즐겨요, G 장조로!"

비슷한 내용은 알려져 있지만, 이 카드는 그것을 독일어 알파벳 G를 활용해 패러디한 것이다. 운율을 맞추었다는 것과 다니엘 바렌보임이 음악가라는 점을 감안해 G 장조로 끝났다는 데 더 묘미가 있다. 알다시피 음악에서 단조는 어둡고 무거운 반면, 장조는 밝고 경쾌하다.

아르헨티나 출신의 유대인 음악가 다니엘 바렌보임은 그 누구보다 성공한 음악가다. 그러나 일흔 하나라는 나이가 된다는 것이 즐거울 리 만무하다. 그러니 단조 같은 기분이 들었으리라. 바렌보임의 지인은 이를 역설적으로 뒤집어 더 축하해주고 있는 것이다.

그렇다. 인생은 무겁고 어두운 단조처럼 살 필요가 없다. 미래가 걱정이 안 되는 것은 아니지만, 현재와 오늘 그 자체를 즐길 필요가 있다. 밝고 경쾌한 장조의 기분으로. 나이가 들어가면 갈수록 말이다. 인생은 G 장조!

모든 여행에는 종점이 있다. 괴테와 함께한 나의 긴 여행도 이제 그 종점에 도달했다. 프랑크푸르트 공항에서 렌터카를 반납하고 받은 영수증에는 7천 킬로미터의 주행기록이 선명하게 찍혀있었다.

10월말 출발해 11월 말까지 이어진 가을 여행이었다. 마치 〈보리수〉로 유명한 슈베르트의 연가곡집 〈겨울 나그네〉를 〈가을 나그네〉로 바꾼 기분이었다. 때마침 베를린 거리에 심어진 보리수들은 노랗게 낙엽이 되어 우수수 떨어지고 있었다. 〈어느 시월의 멋진 날에〉라는 노래가 연상되는 처연하게 아름다운 날들이었다.

나의 인생도 이제 어느덧 가을에 접어들었다. 상대적으로 조금 빠르긴 하지만 직장에서 나왔으니 사회적으로도 그러하였다. 계절은 어느덧 그렇게 다가와 있었다. 베를린 박물관 섬에 큼직하게 걸려 있던 표어가 마치 나를 위한 듯 느껴졌다.
 "미래를 위한 과거 여행"

 여행은 끝났다. 이제 어디로 갈까? 여전히 길은 잘 보이지 않았다. 터키 시인 나짐 히크메트는 「진정한 여행」에서 이렇게 말했었다던가.

 "어느 길로 가야 할지 더 이상 알 수 없을 때, 그때가 비로소 진정한 여행의 시작이다."

 그렇다. 진짜 여행을 떠날 시간이다. 이제부터가 진짜 인생이다. 서울 가는 비행기를 타기 위해 프랑크푸르트 공항 대합실에 들어서자 익숙한 광경이 보였다. 넥타이를 맨 직장인들의 행렬이었다. 그토록 싫었던 넥타이였다. 그 대열에서 빠져나와 어깨가 홀가분했었다. 그런데 이상한 일이다. 그 넥타이 행렬이 다시 그리워진 것이다. 새로운 열망이 와락 밀려오기 시작했다. 미치도록 일하고 싶어졌다. 나의 번 아웃은 이제 끝났다. 내 생애 가장 소중한 가을이었다.

손관승 글 · 사진

MBC 베를린 특파원과 국제부장, 특집부장, 〈100분 토론〉부장 등을 지낸 언론인 출신이다. 동영상 플랫폼을 기반으로 한 방송 콘텐츠 기업 iMBC의 대표이사를 역임했다. CEO 출신에게 찾아오는 번아웃 증후군을 극복하고 제 2의 인생 로드맵을 찾아 괴테의 「이탈리아 기행」 한 권 들고 7천 킬로미터의 대장정에 올랐다. 쓴 책으로 「디지털 시대의 엘리트 노마드」, 「탑시크릿, 그림자 인간」, 「우리는 그들을 스파이라 부른다」, 「게르만 이야기」 등이 있다.

ceonomad@gmail.com
facebook/kwanseung.son

괴테와 함께한 이탈리아 여행

1판 1쇄 인쇄 2014년 11월 3일
1판 1쇄 발행 2014년 11월 11일

지은이 손관승

발행처 새녘출판사
발행인 권희준
책임편집 조옥임
디자인 씨오디

출판등록 2011년 10월 19일(제 2012-000093호)
주소 서울 마포구 월드컵북로 375, 2207호

전화 02-323-3630 팩스 02-6442-3634
이메일 books@saenyok.com

ⓒ 손관승 2014

ISBN 978-89-98153-15-1 03980

- 이 책의 저작권은 저자에게 있으며, 저자와 출판사의 허락 없이 내용의 일부를 인용, 발췌하는 것을 금합니다.
- 잘못된 책은 구입하신 곳에서 바꾸어 드립니다.
- 이 도서의 국립중앙도서관 출판예정도서목록(CIP)은 서지정보유통지원시스템 홈페이지(http://seoji.nl.go.kr)와 국가자료공동목록시스템(http://www.nl.go.kr/kolisnet)에서 이용하실 수 있습니다. (CIP제어번호 : CIP2014030694)